Dieses Buch widme ich in Liebe
meiner Frau Elke und meiner Tochter Vera,
die sehr viel Geduld mit mir hatten,
während ich dieses Manuskript in
unzähligen Stunden geschrieben habe.
Möge Gott sie behüten.

Und ich widme dieses Buch
jenen Menschen, die auch auf der Suche
nach Antworten auf Fragen sind.
Glauben Sie an die Botschaft von der
Liebe. Erst recht, wenn Ihnen
Zweifel kommen.

Umschlag- und Innengestaltung:
Gerhard G. Seidel
Wesentliche Textpassagen sind in dem Buch durch
Kursivschrift (Schrägschrift) vom Autor hervorgehoben.
Die Kürzel (D.A.) im Text bedeutet »Der Autor«

Argo Verlag
Ingrid Schlotterbeck
Sternstraße 3, D-87616 Marktoberdorf
Telfon: 0 83 49/92 04 40
Fax: 0 83 49/92 04 449
e-mail: mail@magazin2000plus.de

1. Auflage 2001
Printed in Germany
ISBN 3-9807812-8-3

gedruckt auf chlor- und säurefreiem Papier

„Es gibt im Grunde nur zwei Arten des Umgangs mit der Bibel: man kann sie wörtlich nehmen oder man nimmt sie ernst. Beides zusammen verträgt sich nur schlecht."

Pinchas Lapide, jüdischer Theologe,
Professor und anerkannter Experte auf dem
Gebiet der Übersetzungen alter Bibeltexte.

Gerhard G. Seidel

Bibel
Rätsel
Phänomene

Ungelöste Fragen
zur Vergangenheit und
Phantastisches der
Neuzeit

Bitte haben Sie Verständnis
für die Tatsache, daß einige der
in diesem Buch angeführten Bibelzitate
nicht der üblichen Schreibweise
entsprechen, da hier der Text so aus der
Bibel übernommen wurde, wie er dort
steht. Ohne jede Veränderung.

Es ist auch möglich, daß manche
Texte durchaus von Ihren Bibeltexten
abweichen, da es sehr unterschiedliche
Bibelversionen gibt. Die in diesem
Buch zitierten Texte orientieren sich
so eng wie möglich an den
alten Originaltexten.

INHALT

EINLEITUNG STATT VORWORT

Es kann kein Vorwort *vor* dem Wort Gottes geben. Warum aber schreibt gerade ein Christ ein Sachbuch über die Bibel, um sich mit den vielen widersprüchlichen und unbequemen Themen zu befassen? Weil mir bewußt geworden ist, daß etliche Christen sich gerade beim Umgang mit rätselhaften, phantastischen oder auch unverständlichen Textaussagen häufig in die »Vogel-Strauß-Taktik« flüchten. Dafür gibt es jedoch keinen triftigen Grund. Im Gegenteil, Gott hat uns Intelligenz verliehen, damit wir Gebrauch davon machen. Viele Christen sehen leider nur das, was sie gerne sehen wollen. Es gibt zwar einige rein christliche Bücher über Fragen zur Bibel, die jedoch ihren Zweck nur ungenügend erfüllen. Falls überhaupt, werden hier problematische Textpassagen so hingebogen, daß sie dann scheinbar sinnvoll erscheinen, obwohl sie es einfach nicht sind. Dies gilt insbesonders für die Widersprüche im Neuen- und die nur schwer begreifbaren Aktionen Gottes im Alten Testament.

Ziel des Buches ist auch, mit gesundem Menschenverstand festzustellen, welche Texte eventuell direkt von Gott an die Verfasser der Bibel eingegeben oder diktiert wurden und welche eher nicht. Sofern das in letzter Konsequenz überhaupt möglich ist. Ich berufe mich ausschließlich auf die Originaltexte der Bibel, an die unzählige Menschen glauben, und nicht auf wechselnde Meinungen der sog. modernen Theologie. Die Suche nach Antworten ist nicht einfach, denn die Verfasser der Schrift haben es uns teilweise recht schwer gemacht. Warum das so ist, wissen wir nicht. Trotzdem sollten wir uns solchen unbequemen Texten wenigstens stellen. Sie zu ignorieren oder sie so um- interpretieren, damit sie wieder in ein Schema passen, bringt uns nicht weiter und ist nur Wasser auf die Mühlen der unermüdlichen Kritiker und Lästerer. Die Dinge werden einfach nicht klarer, indem man sie unter den Teppich kehrt und kritiklos auf einen blinden Glauben vertraut. Gott er- wartet von uns sicher nicht, daß wir den von ihm erhalte- nen Verstand an der Garderobe abgeben. Auch nicht im Umgang mit der Bibel und in Glaubensfragen.

Hinzu kommt meine persönliche Erfahrung, die mir lei- der zum Teil gezeigt hat, daß manche Christen nicht nur mit Unmut, sondern manchmal sogar mit Agressionen auf un- bequeme Fragen reagieren. Es ist schon recht bemerkens- wert, daß die Bibel *das* Buch ist, welches dem Menschen den rechten Weg weisen soll, aber gleichzeitig in einer Reihe von Punkten unverständlich erscheint. „Gottes Wege sind nicht unsere Wege" sagt die Heilige Schrift - aber es liegt in der Natur der von Gott geschaffenen Menschen zu forschen und die Dinge zu hinterfragen. Nur so erlangen wir Erkenntnis und lernen, die Bibel aus der richtigen Sichtweise zu lesen.

Mir liegt sehr daran, zu betonen, daß ich die Darlegung dieser umstrittenen Bibelstellen mit dem größtmöglichen Respekt vor dem Allmächtigen und den Menschen angehe, welche die Bibel geschrieben haben. Ich bin auch davon über- zeugt, daß die Verfasser der Bibel in weiten Teilen wahrhaft Gottes Wort und das Wirken von Jesus Christus festhalten wollten - so gut sie es konnten. Dabei entstanden leider Fehler.

Dieses Buch möge dazu beitragen, daß sich Menschen verstärkt mit dem bedeutendsten aller Bücher beschäftigen und den Mut finden, sich auch mit den unbequemen Stellen sachlich auseinandersetzen. Es soll Diskussionen neu entfachen und die Bibel von der täglichen Pflichtlektüre für Christen wieder zum lebendigen Wort derer machen, die es teilweise unter schwierigsten Umständen niedergeschrieben haben. Leider sind die einzigen von Gott persönlich geschriebenen Worte (falls das die richtige Bezeichnung ist) bei den Kämpfen um Jerusalem abhanden gekommen. Ich meine die Zehn Gebote. Eventuell liegen sie noch heute in der Bundeslade in Aksum (Äthiopien), wofür es deutliche Hinweise gibt, oder unter dem Tempelberg in Jerusalem. Nachforschungen lassen den Schluß zu, daß die Königin von Saba die Lade von Salomo erhalten haben könnte, um sie in ihre Heimat zu bringen (1. Könige, 10, 1-13). Auch eines der vielen Rätsel der Bibel - sie erwähnt das Verschwinden ihres größten Heiligtums mit keinem einzigen Wort.

In diesem Buch werden Sachverhalte in Frage gestellt, denn viele Dinge sind nach heutigem Wissen nicht mehr so, wie man sie früher sah. Wo es möglich ist, wird man auch Antworten finden. Daß dieses nicht immer gelingen kann, dürfte klar sein. Ich habe mich auch bemüht, dieses Buch in einer verständlichen Sprache zu verfassen, die den Originaltexten der Bibel und nicht den unterschiedlichen Auffassungen der »modernen« Theologie folgt. Pierre Bayle, der Vorläufer Voltaires, sagte einmal *„Nichts glauben oder alles glauben sind extreme Haltungen, die beide nichts wert sind."* Dem kann ich nur zustimmen.

Oft genug stand ich auch vor der Frage, ob wir Gottes Wort in seiner Einmaligkeit nicht so hinnehmen müssen wie es ist, auch wenn an manchen Stellen Bedenken aufkommen. Ich werde deshalb die Bibel nicht in schlechter Absicht kritisieren, sondern versuchen, die Texte gewissenhaft zu durchleuchten. Auch wenn manche Themen provokativ klingen, so ist mein Ziel, den Leser aufzurütteln und zu einer neuen Sichtweise mancher Dinge zu verhelfen. Aber ich möchte weder die *gesamte* Bibel in Frage stellen, noch Menschen ihren Glauben nehmen. Was Sie am Ende dieses Buches jedoch letztendlich glauben werden, liegt nicht in meinen Händen.

Gerhard G. Seidel, 2001

I

WIE IST DIE BIBEL ENTSTANDEN?

Das Neue Testament halte ich zu einem großen Teil für Tatsachen, bei denen sich die Evangelisten zwar in der Grundthematik einig waren, allerdings schlichen sich eine Menge Widersprüche und Ungereimtheiten ein. Daran war wohl teilweise auch die frühe Kirche nicht ganz unschuldig. Dies wird noch Thema eines weiteren Kapitels sein. Mit mehreren Ausnahmen gilt dies auch für das Alte Testament. Wir können davon ausgehen, daß die ersten Gotteserfahrungen auf unsere Vorfahren einen gewaltigen, furchterregenden Eindruck gemacht haben. Zunächst handelte es sich mit Sicherheit um mündliche Überlieferungen - weitergegeben von phantasievollen und gottesfürchtigen Orientalen in der Aufregung ihren ersten Begegnungen mit dem allmächtigen Gott, dessen Erscheinen meist äußerst spektakulär war.

Ausgehen können wir auch davon, daß geschulte Menschen zur Zeit Abrahams durchaus in der Lage waren, historische Ereignisse schriftlich zu fixieren. Die ältesten Teile der Bibel sind vermutlich vor etwa 3500 Jahren entstanden. Menschen können schon seit sehr langer Zeit schreiben und lesen. Im heutigen Irak und Syrien wurden z.B. von dem Archäologen Parrot bei Grabungen im Palast des Königs von Mari rund 23000 uralte beschriebene Tontafeln entdeckt, die fast 5000 Jahre alt sind. Die Sumerer arbeiteten bereits seit fast 4500 v. Chr. (!) an einer Schrift, die als die älteste bekannte Schrift der Welt gilt. In diesen Texten der Sumerer gibt es übrigens sehr deutliche

Hinweise auf eine menschenähnliche Rasse, die einst von den Sternen kam, die sie »Anunnaki« nannten. Andere Kulturen kennen ähnliche Legenden.

Immer wieder wird behauptet, daß durch die Mengen von Bibelabschriften in der damaligen Zeit Fehler durch rein menschliches Versagen entstanden sein müssen. Trotzdem wurden sogar die ältesten Teile der Bibel bis in die Gegenwart genau überliefert und bewahrt. Wie war das möglich? Gerade bei den Juden gab und gibt es eine Art Kodex, der sicherstellt, daß jede Abschrift und Kopie des heiligen Textes ohne die geringste Veränderung vollzogen wird. Dies resultiert vor allem aus einer geradezu überwältigenden Gottesfurcht der Juden, auf die wir später noch wesentlich konkreter eingehen werden.

Trotzdem kamen immer wieder Zweifel an der Zuverlässigkeit der alten Schriften auf. Dies änderte sich mit dem Jahre 1947, als ein Beduinenjunge in den zerklüfteten Bergen Qumrans am Toten Meer in einer Höhle der Essener-Sekte die bis heute ältesten bekannten Bibelhandschriften fand. Unter den vielen Funden, die gemacht wurden, befand sich auch die berühmte Jesaja-Rolle, die älteste vollständig erhaltene hebräische Abschrift eines Buches der Bibel (um 127 v. Chr.). Dieses sensationelle Fundstück brachte endlich den Nachweis, daß sich die alten Texte bis in die Gegenwart als *nahezu fehlerfrei* erwiesen haben. Über 95 Prozent (!) des Textes war identisch mit der *hebräischen* Standardbibel, wobei ich mich an der besten deutschsprachigen Bibel orientiere. Die Schriftrollen vom Toten Meer bestehen aus über 40.000 Fragmenten. Man hat daraus gut 500 Bücher rekonstruiert. Man fand auch ein winziges Fragment des Markus-Evangeliums. Eine Sensation für die Bibelforschung. Geschrieben wurden die Texte meist auf Papyrus, Leder und Pergament.

Problematischer wird es jedoch mit den unzähligen Bibelübersetzungen in die unterschiedlichsten Sprachen. In den ersten Jahrhunderten unserer Zeitrechnung, die wir nach aktuellen Forschungsergebnissen eindeutig auf das Jahr 2 v. Chr. fixieren können, erschienen eine Vielzahl von Evangelien. Die Kirche wertet lediglich die Bücher von Matthäus, Markus, Lukas und Johannes als kanonisch. Kanonisch heißt den Kirchenregeln entsprechend. Das älteste Buch ist nach heutigem Standpunkt das Markus-Evangelium, welches direkt aus dem Evangelium der Hebräer entstand. Die Berichte von Matthäus und Lukas stehen oft im Gegensatz zu den Texten von Markus und Johannes, die sich selbst wiederum teilweise widersprechen. Aber darauf kommen wir später noch zurück. Auf jeden Fall hat die Kirche erheblich Einfluß auf die Urtexte genommen. Es ist inzwischen unbestritten, daß die frühen Kirchenhäupter entschieden, welcher Text in welchem Wortlaut in die Bibel aufgenommen werden sollte. Dabei wurden vor allem im Neuen Testament vermutlich »unbequeme« Texte entweder entfernt, verändert oder umgeschrieben. Ein weiterer schwerer Verdacht lastet nach Meinung verschiedener Bibelforscher auf dem interessantesten Text der Bibel - der Apokalypse des Johannes. Für viele Bibelforscher steht inzwischen fest, daß diese Zeilen erst in späterer Zeit von Theologen verfaßt wurden, zumal es auch keinen historischen

Beweis von diesem ominösen Johannes gibt. Der Autor der Apokalypse war nicht der Jünger Johannes. Diese Offenbarung des Johannes am Ende der Bibel enthält rätselhafte und bizarre Visionen, die sich vermutlich auch auf den längst heißersehnten Untergang des Römischen Imperiums bezogen.

Wenden wir uns den verschiedenen Bibelübersetzungen zu. Man kann wohl bedenkenlos davon ausgehen, daß jede Übersetzung eines Textes in eine andere Sprache zwangsläufig auch gewisse Veränderungen mit sich bringen muß. Selbst Luther hatte da so seine Probleme. Wenn Sie sich mit den Texten der Bibel befassen wollen, dann sollten Sie sich eine Bibelübersetzung kaufen, die dem Originaltext möglichst nahe kommt. Nehmen Sie keine der vielen Bibelausgaben zur Hand, in denen die Texte gefälliger formuliert sind, damit sie scheinbar besser klingen. Wir sollten uns immer so nahe wie möglich an Gottes einmaligem Wort orientieren.

Auch im Umgang mit diesem Buch empfehle ich Ihnen die sog. »Elberfelder Bibel-Übersetzung«, denn hier bemüht man sich redlich, so nahe wie möglich dem Originaltext gerecht zu werden. Was mir persönlich bei dieser Gelegenheit sehr häufig unangenehm auffällt, ist das ständig verwendete Wort »siehe«. Diese Redewendung mag zwar dem Originaltext entsprechen, kann aber meiner Meinung nach in fast allen Fällen ersatzlos gestrichen werden, da sie völlig überflüssig ist, seltsam und veraltet klingt, und vor allem nicht zum besseren Verständnis der Bibeltexte beisteuert. Hier nur ein Beispiel von vielen (Lukas 1, 20): „Und *siehe*, du wirst stumm sein und nicht sprechen können...“ Es würde reichen zu sagen: „Du wirst stumm sein." Selbst das Anhängsel „...nicht sprechen können..." erübrigt sich in diesem Fall natürlich bei einem Stummen. So klingen doch manche Texte heute in unseren Ohren etwas seltsam.

Was die Probleme der Übersetzungen angeht, hier nur zwei Beispiele, bei denen auch Luther einer von mehreren Fehlern unterlief, ohne dessen Leistung schmälern zu wollen. Im Schöpfungsbericht steht in vielen Bibelübersetzungen, daß die Menschen sich die Erde untertan machen sollen. Wir alle kennen diese Stelle. Diese Fehlinterpretation fordert den Menschen dazu auf, die Erde auszunutzen und auszubeuten. Im hebräischen Urtext steht hingegen, daß Gott den Menschen den Auftrag gab, diese Welt zu betreuen, sie nicht zu unterjochen, sondern sie weise und umsichtig zu verwalten und zu erhalten - als Treuhänder Gottes, der uns schließlich dieses Juwel anvertraut hat. Wir sehen ja, was wir Menschen aus Gottes Geschenk gemacht haben - es ist einfach unbeschreiblich. In unserem zweiten Beispiel geht es um den Text des Matthäus (27, 3-6). Hier berichtet uns die Bibel von Judas und den berühmten dreißig Silberlingen. Silberlinge waren jedoch eine Währung, die es zu Zeiten Jesu längst nicht mehr gab...

Schon dieser kurze Ausflug ins Reich der Übersetzungen zeigt, wie sorgfältig wir mit Gottes Wort - bzw. mit den ur-alten übermittelten Texten umgehen sollten. Es wird in diesem Buch noch deutlich werden, daß Gott nicht alle Texte wortwörtlich übermittelt hat, wie viele Christen und Kirchen noch immer behaupten. Oder aber die unterschied-lichen menschlichen Schriftsteller erlaubten sich einige

Nachlässigkeiten beim Niederschreiben der historischen Begebenheiten. Auf jeden Fall sind beabsichtigt oder unbeabsichtigt Fehler von Menschenhand gemacht worden.

Die Bibel wurde über eine Zeitspanne von rund 1400 Jahren geschrieben. Das heißt, sie ist in über sechzig Generationen entstanden. Geschrieben wurde sie von mehr als vierzig Autoren aus den verschiedensten Gesellschaftsschichten. Darunter waren Fischer, Könige, Bauern, Philosophen, Dichter, Gelehrte und Staatsmänner. Mose war ein geschulter politischer Führer. Petrus war ein einfacher Fischer, Nehemia war ein Mundschenk, Daniel ein Ministerpräsident, Salomo ein König, Lukas ein Arzt, Matthäus ein Zöllner, Paulus ein Rabbiner und Amos ein Hirte - um nur einige der Verfasser zu nennen. Es ist jedoch recht zweifelhaft, daß z.B. ein einfacher Hirte oder Fischer jener Zeit die Schreibkunst beherrschte. Leider läßt sich das heute nicht mehr nachprüfen. Eine Möglichkeit könnte sein, daß Gott selbst diesen einfachen Leuten auf wundersame Weise die Möglichkeit zu schreiben vermittelt hat. Wir werden es nicht erfahren.

Geschrieben wurde die Bibel in der Wüste (Mose), im Gefängnis (Paulus), in einem Kerker (Jeremias), auf Reisen (Lukas), im Exil in Griechenland, auf der Insel Patmos (Johannes) usw. So versichert es uns zumindest die Heilige Schrift. Sie wurde verfaßt in Asien, Afrika und Europa. Sie ist das meistverbreitete Buch der Welt. Der größte Bestseller aller Zeiten. Zweifellos ist die Bibel einzigartig in ihrer Art. Kein Buch der Welt kann sich mit den Rekorden der Bibel auch nur annähernd messen. Keine andere

Religion hat ein Werk von solcher Weisheit aufzuweisen, zumal auch der Erlösungsgedanke nur im Christentum vorkommt.

Dann gibt es noch die berühmt-berüchtigten Apokryphen. »Apokryph« bedeutet soviel wie »verborgen«, nach dem griechischen Wort »apokryphos«. Da diese vermeintlich geheimen Bücher nicht kanonisch waren, sorgte die junge Kirche dafür, daß diese Texte nicht in die Bibel aufgenommen wurden. Man warf ihnen historische und geographische Ungenauigkeiten sowie auch Anachronismus vor. Das Wort »Kanon« entstammt dem griechischen Wort »kanna«, was Rohr oder Schilf bedeutet. Das Schilfrohr wurde als Richtmaß benutzt und ist vergleichbar mit dem Wort »Maßstab«. Welcher Text also dem kirchlichen Maßstab entsprach, d.h. von Gott inspiriert war, bestimmte ebenfalls die Kirche. Da in den Apokryphen unbequeme Textstellen enthalten sind, die teilweise an der Wahrheit der Evangelien Zweifel aufkommen lassen, gab es für die Kirche »gute Gründe«, sie nicht in die Heilige Schrift zu integrieren. Bei der Betrachtung aller Vorgänge um den Tod und die spektakuläre Auferstehung Christi werden wir auf eine solche brisante Stelle noch zu sprechen kommen.

Wie man alte Texte verändert, manipuliert und falsch interpretiert, sieht man auch sehr deutlich im Islam. Nach moslemischer Überzeugung hat Allah vor ca. 1400 Jahren einen reichen Kaufmann als Propheten berufen, um einen neuen Glauben zu verbreiten. Dieser Mann war kein Gottessohn, sondern ein außergewöhnlicher Mensch (die es immer wieder in der Geschichte gab) und wurde

Mohammed genannt. Wie beim Neuen Testament schrieben Gelehrte erst *nach* dem »Verschwinden« des Auserwählten dessen Gedanken nieder. Was für Christen die Bibel ist, ist für jeden Moslem der Koran. Leider legen militante Moslems diese Texte so aus, daß sie ihre Terroranschläge gegen die sog. Ungläubigen in aller Welt legitimieren können. Sie reden wie schon vor Jahrhunderten vom »Heiligen Krieg« gegen Andersdenkende. Hetzredner behaupten, daß Frauen und Mädchen ohne Kopftuch einen „Krieg gegen Gott führen". In Algerien sind sogar kleine Schulmädchen von solchen fanatischen Extremisten getötet worden, weil sie keinen Schleier trugen - und das in unserer heutigen Zeit!

Dieser Islam der Gewalt und Unterdrückung hat nichts mit den Lehren Mohammeds zu tun. Im Koran gibt es gleich zwei Stellen, wo klar gesagt wird, daß Juden, Christen und andere Völker, die an Gott glauben, *nichts zu befürchten haben.* Was den Schleierzwang der Extremisten betrifft, so findet man im gesamten Koran kein Wort darüber! Zur Zeit Mohammeds gingen die Frauen sogar mit nackter Brust umher. Dazu sagt der Koran lediglich, daß die Frauen sich sittsamer kleiden und ein Tuch über der Brust tragen sollen. Von einem Schleier (Hidschab) war nie die Rede. Es ist leider auch eine Tatsache, daß hier ein korruptes Regime die Leichtgläubigkeit der Bevölkerung ausnutzt, zumal fast 60 Prozent der Männer und 90 Prozent der Frauen im Islam Analphabeten sind.

So gesehen stellt die ungeheuer große Zahl von fanatischen Moslems auch eine ernsthafte Bedrohung für die christliche Welt dar. Man sieht, was geschehen kann, wenn man die alten Texte falsch auslegt und sie sich so zurechtbiegt, wie man es gerne hätte.

Auch manche Christen legen widersprüchliche und rätselhafte Textstellen in der Bibel so aus, wie es ihnen gerade so paßt. Sie wollen einfach nicht akzeptieren, daß es in der Bibel Ungereimtheiten gibt. Leider schaden sie sich dadurch nur selbst, da sie so der Wahrheit nicht näherkommen. Im Gegenteil, sie folgen blind einem Glauben und bestätigen sich untereinander darin. Jede Form der Kritik - und mag sie noch so gering sein - wird nicht akzeptiert. Aber im Gegensatz zu den fanatischen Moslems sind selbst fanatische Christen zum Glück in der Regel friedliebende Menschen. Sie betrügen höchstens sich selbst und andere Menschen, wenn sie die strittigen und rätselhaften Stellen der Bibel leugnen bzw. beliebig umdeuten. Darum schreibe ich dieses Buch, in der Hoffnung, daß mehr Offenheit und Ehrlichkeit in das Christentum einkehrt. Im Mittelalter wäre ich vermutlich wegen meiner unbequemen Sichtweise der Dinge verbrannt worden. Wir müssen uns endlich von den längst überholten und verkrusteten Vorstellungen verabschieden.

Noch ein Hinweis, den selbst etliche Christen nicht kennen. Der Sonntag ist *nicht* der Sabbath, an dem man zu Ehren Gottes ruhen soll. Der Samstag ist es laut 2. Mose 20, 10-12! Im Jahr 364 wurde der Sonntag vom Papst einfach fälschlich zum Sabbath erklärt!

II

DAS PROBLEM MIT DER SCHÖPFUNG

„Im Anfang schuf Gott die Himmel und die Erde. Und die Erde war wüst und leer, und Finsternis war über der Tiefe; und *der Geist Gottes schwebte über den Wassern.* Und Gott sprach: Es werde Licht!" Und es ward Licht...

So lauten die ersten Worte der Bibel. Welch ein faszinierendes Szenario. Das Lesen dieser Zeilen verursacht bei mir noch immer ein ehrfürchtiges Schaudern. Haydn hat dieses Geschehen mit seiner »Die Schöpfung« in phantastische Musik umgesetzt. Es sind für mich die kraftvollsten Worte der gesamten Bibel. Aber wer hat diese Worte verfaßt? Die Bibel verweist auf Mose. Da Mose natürlich kein Zeuge dieses Vorgangs gewesen sein kann, gehen Christen davon aus, daß sie tatsächlich von Gott selbst übermittelt wurden. Nach 2. Timotheus 3, 16 „...ist *alle* Schrift von Gott eingegeben". Es liegt der Schluß nahe, daß die damaligen Empfänger von Gottes Wort telepathisch veranlagte Menschen waren. Auch in der Schöpfungsgeschichte ergeben sich eine Reihe von Fragen. In einem Bericht kamen zuerst die Pflanzen, die Tiere und dann der Mensch vor - in einem anderen Bericht zunächt der Mensch, dann die Pflanzen und Tiere. In scheinbar nur *sechs Tagen* erschuf Gott das gesamte Universum, die Erde mit allen Tieren und Pflanzen sowie den Menschen - aus dem Nichts! Schon dieser Aspekt spricht für den Schöpfergedanken, denn im Gegensatz zu wissenschaftlichen Theorien kann nur ein Gott das Nichts in Materie verwandeln - durch die Kraft und Energie seines Geistes. Dieser Schöpfungsakt ist ein so unvorstellbares Werk, daß es völlig jenseits unseres Fassungsvermögens liegt. Kein Wissenschaftler der Welt wird jemals aus dem Nichts Materie erschaffen können. Trotzdem sind Christen durch Aussagen der Bibel der Überzeugung, daß die Erde und das gesamte Universum erst seit einigen Jahrtausenden besteht - jedoch keinesfalls seit Millionen oder gar Milliarden von Jahren. Ist das die Realität? Auch der Begriff Zufall entfällt, denn was wir unter Zufall verstehen, ist nichts anderes als Ursache und Wirkung. An dieser Stelle weise ich den interessierten Leser darauf hin, daß der Altertumsforscher und Sumerer-Experte Zecharia Sitchin 1990 schrieb: „...was man schon seit mehr als einem Jahrhundert weiß: daß nämlich die Schöpfungsgeschichte des Alten Testaments eine überarbeitete und gekürzte Fassung viel ausführlicherer mesopotamischer Texte ist, die ihrerseits von einem ursprünglich sumerischen Text abstammen." Es würde den Rahmen sprengen, auf diese Texte dezidiert einzugehen, da ich mich in diesem Buch ausschließlich an der Bibel orientiere.

Die Wissenschaft geht heute hartnäckig davon aus, daß das gesamte Universum mit seinen unzähligen Sonnen und Planeten durch den Urknall entstanden ist. Also ist unsere Erde, der einzige Planet den wir kennen, der optimale Voraussetzungen für Leben bietet. Da auf unserem Planeten Leben in unvorstellbarer Vielfalt vorhanden ist, glauben die meisten Wissenschaftler, daß es sich in einem langen Evolutionsprozeß entwickelt hat. Nicht Gott war der Schöpfer, sondern ein »Glücksfall«, meinen viele Gelehrte. Die folgende Betrachtung wissenschaftlicher Forschung ist ein gutes Beispiel für Gottes einzigartige Schöpfung.

Rein rechnerisch dürfte es auf unserer Erde kein Leben geben, was die schlauen Gelehrten leider meist übersehen. Die Möglichkeit, daß sich die chemischen Grundstoffe in der sog. Ursuppe zu Lebensmolekülen zusammenschlossen, ist gleich null!

In den Zellen aller Lebewesen, die Sauerstoff atmen, gibt es ein Enzym: Cytochrom C. Es besteht aus zwanzig verschiedenen Aminosäuren, in diesem Fall aus einer Kette mit 104 Gliedern in einer ganz bestimmten Reihenfolge. Wie groß die Chance ist, daß diese Anordnung rein »zufällig« entsteht zeigt folgendes Rechenexempel: Man müßte hundert Trillionen Metallatome sowie Kunststoff- und andere Moleküle so lange schütteln, bis ein kompletter Mercedes dabei herauskommt. Mit anderen Worten - völlig undenkbar!

Wie chancenlos das Atmungsenzym (und jeder andere Baustein des Lebens) im sog. Glücksspiel der Kombinationen war, zeigt folgende Ausführung, die der bekannte Wissenschaftspublizist Hoimar von Ditfurth sehr anschaulich entworfen hat: „Wäre seit dem Urknall in jeder Sekunde ein neues Enzym entstanden, gäbe es heute erst 10^{16} verschiedene. Oder wären alle im Universum vorhandenen Atome unterschiedliche Enzym-Ketten, gäbe es 10^{80} (die Zehn 80 mal mit sich selbst malgenommen) Varianten. Die Wahrscheinlichkeit, darunter ein Molekül des Cytochrom C zu finden, wäre immer noch eins zu 100 Quintillionen. Folglich ist Leben so extrem unwahrscheinlich, daß sein Vorhandensein auf der Erde ein zweites Entstehen irgendwo im Weltall weitgehend ausschließt". Ein weiterer Vergleich wird gerne zitiert: „Wenn hundert Affen unendlich lange auf ebenso vielen Computertastaturen hämmern würden, käme nie ein Gedicht von Goethe dabei heraus".

Wenn diese Rechnung stimmt, dann würde sich auch das Leben auf der Erde kaum entwickelt haben können. Was also bleibt, ist der Schöpfungsakt Gottes. Man sollte hier anmerken, daß nicht alle Wissenschaftler auch gleichzeitig überzeugte Atheisten sind. Trotzdem wollen viele Gelehrte nicht akzeptieren, was Millionen Christen in aller Welt felsenfest glauben.

Wenn unsere Wissenschaftler von der Erdgeschichte reden, so gibt es ein Argument, das nicht so leicht vom Tisch zu fegen ist, zumal es jeder begutachten kann, wenn er will. Es handelt sich um geologische Daten und Fossilienfunde, die darauf schließen lassen, daß sich der Schöpfungsprozeß über weitaus größere Zeiträume erstreckt haben *könnte*. Da ist von Milliarden Jahren die Rede. Dieser Aspekt ist natürlich nicht so leicht von der Hand zu weisen. Wer sich z.B. den Grand Canyon betrachtet, erkennt deutlich, wie sich das Wasser seinen Weg tief durch die Felsen gegraben hat. Dabei hinterließ es terrassenartige Abstufungen. Hier sieht selbst der Laie, daß dies nicht in relativ kurzer Zeit entstanden sein kann. Es wäre auch zu einfach, diesen Vorgang als Ergebnis einer weltweiten Sintflut, die offensichtlich auf Tatsachen beruht, zu erklären. Es steht außer Zweifel, daß Gott ein Universum in kurzer Zeit schaffen kann. Aber wie erklären sich dann die Gesteinsschichten mit ihren Fossilien? Sauriererknochen findet man übrigens an der *Oberflächäche* - sie starben sehr plötzlich! Nur wenn dem so ist, ist die Erde bei weitem nicht so alt!

Unter unserer dünnen Erdkruste ist unser Planet noch immer flüssig. Auch hier fagt man sich, welcher Sinn sich dahinter verbirgt, wenn Gott es so gewollt hat. Eines der wenigen Völker, die davon profitieren sind die Isländer. Ich habe dieses faszinierende Land selbst erkundet und man spürt an unzähligen Orten, wie es unter dem teilweise heißen Boden noch immer kocht und brodelt. Geysire jagen ihre heiße Gischt haushoch in den Himmel, und alle paar Jahre bricht einer der gefährlichen Vulkane aus. Danach müssen die Isländer ihre Landkarten jedesmal neu vermessen. Gerade auf Island hat man stark den Eindruck, daß die Schöpfung noch nicht beendet ist. Island ist der größte übermeerische Bestandteil eines über 30.000 Kilometer langen, riesigen vulkanischen Gebirgszuges, der sich als Mittelatlantischer Rücken von der Arktis bis zur Antarktis als eine gewaltige Naht in der Erdkruste bis 3000 Meter unter der Meeresoberfläche erstreckt. Im Zentrum läuft ein gewaltiger Prozeß ab. Mehrere Millionen Quadratmeter große Platten der Erdkruste driften hier noch immer mit den auf ihnen schwimmenden Kontinenten *auseinander*.

Das stellt uns gleich vor die nächste Frage zur Schöpfung. Jedes Kind lernt in der Schule, daß die Kontinente ursprünglich eine einzige große Landmasse waren. Dann begann eben diese Landmasse langsam auseinanderzudriften. Betrachten wir einmal folgende Zeitepochen: Perm (285-245 Mio. v. Chr.): die Erde besteht aus einem Kontinent, Trias (245-210 Mio. v. Chr.): die Kontinente driften auseinander, Jura (210-145 Mio. v. Chr.): die einzelnen Kontinente zeichnen sich ab, Kreide (145-65 Mio. v. Chr.):

die Kontinente sind annähernd so, wie wir sie heute kennen. Die erste geschlossene Landmasse bezeichnet man als »Superkontinent Pangäa«. Hat Gott also erst eine riesige Landmasse geschaffen, es sich dann anders überlegt, um dann diese Landmasse in Einzelteile zu zerlegen? Das klingt nicht glaubwürdig, denn der Gott, den wir zu kennen glauben, hätte mit größter Wahrscheinlichkeit sofort das »Endprodukt« erstellt! Wenn Gott aber nicht die Ursache für diesen Vorgang ist, dann würde dieser Vorgang zweifelsohne einen enormen Zeitraum in Anspruch nehmen. Trotzdem muß man einem allmächtigen Gott zugestehen, daß er in nur 144 Stunden eine Schöpfung vollbringen kann, sonst wäre er kein Gott! An dieser Stelle sollten wir uns wieder Gottes Wort vor Augen führen, denn hier klingt der Sachverhalt recht eindeutig: Und Gott sprach: „Es sammeln sich die Wasser unterhalb des Himmels an *einen* Ort, und es werde sichtbar das Trockene! Und es ward also. Und Gott nannte das Trockene Erde, und die Sammlung der Wasser nannte er Meere. Und Gott sah, *daß es gut war.*" Aus diesen Worten geht deutlich hervor, daß es eine Land- bzw. Wassermasse gab („...an *einen* Ort..."). Außerdem bestätigt Gott, *daß es gut war*, also nicht korrigiert werden mußte. Drifteten die Landmassen also doch erst *nach* der Schöpfung auseinander, oder ist die Schöpfung doch noch nicht abgeschlossen? Wäre es denkbar, daß Gott mit seiner »Urschöpfung« zunächst lediglich den Grundstein für alles Leben auf Erden legen wollte? Klingt das jedoch plausibel, wenn wir von einem allmächtigen Gott sprechen?

Für die Verfechter der Meinung, daß die Schöpfung erst seit relativ kurzer Zeit vollendet wurde, ist allerdings unser Mond ein gutes Beispiel. Lange hatte man angenommen, daß auf unserem Trabanten durch die endlosen Meteoriteneinschläge eine sehr hohe Staubschicht vorhanden sein müsse. Verfechter der Bibel meinten jedoch, daß dies nicht sein könne, da der Mond eben noch *nicht* Millionen Jahre alt sei. Die ersten Landefähren der NASA waren also so konstruiert, daß man mit einer dicken Mondstaubschicht rechnen mußte. Wie wir wissen war das unnötig, denn der Mondstaub bestand tatsächlich nur aus einer dünnen Schicht. Die Anhänger der Bibel konnten sich entspannt zurücklehnen und zufrieden schmunzeln. Da auf dem Mond seit vielen Jahrzehnten immer wieder seltsame Lichterscheinungen gesehen worden sind (von Astronomen wie von Astronauten), liegt der Verdacht nahe, daß es auf dem Mond auch Eruptionen geben könnte. Sind auch das Anzeichen für eine noch *lebendige* Schöpfung? Oder sind es Anzeichen einer außerirdischen Lebensform?

Es gibt allerdings eine Theorie, die allen Beteiligten gerecht werden könnte und das Gerangel um den Faktor Zeit beenden würde. Wer sagt uns denn, daß für Gott - für ein Wesen, das die Ewigkeit als Norm erachtet - ein Tag nur 24 Erdenstunden hat? Es ist viel wahrscheinlicher, daß der Gott der Ewigkeit in ganz anderen Zeitdimensionen denkt und handelt als wir recht unwissenden Menschenkinder. Dies wäre eine schlüssige Erklärung für den Faktor Zeit in dem Schöpfungsbericht der Bibel. In diesem Punkt kommt uns die Bibel selbst sogar entgegen. In dem Psalmwort 90, 4 lesen wir folgenden Text: „Denn *tausend Jahre sind in deinen Augen wie der gestrige Tag, wenn er vergangen ist,* und *wie eine Wache in der Nacht.*" Na also, könnte man jetzt sagen. Ist die Bibel Gottes Wort, so ist diese Aussage richtig. Und wie sagt Jesus Christus in Matthäus 24, 22 zur »Drangsal der letzten Tage«: „...aber um der Auserwählten willen *werden jene Tage verkürzt werden.*" Gott kann also die Zeit beliebig beeinflussen - davon kann man bei einem *allmächtigen* Gott zweifelsohne ausgehen.

Kommen wir zum nächsten noch immer heftig umstrittenen Punkt. Auch die Tiere wurden laut der Bibel von Gott an einem Tag erschaffen - so, wie wir sie noch heute kennen, obgleich etliche Arten inzwischen ausgestorben sind. Der berühmte Charles Darwin versuchte mit großem Aufsehen eine andere Theorie zu beweisen. Er schrieb die bekannte »Entstehung der Arten durch natürliche Zuchtwahl«. Darwin, der u.a. von 1828-1831 auch Theologie studierte, stellte die allgemeine Theorie der organischen Evolution auf, die darin besteht, daß sämtliche Lebewesen durch einen materialistischen Evolutionsprozeß aus einer einzelnen Quelle hervorgegangen sind. Charles Darwin sah zwar Gott als Urheber der kosmischen und biologischen Gesamtentwicklung an, schloß jedoch den biblischen Schöpfungsakt aus. Nach seiner Theorie konnte immer nur das der Natur am besten angepaßte Wesen überleben. Es ist eine traurige Tatsache, daß diese Theorie bis heute von der Wissenschaft, den Medien und sogar in den Schulklassen als bewiesen verkauft wird. Die Wirklichkeit sieht völlig anders aus. Inzwischen hat man eine Unzahl von Fossilien in aller Welt gefunden. Darunter ist jedoch kein einziges Exemplar, das den Beweis erbringen würde, daß sich eine Art in eine andere Art entwickelt hätte. Alle Bindeglieder fehlen noch immer, und man wird sehen, ob man jemals welche findet.

Eines der bekanntesten Beweisstücke der Wissenschaft für die Entwicklung des Fisches zum Landtier war schon immer der berühmte Quastenflosser, von dem man wunderschöne Fossilien fand. In seinen Flossen wies dieser Fisch Knochen auf. Was übersehen wurde, ist die Tatsache, daß Fische und Amphibien eine grundverschiedene Anatomie besitzen und sich auch nicht durch Übergangsformen verbinden. Zudem sind die besagten Fußknochen auch beim Quastenflosser *nicht* mit der Wirbelsäule verbunden. Die Wissenschaft ging davon aus, daß dieses faszinierende Wesen und sog. »Missing Link« vor rund *80 Millionen* (!) Jahren ausgestorben ist. Man kann sich ungefähr den Schrecken der Gelehrten vorstellen, als man 1939 genau dieses »ausgestorbene« Beweisstück quicklebendig in Südafrika aus dem Meer fischte. Eine bemerkenswerte Veränderung des Quastenflossers war auch nach 80 Millionen Jahren nicht zu entdecken. Das Bindeglied zwischen Fisch und Amphibie war *nicht* existent. Wie heißt es so treffend: Der Glaube ist der Todfeind der Wissenschaft.

Wenn wir von ausgestorbenen Tieren sprechen, dann fallen uns natürlich die grandiosen Saurier ein, die Steven Spielberg in seinem perfekt gemachten Film »Jurassic Park« zuerst lebendig werden ließ und damit eine neue Epoche der Filmgeschichte mit innovativer Computeranimation einleitete.

Eine Frage taucht in diesem Zusammenhang immer wieder auf: Warum berichtet die Bibel kaum über Saurier? Es müssten sich doch ständig furchterregende Begegnungen mit diesen Giganten abgespielt haben. Angriffe eines Tyrannosaurus Rex hätten doch Erwähnung finden müssen. An nur zwei Stellen überliefert uns die Bibel die Beschreibung eines Tieres, das eventuell als Drachen (Hiob 41, 10-11: „Aus seinem Rachen gehen Fackeln, sprühen feurige Funken hervor.") oder als phantasievoll geschildeter Saurier gedeutet werden kann. Hier ein kurzer Auszug aus dem Buch Hiob 40, 10-14: „Sieh doch den »Behemoth«, den ich *mit dir* gemacht habe; er frißt Gras wie das Rind. Sieh doch, seine Kraft in den Lenden; und seine Stärke in den Muskeln seines Bauches. Er biegt seinen Schwanz gleich einer Zeder, die Sehnen seiner Schenkel sind verflochten. Seine Knochen sind Röhren von Erz, seine Gebeine gleich Barren von Eisen. Er ist der *Erstling* der Wege Gottes..." Luther hat den Namen »Behemoth« nicht übersetzt, da er kein Tier kannte, auf das diese Beschreibung paßte. Einige Bibelübersetzungen geben an, daß es sich wohl um ein Nilpferd handelt - was nicht sein kann, denn ein Nilpferd hat keinen Schwanz wie eine Zeder. Der interessierte Leser möge im Buch Hiob 40 und 41 lesen, da der gesamte Text sehr lang ist und hier den Rahmen sprengen würde. Zudem lesen wir später noch im Buch Hiob die genauere Beschreibung eines Sauriers oder auch Drachen. Doch was wurde aus ihnen *nach* Hiobs Zeiten?

Die Wissenschaft nimmt an, daß die Dinosaurier durch Klimaveränderungen ausgestorben sind, die sich vor etlichen

Millionen Jahren (!), durch den Einschlag eines Asteroiden kamen. Und es gibt Funde, die eindeutig darauf hindeuten, daß Saurier und humanoide Wesen *gleichzeitig* lebten - vor Jahrmillionen. Zum Beispiel hat man u.a. in Glen Rose (U.S.A.) sensationelle Fußabdrücke von Sauriern und Humanoiden an der *gleichen Stelle* (!) *und auf der gleichen Gesteinsschicht* gefunden. Mancher Autor christlicher Bücher meint, daß ausgestorbene Tiere wie die gigantischen Saurier bei der Sintflut umgekommen sind. Das kann aber nicht sein, wenn im Buch Hiob von einem Saurier die Rede ist - wohlgemerkt *nach* der Flut! Und schon befinden wir uns wie so oft in einem totalen Dilemma. Hier sitzt auch der Autor mal wieder zwischen den Stühlen, wenn er Wissenschaft und Glauben abwägen will. Es existieren also Millionen Jahre alte Abdrücke im Gestein, aber die Bibel sagt uns, daß die Erde noch gar nicht so lange besteht!

Außerdem stellt sich die Frage, wie denn die unzähligen Saurierarten auf die Arche gepaßt haben sollen? Abgesehen von der enormen Menge anderer Tierarten. Die Erbauer der Arche hätten also ein *unvorstellbar*es Objekt gebaut haben müssen! Aber das hätte Gott vorhersehen können. Die Bibel beweist, daß Jehova in die Zukunft blicken kann. Daß dies zutrifft, sieht man an der Fülle von Prophetien, die sich erfüllt haben. Ein gutes Beispiel ist die alttestamentarische Verkündigung, daß Gott die in aller Welt verstreuten Juden wieder versammelt in ihr Heimatland zurückführen würde (5. Mose 30, 3-5). Niemand hätte das für möglich gehalten - und doch ist dies dann 1948 vor den Augen der Weltöffentlichkeit geschehen.

Sollten die Dinosaurier doch durch Gottes Willen bei der Sintflut umgekommen sein, wieso finden wir dann keine menschlichen Fossilien? Eventuell hilft uns hier eine Bibelstelle, die die Sintflut ankündigt. Lesen wir 1. Mose 6, 6-7: „Und es reute Jehova, daß er den Menschen gemacht hatte auf der Erde (!), und es schmerzte ihn in sein Herz hinein. Und Jehova sprach: Ich will den Menschen, den ich geschaffen habe, *von der Fläche des Erdbodens vertilgen…*" Das zeigt uns, daß Gott seine Meinung doch je nach Lage der Dinge ändert. Nach Gottes Willen sollten anscheinend menschliche Fossilien unauffindbar sein. In welchen Dimensionen Gott denkt und handelt, bleibt uns verborgen. Spätestens hier dreht man sich endgültig im Kreise. Es wird einem nicht nur deutlich, daß Gottes Wege unergründbar sind, sondern daß unser gesunder Menschenverstand auch hier an seine Grenzen stößt.

Das Ganze wird noch weitaus seltsamer, wenn man in der Bibel unmittelbar vor der oben zitierten Stelle bei 1. Mose 6, 1-4 folgenden unglaublichen Text liest: „Und es geschah, als die Menschen begannen sich zu mehren auf der Fläche des Erdbodens, und ihnen Töchter geboren wurden, *da sahen die Söhne Gottes, daß die Töchter des Menschen schön waren, und sie nahmen sich zu Weibern, welche sie irgend erwählten.* Und Jehova sprach: Mein Geist soll nicht ewiglich mit dem Menschen rechten, da er ja Fleisch ist; und seine Tage seien hundert und zwanzig Jahre. In jenen Tagen waren *die Riesen* auf der Erde, und auch nachher, als die Söhne Gottes zu den Töchtern der Menschen eingingen, und diese ihnen gebaren. Das sind die Helden, welche von alters her waren, die Männer von Ruhm gewesen sind." Bei diesen Zeilen kann es einem glatt die Sprache verschlagen. »Göttersöhne« nahmen sich einfach die hübschesten Menschenfrauen, um mit ihnen zu schlafen - und anschließend erklärt Gott den Menschen, den er eben erst erschaffen hat, als zu boshaft und rottet ihn durch die Sintflut fast aus. Wer um alles in der Welt waren diese ominösen Gottessöhne, die nach ihren »Taten« auch noch als Helden bezeichnet werden? Wer waren diese geheimnisvollen Riesen? Und in der Tat wurden z.B. in der heutigen Türkei uralte Gräber für riesenhafte menschliche Wesen gefunden. Allerdings waren diese Riesen nicht so groß wie ein Turm, wie wir im folgenden Text noch lesen werden. Verweilen wir noch kurz bei dem Thema Riesen. Die Bibel sagt eindeutig, daß sie in grauer biblischer Vorzeit über die Erde wandelten und vermutlich Angst und Schrecken bei den »Normalwüchsigen« verbreiteten. Die Frage ist nur, warum hat Gott diese Ungetüme erschaffen, und warum verschwanden sie eines Tages von der irdischen Bühne? Wieder hinterläßt uns die Bibel ein Rätsel mehr. Das gilt natürlich auch für die seltsamen »Söhne Gottes«.

Weiterhin gibt es vor allem im europäischen Raum wie auch in anderen Erdteilen alte Märchen, Sagen und Legenden, die immer wieder von solchen Riesen berichten. Ein Grund mehr, an die biblischen Aussagen zu glauben, denn in diesen Legenden und Sagen ist oft Realität mit Erfindung vermischt. Aus meiner Erfahrung ist in vielen dieser uralten Geschichten mehr Wahrheit enthalten als man landläufig meint.

Trotzdem sollte uns eine Stelle in den »verborgenen« Büchern und Evangelien der Bibel - den sog. Apokryphen - zu denken geben. Es sind die alten Texte, die von der noch jungen Kirche bewußt nicht in die Bibel aufgenommen wurden. Ob dies immer richtig war, ist ein anderes Thema. Hier werden auch die himmlischen Wesen erwähnt, die sich mit den schönsten Menschentöchtern paarten.

Ich zitiere (Textquelle: »Die Schatzhöhle«, 15. Kapitel: Die Riesen.):

„Da vermischten sich Seths Kinder, die Männer, mit den Töchtern Kains. Da wurden diese schwanger und gebaren ihnen riesenhafte Männer, ein Geschlecht von Riesen, Türmen gleich. Deshalb begingen frühere Schriftsteller einen Irrturm, als sie schrieben, die Engel seien vom Himmel gestiegen und hätten sich mit den Menschen begattet, und von ihnen seien jene Riesen erzeugt worden. Dies ist nicht wahr; denn sie sprachen so ohne Einsicht. Sehet zu, meine Brüder, die ihr dies leset, und wisset, daß derlei nicht in der Natur der Geisterwesen liegt! Auch die unreinen Teufel, die Übeltaten vollbringen und den Ehebruch lieben, haben dies nicht in ihrer Natur; denn es gibt unter ihnen keine männlichen und weiblichen Geschlechter; sie wurden ja seit ihrem Abfall auch nicht um einen vermehrt. Könnten sich die Dämonen mit den Weibern begatten, dann hätten sie keine einzige Jungfrau im ganzen Menschengeschlecht unverderbt gelassen."

Diese Aussagen lesen sich anders als die Texte in der Heiligen Schrift. Was entspricht also den Tatsachen, zumal man davon ausgehen sollte, daß auch in den oft geschmähten Apokryphen - mit denen wir uns noch an anderer Stelle beschäftigen werden - Wahrheiten enthalten sind? Es wimmelt in der Bibel nur so von seltsamen Wesen. Es gibt Engel, Gottessöhne, Teufel, den Satan, Dämone und Geisterwesen. Waren die in der Bibel nicht näher definierten »Söhne Gottes« eventuell doch eine uns fremdartige Intelligenz, die mit Gottes Wissen manche Dinge lenkte?

Ein Punkt scheint mir nach allem, was wir aus der Bibel wissen, sicher zu sein. Die ersten Menschen unterschieden sich wohl sehr deutlich von den Menschen, die wir aus der späteren Geschichte kennen. Ich denke nur an das unglaublich hohe Alter der frühen, von Gott geschaffenen Menschen. Lesen Sie einmal 1. Mose 5-6. Da wurde ein Mann mit Namen Methusalah ganze 969 (!) Jahre alt. Noah soll nach 1. Mose 9, 29 unglaubliche 950 Jahre alt geworden sein! Heute spricht man schon von einem »biblischen« Alter, wenn jemand »nur« über hundert Jahre alt wird. Die Bibel sagt uns, daß die Menschen in dieser Zeitepoche unglaublich alt wurden. Daraus könnte man schließen, daß die ersten Menschen eventuell in verschiedener Hinsicht (Gene, Erbanlagen, Alter, Größe, etc.) nicht der Vorstellung Gottes entsprochen haben. Wenn sie auch noch boshaft waren (wie Mose berichtet), dann ist es gut vorstellbar, daß Gott in seinem stets gefürchteten Zorn seine Schöpfung in der Tat neu überdacht hat. Noah, dessen Frau, seine Söhne und deren Frauen durften wohl nur deshalb die Sintflut überleben, weil sie gottesfürchtig genug waren und in den Augen Gottes Gnade erlangt hatten. Im Gegensatz zu einer Version des Alten Testaments, in dem Methusalah im Jahr der

Sintflut starb, überlebte Methusalah in der sog. »Septuaginta« (die älteste griechische Übersetzung des Alten Testaments - D.A.) sogar die Sintflut um vierzehn Jahre. Nur kann er die Sintflut nicht überlebt haben, da die Bibel uns unmißverständlich sagt, daß nur Noah mit seiner Familie die Flut überlebte. Die Bibel widerspricht sich hier wieder selbst.

Machen wir uns aber nichts vor. Wir sollten Gottes Gesetze ernst nehmen, sonst könnte es ein böses Erwachen geben. Menschen reden so gerne vom »lieben Gott«, oder sie rufen bei jeder passenden und unpassenden Gelegenheit achtlos »Ach du lieber Gott!« und »O Gott!«. Ich denke, man sollte hier etwas vorsichtiger sein. Solch unbedachten Worte können - glaubt man der Bibel - böse Konsequenzen haben. Abgesehen davon werden Sie in der gesamten Bibel den Begriff »Lieber Gott« nicht finden, was ebenfalls viele Menschen nicht wissen. Gott wird nicht als lieber Gott dargestellt, sondern von den Gläubigen bestenfalls als »Gott der Liebe«. Im Gegenteil, das Volk Israel hatte alle Mühe, Jehova bei Laune zu halten. Wer nicht gehorchte, war unweigerlich des Todes. So sehen die Tatsachen aus.

Laut Bibel fielen wir durch den Sündenfall in Ungnade und wurden sterblich. Nur weil Eva durch eine sprechende Schlange (!) dazu verführt wurde, die Frucht vom Baum der Erkenntnis zu essen, wurde der Mensch bis heute zu einem sündhaften Wesen. Zu Eva sagte Gott: (1. Mose 3, 16): „Ich werde sehr mehren die Mühsal deiner Schwangerschaft, mit Schmerzen sollst du Kinder gebären...". Wir können gegen den Zorn Gottes laut der Bibel nichts tun, außer Jesus um die Vergebung unserer Sünden zu bitten, die er für uns teuer am Kreuz mit seinem Blut bezahlt hat, sowie an seine Auferstehung von den Toten glauben. Vermutlich wäre es auch schon eine Sünde, wenn man der Meinung ist, daß diese kleine menschliche Schwäche Evas zu hart bestraft wurde. Die sprechende Schlange war laut Bibel der Satan. Hätte der Antichrist Gottes Zorn nicht eher verdient, denn *er* war die Ursache der Versuchung? Leider ist diese Frage müßig. Tatsache bleibt, daß Millionen Christen *wegen einer Frucht* bis heute mit Schuldgefühlen »sündig« durch das Leben gehen. Es wird auch immer wieder gefragt, warum Gott das Böse erschaffen hat. Im ersten Johannesbrief lesen wir, „daß Gott Licht ist, und in ihm ist keine Finsternis." Also kann das Böse nicht von ihm kommen. Die Bibel sagt uns, daß das Böse mit dem Fall Satans in die Welt kam, der einst ein Cherub, ein Lichtengel war und gleich dem Allerhöchsten sein wollte. Da das erste Menschenpaar auf die Versuchung Satans hereinfiel, hat somit das Böse Eingang in die Schöpfung erlangt. Aus welchem Grund hat Gott das Böse nicht einfach vernichtet, und alles wäre in bester Ordnung? Tröstlich ist lediglich die Tatsache, daß Gott auch Macht über den Teufel hat. Das wird aus der Bibel ersichtlich, wie wir noch am Beispiel des gottesfürchtigen Hiob sehen werden. Übrigens nahm Eva vermutlich keinen Apfel, sondern eine nicht näher definierte Frucht.

Eine weitere Anmerkung zur Schöpfung sei gestattet. Wir lesen in 2. Mose 12, 43-44: „Und Jehova redete zu Mose und Aaron: Dies ist die Satzung des Passah: Kein Fremdling soll davon essen; jedes Mannes Knecht aber, ein für Geld erkaufter, - wenn du ihn *beschneidest,* dann darf er davon essen." Die Beschneidung der Juden wurde bis in die Gegenwart zum festen Ritual. Aus hygienischen Gründen mag die Beschneidung des Mannes in alter Zeit noch ihre Berechtigung gehabt haben, aber macht es heute noch Sinn? Der entscheidende Punkt ist jedoch, wenn Gott die Beschneidung verlangte, warum hat er den Menschen (also Adam) nicht gleich beschnitten erschaffen, und zu welchem Zweck haben Männer Brustwarzen und einige »Ganzkörperbehaarung«?

Die Schöpfung der Erde ist wohl noch lange nicht am Ende angelangt, das scheint offensichtlich. Zur Schöpfungsgeschichte gibt es noch viele Fragen. Wir haben gute Gründe anzunehmen, daß die gesamte Schöpfung tatsächlich Millionen von Jahren brauchte, aber es gibt noch weitere Fragwürdigkeiten. Der schon in einem sozialen Gefüge lebende Neandertaler wurde nach der gängigen Meinung von dem höher entwickelten Cromagnon-Menschen verdrängt. *Warum erschuf Gott diese Vormenschen?* Der Cromagnon-Mensch wird von der heutigen Wissenschaft als durchaus intelligent eingestuft. Er benutzte Werkzeuge, malte und meißelte Tiergestalten in Höhlen (interessanterweise ist auch ein *Einhorn* in einer dieser Höhlen abgebildet), lebte selbst jedoch nicht in diesen Höhlen. Sein ausgeprägter Sinn für die Kunst ist natürlich nur ein Aspekt, warum er von den Experten als unser Vorfahre angesehen wird. Wenn man sich seine Kunstwerke ansieht, kann man sehr wohl diesen Eindruck erhalten. Von den Neandertalern kennen wir keine Kunstwerke, was nicht bedeutet, daß sie keine bewerkstelligten. Die Cromagnons fertigten sogar große Steinreliefs und waren offenbar keineswegs weniger zivilisiert als viele Eingeborenenstämme im heutigen Südamerika oder Afrika. Eher das Gegenteil ist der Fall. 1868 entdeckten Arbeiter, die Bahngleise bauten, in Frankreich fünf Cromagnon-Skelette, die man wie in heutiger Zeit beerdigt hatte. Selbst Grabbeigaben aus Muscheln und Elfenbein wurden gefunden. Das zeigt uns, daß wir es hier nicht mit völlig primitiven Menschen zu tun haben. Sie hatten vermutlich ähnliche Empfindungen wie wir und wohl auch eine Vorstellung von einem Leben nach dem Tod. Da sie auch Mammuts künstlerisch darstellten, ist dies nur *ein* Hinweis darauf, wann dieser Homo sapiens lebte. Selbstverständlich hatten sie auch Feuer und Waffen. Warum hat Gott diese Menschen wann zu welchem Zweck geschaffen? Und warum ließ Gott sie ausrotten? Menschen, die noch 15.000 Jahre v. Chr. Steinwände geschickt bearbeiteten, wurden einfach von der Weltbühne getilgt. Die Wege Gottes? Wohl auch hier. Die Bibel gibt uns auch zu diesen Themen keinen Anhaltspunkt. Wir wissen leider nichts über den Verbleib dieser interessanten Urahnen. Können wir davon ausgehen, daß auch sie Kreationen Gottes waren? Wenn ja - wozu? Oder waren diese Vormenschen lediglich fehlgeschlagene »Versuchsobjekte«? Hatte eventuell eine andere Intelligenz die Finger mit im Spiel? Spekulationen über Spekulationen und keine Antwort aus himmlischen Regionen.

Is anybody out there?

Diese Frage wird seit langer Zeit von Forschern und Wissenschaftlern in aller Welt gestellt - vor allem auch von der NASA. Sind wir allein im unendlichen Kosmos, oder gab es noch einen weiteren Schöpfungsakt, b.z.w. eine ganze Reihe von Planeten, die Leben aufweisen? Wenn wir von der Schöpfung Gottes sprechen, meinen wir meist das All und vor allem die Menschen, Tiere und Pflanzen der Erde. Was aber ist von einer weiteren Schöpfung auf einem anderen Planeten zu halten, oder gar von einer riesigen Zahl von bewohnten Planeten? Kaum ein Wissenschaftler schließt das heute noch aus, obwohl fast alle Faktoren dagegen sprechen, wie wir bereits ausgeführt haben. Unsinn und Spekulation, nur weil es nicht in der Bibel steht? Wie wir durch die Heilige Schrift häufig feststellen, offenbart uns Gott ohnehin nicht alle Gegebenheiten und läßt uns über etliche Dinge völlig im Unklaren.

Wir sollen alles tun, um in den Himmel zu kommen, aber was uns dort erwartet, darüber erfahren wir durch die Bibel wenig. Gott kann auch auf anderen Planeten Leben geschaffen haben, von dem wir einfach nichts wissen. Da nichts darüber in der Bibel zu finden ist, bedeutet dies noch lange nicht, daß es nicht existiert.

Im Februar 2001 ging eine außergewöhnliche Meldung durch die gesamte Weltpresse: (Auszug / AFP) „Forscher haben neue Hinweise auf Leben in der Vergangenheit des Planeten Mars entdeckt. In einem 1984 in der Antarktis gefundenen Mars-Meteoriten seien Magnetit-Kristalle enthalten, die biologischen Ursprungs seien, erklärte Imre Friedmann von der US-Raumfahrtbehörde NASA. Die entdeckten Eisenoxide bildeten in dem Meteoriten »Perlenketten«, *wie sie nur durch organische Prozesse in Lebewesen geformt werden können.*" Diese Entdeckung wurde durch eine zweite NASA-Forschungsgruppe bestätigt. Für sog. »Insider« ist diese Meldung gar nicht so überraschend, denn schon lange hat man z.B. eindeutig ausgetrocknete Flußbette auf dem Mars entdeckt - von den Polkappen gar nicht zu reden. Auch ausgetrocknete Seen wurden entdeckt. Aber die eigentliche Sensation basiert auf vor Jahren gemachten NASA-Fotos von der Marsoberfläche, die eventuell Spuren einer untergegangenen Zivilisation zeigen.

In der sog. Cydonia-Region sieht man deutlich mehrere große pyramidenförmige Objekte mit scharfen, geraden Kanten und nicht weit davon entfernt ein menschenähnliches Antlitz von 1,5 Kilometer Durchmesser, das gen Himmel schaut. Hierbei handelt es sich jedoch vermutlich eher um eine Laune der Natur. Manche Fotografien zeigen allerdings so regelmäßige Strukturen, daß es äußerst schwerfällt, hier an Naturerscheinungen zu denken. Eine dieser Pyramiden, die übrigens auch in anderen Regionen auf dem Mars zu sehen sind, ist scheinbar zusammengebrochen und eröffnet einen Blick auf einen *quadratischen Innenraum!* Oder in der Nähe des Marssüdpols sind eindeutig seltsame rechteckige und quadratische Formationen miteinander verknüpft. Sie muten wie die Reste einer versunkenen Stadt an. Es sieht also fast so aus, als wenn sich hier tatsächlich vor sehr langer Zeit eine geheimnisvolle, fortschrittliche Großkultur befunden hat. Weitere Marserforschungen werden uns hoffentlich endlich klare Beweise liefern. Selbst auf unserem Mond gibt es solche regelmäßigen und augenfälligen Formationen, die nicht unbedingt natürlichen Ursprungs zu sein scheinen. Auch hier fehlt leider noch der letzte Beweis.

Apollo-17-Astronaut Harrison Schmitt teilte der Bodenstation z.B. mit: „...Jungs, ich sehe irgendwelche Fahrzeugspuren, die rechts vom Krater heraufkommen." Auf einer Aufnahme der Mondoberfläche von 1967, die die NASA-Sonde »Lunar-Orbiter-5« machte, sind für jeden erkennbar gleichmäßige Spuren zu sehen, die starke Ähnlichkeit mit denen eines Raupenfahrzeuges aufweisen. An ihrem Ende befindet sich ein hell leuchtendes Objekt. An anderer Stelle sahen »Apollo«-Astronauten im Fra-Mauro-Sektor eine Anzahl kleinerer Pyramiden, die in einer auffällig geometrischen Form angeordnet sind. „Ein natürlicher Ursprung scheint völlig ausgeschlossen!" hieß es damals.

Bei einer Live-Übertragung im deutschen Fernsehen konnten die Zuschauer von der Existenz dieser Pyramiden durch den Funkverkehr zwischen Astronauten und Bodenstation erfahren. Unmittelbar vor der Landung auf dem Mond ist in einer NASA-TV-Aufzeichnung eindeutig ein unbekanntes Flugobjekt zu sehen, das einige Sekunden im Fensterauschnitt der »Apollo«-Kapsel zu sehen ist. Es handelt sich offenbar um ein schnell fliegendes dreieckiges Objekt. Ein anderes leuchtendes UFO jagte nach dem Start der »Apollo«-12-Fähre über die Mondoberfläche. Diese Filmdokumente sind nackte Tatsachen, die jederzeit nachprüfbar sind. Die Bilder sind faszinierend und beunruhigend zugleich, zumal wenn beim Überfliegen eines Kraters durch eines dieser UFOs am Kraterrand auch noch deutlich ein seltsames Licht aufleuchtet. Also scheint sich auf der Mondoberfläche auch eine Art Station fremder Wesen zu befinden. Was wie Science-fiction klingt ist Realität und für jeden Christ in meinem Archiv zu sehen! Aber nichts geschieht offenbar ohne Gottes Kenntnis und Erlaubnis. Davon sollten wir bei diesen Betrachtungen ausgehen. Die Frage ist nur, wer sind diese Wesen und welche Mission haben sie? Weiter wollen wir hier nicht in die Tiefe gehen. Wie schreibt der Verfasser zahlreicher *rein christlicher* Bücher Werner Gitt in »So steht's geschrieben« voreilig: „Aus der eindeutig zielorientierten Rolle, die Gott der Erde zugedacht hat, ist weiteres Leben im All auszuschließen." Woher weiß dieser Mann das so vermessen sicher?

Was die sog. unbekannten fliegenden Objekte betrifft, kommen wir in einem späteren Kapitel dieses Buches in einem anderen Zusammenhang nochmals auf sie zu sprechen. Aber man sollte zumindest nicht davon ausgehen,. daß wir die einzigen intelligenten Wesen im Universum sind - falls man uns als intelligent bezeichnen möchte, wenn man den Umgang der Menschen miteinander und mit der Erde sieht.

Abschließend zum Thema Schöpfung gebe ich Ihnen noch ein weiteres Rätsel mit auf den Weg: Gott erschuf Adam, dann schuf Gott aus einer Rippe Adams die sog. »Männin« Eva. Eva gebar dann die Söhne Kain und Abel. Nachdem aber Kain Abel erschlug, nahm sich Kain ein Weib, um weitere Kinder zu zeugen. Die Frage ist, wer war das Weib von Kain? Wie heißt es bei 1. Mose 4, 17: „Und Kain erkannte sein Weib, und sie ward schwanger und gebar Hanoch." Für Kain gab es aber laut Bibel nur ein Weib, das er schwängern konnte. Dieses Weib hieß Eva und war seine eigene Mutter. In den Apokryphen steht allerdings, daß Kain eine *Schwester* namens Awan schwängerte...

III

DAS ALTE TESTAMENT -
MIT BLUT GESCHRIEBEN?

Menschen, die sich mit der Bibel beschäftigen, stellen häufig die Frage, ob der Gott des Alten Testaments ein anderer Gott als der im Neuen Testament ist. Ich denke, das ergibt keinen Sinn. Im Neuen Testament hören wir Gott selbst kaum noch zu Wort kommen. Im Alten Testament fand jedoch ein ständiger Austausch zwischen Gott und seinen Geschöpfen statt. Warum Gott sich auf die Juden fixierte , bleibt ein Rätsel. So sind viele Menschen der Meinung, daß der Gott des Alten Testaments ein Gott des Zornes und der Rache war. Ein Gott, der selbst das kleinste Vergehen gnadenlos bestrafte und ganze Menschenmassen ausrotten ließ und sein auserwähltes Volk ständig in Furcht und Schrecken regierte. Wenn wir diese Gottesgestalt genauer betrachten, stellen wir fest, daß die Hebräer stets devot sein mußten. Im Neuen Testament konzentriert sich die Bibel weit mehr auf Jesus Christus - der allmächtige Gottvater wurde laut Jesus nun zum Gott der Liebe, der zwar noch immer die Sünde haßt, aber die Seinen behütet. Doch bleiben wir bei den Opfern für Jehova - ein brisantes Thema, wie wir sehen werden.

Es ist schon beachtlich, welche Unmengen verschiedenster Opfergaben Gott von den Juden forderte. Die Bibel ist voll davon. Es gab Feueropfer, Hebopfer, Speiseopfer, Brandopfer, Trankopfer, Sündopfer etc. Es muß bis heute Blut in unvorstellbaren Mengen geflossen sein. Unzählige Tiere ließ man für den gefürchteten Gott ausbluten. Auch hier wieder die Frage nach dem *Warum*? Wenn wir hier nicht von der Bibel sprechen würden, könnte man schnell an archaische Götzenopfer denken, die man leistete, um einen Gott freundlich zu stimmen. Lesen Sie nur mal 4. Mose 28-30. Sie werden vermutlich verwundert sein - außer Sie sind mit diesen Bibelstellen schon gut vertraut. Aus diesen Texten möchte ich hier nur eine kurze Passage zur Anschauung aus 4. Mose 28, 19-25 zitieren: „Und ihr sollt dem Jehova ein Feueropfer, ein Brandopfer darbringen: zwei junge Farren und einen Widder und sieben einjährige Lämmer; ohne Fehl sollen sie euch sein; und ihr Speiseopfer, Feinmehl, gemengt mit Oel: drei Zehntel sollt ihr opfern zu einem Farren, und zwei zehntel zu dem Widder; je ein Zehntel sollst du opfern zu jedem Lamme, zu den sieben Lämmern; und einen Bock als Sündopfer, um Sühnung für euch zu tun. Außer dem Morgen-Brandopfer, das zum beständigen Brandopfer ist, sollt ihr das opfern. Solches sollt ihr täglich opfern, sieben Tage lang, als Speise eines Feueropfers *lieblichen Geruchs dem Jehova*; nebst dem beständigen Brandopfer und seinem Trankopfer soll es geopfert werden." Wenn Sie wie oben vermerkt, den gesamten Text lesen, dann erkennen Sie das ganze Ausmaß dieses unfaßbaren Opferwahns.

Welchen Grund hatte Gott wohl, von Menschen solche Opfergaben *überhaupt* zu verlangen? Ich kann leider nicht erfassen, welchen Nutzen ein Gott davon hat, wenn unzählige Exemplare seiner eigenen Schöpfung einfach grundlos abgeschlachtet werden. Ich kann verstehen, daß Gott uns führt und ermahnt, wenn wir sündigen und seine Gebote brechen, denn Gott hat sie geschaffen, um uns den rechten Weg zu weisen. Der Mensch braucht offenbar solche Gebote, sonst wäre überall Sodom und Gomorrha. Wer sich allerdings in unserer Welt bewußt umschaut, dem wird leider auch klar, daß unsere Gesellschaft beängstigend schnell auf ihren sittlichen, moralischen und ethischen Zusammenbruch zusteuert. Aber es ist einfach nicht begreifbar, welchen Sinn dieser Opferkult hat. Man stelle sich den Papst vor, wie er täglich vor den laufenden Kameras der TV-Gesellschaften einem Lamm oder Widder nach dem anderen die Kehle durchschneidet. Ich weiß, das klingt provozierend, macht das Thema jedoch anschaulicher. Es floß viel Blut im Namen Jehovas. Über den gefürchteten Zorn Gottes lesen wir auch in 2. Könige 19, 35: „Und es geschah in selbiger Nacht, da ging ein Engel Jehovas aus und schlug in dem Lager der Assyrer *hundertfünfundachtzigtausend* Mann." Ein unvorstellbares Blutbad.

Menschenopfer für Jehova

In der folgenden Bibelstelle wird es jedoch noch weitaus beängstigender, denn hier handelt es sich nach einem schrecklichen Krieg vermutlich um *Menschenopfer* (4. Mose 31, 25-30): „Und Jehova redete zu Mose und sprach: Nimm auf die Summe der weggeführten Beute, an *Menschen* und an Vieh, du und Eleasar, der Priester, und die Häupter der Väter der Gemeinde; und teile die Beute zur Hälfte zwischen denen, welche den Krieg geführt haben, die ins Feld gezogen sind, und der ganzen Gemeinde. Und erhebe von den Kriegsleuten, die ins Feld gezogen sind, *eine Abgabe für Jehova: eine Seele von fünfhundert, von den Menschen* und von den Rindern und von den Eseln und vom Kleinvieh; von ihrer Hälfte sollt ihr sie nehmen, und du sollst sie Eleasar, dem Priester, geben als *ein Hebopfer Jehovas.*" Als wenn das nicht schon reichen würde, lesen wir weiter bei 4. Mose 31, 32-42: „Und das Erbeutete, was von der Beute übrigblieb, welche das Kriegsvolk gemacht hatte, war: sechshundertfünfundsiebzigtausend Stück Klein- vieh, und zweiundsiebzigtausend Rinder, und einundsechzigtausend Esel; und was die *Menschenseelen* betrifft, so waren der Mädchen, welche den Beischlaf eines Mannes nicht gekannt hatten, insgesamt zweiunddreißigtausend Seelen. Und die Hälfte, der Anteil derer, welche zum Heere ausgezogen waren, die Zahl des Kleinviehes, war: dreihundertsiebenunddreißigtausend und fünfhundert Stück, und die Abgabe vom Kleinvieh für Jehova war sechshundert fünfundsiebzig Stück; und die Zahl der Rinder sechsunddreißigtausend, und die Abgabe davon für Jehova zweiundsiebzig; und der Esel dreißigtausend und fünfhundert, und die Abgabe davon für Jehova einundsechzig; *und der Menschenseelen sechzehntausend, und die Abgabe davon für Jehova zweiunddreißig Seelen.* Schon das Wort Seelen sagt alles. Und Mose gab die Abgabe des Hebopfers Jehovas Eleasar, dem Priester, so wie Jehova dem Mose geboten hatte." Daß es sich hier um Fakten handelt, sieht man schon an der genauen Auflistung der Kriegsbeute! Die Zahlen belegen, daß es sich um enorme Mengen an Tieren und Menschen gehandelt hat. Interessant ist auch der Vermerk über die Mädchen, die den »Beischlaf eines Mannes nicht gekannt hatten«, also Jungfrauen. Wir können heute nicht genau festlegen, was mit diesen Jungfrauen geschehen ist. Wir sollten uns hier Spekulationen ersparen.

Zunächst konnte ich kaum glauben, was ich da las. Seitens einiger Exegeten wurde mir bestätigt, daß es sich tatsächlich um Menschenopfer handelte, die später jedoch abgeschafft wurden. Christen waren meist empört. Sie meinten „ich müsse mich verlesen haben, denn Gott würde nie Menschenopfer verlangen". Was man nicht glauben will, wird geleugnet, auch wenn diese Christen sonst jedes Wort Gottes uneingeschränkt verteidigen. Aber ich habe mich *nicht* verlesen. Dort steht schwarz auf weiß: „...*Abgabe davon für Jehova*..." Dann studierte ich verschiedene Bibellexika. Auch dort stand die Beschreibung etlicher Opferarten *ohne* eine Anmerkung zu den besagten Menschenopfern - allerdings habe ich das auch nicht anders erwartet. Eines scheint klar, was mit einem Hebopfer laut

Bibellexikon gemeint ist (Teile vom Tier »abheben« = abtrennen), obwohl es auch noch weitere Interpretationen gibt. Normalerweise nahm man ein Tier, schnitt ihm die Kehle durch bis es ausblutete und trennte dann einzelne Teile ab (Fett, Nieren etc.), um sie für das Brandopfer zu übergeben. Dieses Brandopfer war der Priesterklasse vorbehalten. Sehen wir also den Tatsachen ins Auge,, und versuchen wir nicht, die uralten Texte beliebig umzudeuten.

Was macht ein Gott überhaupt mit dem Anteil menschlicher Kriegsbeute? Wenn es nicht so absurd klingen würde, könnte man tatsächlich meinen, Gott habe sich nach den Plagen in Ägypten zurückgezogen und die Weltbühne außerirdischen Wesen überlassen, welche die Hebräer drangsalierten und ausbeuteten, um so an Gold und Edelsteine zu gelangen. Das würde auch viele Fragen beantworten. Sodom und Gomorrha hätten sie schlicht durch eine Kernwaffenexplosion ausradiert, weil man sich ihnen dort widersetzte. Auch würde das den Opferwahn erklären, der aus Angst vor neuen Schrecknissen fremdartiger Wesen entstand. Keine neue, aber interessante Theorie. In einem anderem Zusammenhang werden wir noch auf diese Thematik eingehen.

Wie auch immer - falls einige Leser noch immer zweifeln, ob Gott Menschenopfer forderte, für die habe ich eine weitere Stelle der Bibel bereit, *wo Gott eindeutig an Menschenopfer denkt.* Das Opfer sollte sogar ein Kind sein. Die Rede ist von 1. Mose 22, 1-13. Hier werden die wesentlichen Teile des Textes zitiert: „Und es geschah nach diesen Dingen, daß Gott den Abraham versuchte; und er sprach zu ihm: „Nimm deinen Sohn, deinen einzigen, den du lieb hast, den Isaak, und ziehe hin in das Land Morija, und opfere ihn daselbst als Brandopfer auf einem der Berge (auf diesem Berg entstand später der heilige Tempel der Juden - D.A.), den ich dir sagen werde. Und Abraham stand des Morgens früh auf und sattelte seinen Esel und nahm mit sich zwei von seinen Knaben und Isaak, seinen Sohn; und er spaltete Holz zum Brandopfer und machte sich auf und zog hin an den Ort, den Gott ihm gesagt hatte (...) Und Abraham nahm das Holz des Brandopfers und legte es auf Isaak, seinen Sohn; *und in seine Hand nahm er das Feuer und das Messer*; und sie gingen beide miteinander. Und Isaak sprach zu seinem Vater Abraham und sagte: Mein Vater! Und er sprach: Hier bin ich, mein Sohn. Und er sprach: Siehe das Feuer und das Holz; wo aber ist das Schaf zum Brandopfer? Und Abraham sprach: Gott wird sich ersehen das Schaf zum Brandopfer, mein Sohn. Und sie gingen beide miteinander. Und sie kamen an einen Ort, von dem Gott ihm gesagt hatte; und Abraham baute daselbst den Altar und schichtete das Holz; und er band seinen Sohn Isaak und legte ihn auf den Altar oben auf das Holz. Und *Abraham streckte seine Hand aus und nahm das Messer, um seinen Sohn zu schlachten*. Da rief ihm der Engel Jehovas vom Himmel zu und sprach: Abraham, Abraham! Und er sprach: Hier bin ich! Und er sprach: Strecke deine Hand nicht aus nach dem Knaben, und tue ihm gar nichts! Denn nun weiß ich, daß du Gott fürchtest und deinen Sohn, deinen einzigen, mir nicht vorenthalten hast." *Will Gott mehr gefürchtet als geliebt werden?* Diese

Frage drängt sich beim Lesen des Alten Testaments förmlich auf. Das muß man sich einmal vorstellen. Da verlangt Gott, daß Abraham seinen einzigen Sohn ganz einfach mit einem Messer abschlachtet, und was tut der gute Abraham? Er fragt seinen Gott noch nicht einmal nach dem Grund! *Willenlos wie eine Maschine* führt er Gottes Anweisungen aus. Hätte der Engel nicht Einhalt geboten, so wäre Isaaks Kehle von seinem eigenen Vater wie bei einem Opferlamm durchschnitten worden. Selbst wenn man Abrahams Gottesfürchtigkeit bewundert, erscheint der Vorgang geradezu unheimlich, da er das ganze Drama wie in Trance hinnahm! Auch sein Sohn sagte kein Wort - wohl aus sprachlosem Entsetzen. Jeder liebende Vater hätte sich sofort selbst als Opfer angeboten. Hätte Gott nicht ohnehin Abrahams Glaubensfestigkeit kennen müssen? Etwas scheint hier nicht ganz zu stimmen...

Liebet eure Feinde

Diese Worte sagte Jesus Christus. Es war ein wahrhaft umwälzender Gedanke. Durch die gesamte Menschheitsgeschichte ziehen sich Mord, Folter und Krieg. Dann kommt plötzlich ein Mann in diese Welt und predigt den Menschen, daß sie ihre Feinde lieben sollen, und im Zweifelsfall auch noch freiwillig die andere Wange hinhalten sollen, wenn man sie schlägt. Diese Haltung ist zwar vorbildlich, aber für uns Menschen nicht leicht zu praktizieren. Wir reagieren sehr oft zu emotional. Dabei kommt es dann leider häufig zur Gewalt. Wenn ein Chef einen Angestellten und Familienvater durch Mobbing in die Kündigung und damit in den finanziellen Ruin treibt, oder ein Psychopath ein Kind vergewaltigt und tötet, dann sollen wir diese Menschen lieben? Keine Frage, für die meisten Menschen unmöglich.

Wie aber lesen wir z.B. in 4. Mose 31, 1-3: „Und Jehova redete zu Mose und sprach: *Uebe Rache* für die Kinder Israel an den Midianitern; danach selbst sollst du zu deinen Völkern versammelt werden. Und Mose redete zu dem Volke und sprach: Rüstet von euch Männern zum Heere aus, daß sie wider Midian ziehen, um *die Rache Jehovas* an Midian auszuführen." Nach dem Gemetzel sagt Mose zu den Heerführern (4. Mose 31, 16-19): „Habt ihr alle Weiber am Leben gelassen? Siehe, sie sind ja auf den Rat Bileams den Kinder Israel ein Anlaß geworden, in der Sache des Peor eine Untreue gegen Jehova zu begehen, sodaß die Plage über die Gemeinde Jehovas kam. *So tötet nun alles*

Männliche unter den Kindern, und tötet alle Weiber, die einen Mann im Beischlaf erkannt haben; aber alle Kinder, alle Mädchen, welche den Beischlaf eines Mannes nicht gekannt haben, laßt euch am Leben." Der Nachsatz, was den Beischlaf betrifft, mutet auch recht fragwürdig an.

Wenn also Gott durch seinen Knecht Mose Männer, Frauen und sogar Kinder töten läßt, dann ist dies der gefürchtete Gott des Alten Testamentes - Jesus Christus forderte die Menschen hingegen auf, ihre Feinde zu lieben. Es steht uns nicht zu, die Entscheidungen Gottes zu kritisieren, aber die Gemetzel im Namen Gottes sind grauenvoll. Da laut Bibel Vater und Sohn sich gleichen, könnte sich durch den sog. »Neuen Bund«, den Gott mit uns Menschen vermeintlich geschlossen hat, sich auch etwas an dem Umgang Gottes mit uns Menschen geändert haben. Vergessen wir aber nicht, daß Gott stets die Juden ansprach - zumindest im Alten Testament. Da Gott Sodom und Gomorrha ohne menschliche Unterstützung vernichtete, ist es seltsam, daß er die Ausrottung der Midiariter durch die Truppen des Volkes Israel ausführen ließ. Wäre es für Gott nicht viel einfacher gewesen, die Feinde seines Volkes Israel selbst oder durch Engel vernichten zu lassen? Auch Mose, der auf dem berühmten Berg Sinai von Gott persönlich die Gebote erhielt, führte bedenkenlos die Befehle Gottes aus. Ein Mann, der die Gesetzestafeln in den Händen hielt, auf denen auch deutlich steht »Du sollst nicht töten!« Wie mag Mose sich wohl gefühlt haben? Den Texten nach zu urteilen, hatte Mose keine Bedenken, zumal ihm natürlich auch keine andere Wahl blieb, denn dann hätte er den Zorn Gottes gegen sich gehabt.

Weshalb verleitet Gott jedoch seine Kinder, sein eigenes Gesetz mit Füßen zu treten, und warum regierte dieser eine Gott im Alten Testament, indem er ständig Furcht und Entsetzen verbreitete? Schon als Gott auf dem Berg Sinai erschien, verängstigte er sein ganzes Volk (2. Mose 19, 16-19): „Und es geschah am dritten Tage, als es Morgen war, da waren Donner und Blitze und eine schwere Wolke auf dem Berge und ein sehr starker Posaunenschall; und das ganze Volk zitterte, das im Lager war. Und Mose führte das Volk aus dem Lager hinaus, Gott entgegen; und sie stellten sich auf am Fuße des Berges. Und der ganze Berg Sinai rauchte, darum, daß Jehova auf ihn herabstieg im Feuer; und sein Rauch stieg auf, wie der Rauch eines Schmelzofens, und der ganze Berg bebte sehr. Und der Posaunenschall wurde fort und fort stärker; Mose redete, und Gott antwortete ihm mit einer Stimme." Man braucht nicht viel Phantasie, um sich beim Lesen dieser Gotteserfahrung der Kinder Israel dieses gewaltige Szenario vorzustellen. Ein ganzer Berg erbebt, wenn der Allmächtige erscheint. Wer würde es wagen, einem solchen Gott zu widersprechen, der über solch unvorstellbare Macht verfügt. Andere Autoren reden hier von der Landung eines Raumschiffs. Ich denke, es war tatsächlich die gewaltige, geballte Energie Gottes.

Es ist kaum zu fassen, aber der wackere Mose hatte einmal sogar den Mut, Gott an dessen eigene Worte zu erinnern, die dieser erst kurz zuvor verkündet hatte. In 2. Mose 19, 11-13 steht folgende Anordnung Gottes: „...denn am dritten Tage wird Jehova vor den Augen des ganzen Volkes auf den Berg Sinai herabsteigen. Und *mache eine Grenze um das Volk ringsum* und sprich: Hütet euch, auf den Berg zu steigen und sein Aeußeres anzurühren; alles was den Berg anrührt, soll gewißlich getötet werden..." Kurz darauf lesen wir in 2. Mose 19, 21-23 eine fast amüsante Stelle, wie Mose seinen Gott an seine eigene Anweisung erinnern mußte: „Und Jehova sprach zu Mose: Steige hinab, warne das Volk, daß sie nicht zu Jehova durchbrechen, um zu schauen, und viele von ihnen fallen..." Und Mose erinnerte Jehova: „Das Volk wird den Berg Sinai nicht ersteigen können; *denn du hast uns ja gewarnt und gesagt: Mache eine Grenze um den Berg* und heilige ihn." Äußerst sonderbar ist aber der Tatbestand, daß unter *Todesandrohung* niemand das Antlitz Gottes sehen darf. Liest man doch im Schöpfungsbericht: „Lasset *uns* Menschen machen in *unserem* Bilde, nach *unserem* Gleichnis." Was bedeutet hier der Plural? Es klingt, als gäbe es mehrere Götter, was in einigen Religionen vorkommt. Und warum macht Gott solch ein Geheimnis um seine Gestalt - sofern er überhaupt eine besitzt und nicht nur Geist und Energie ist? In der Tat - liest man den hebräischen *Originaltext*, so ist der Gottesname »Elohim« die Pluralform, die eindeutig mit »Götter« übersetzt werden muß, nicht mit Gott! Was soll der Leser der Bibel davon halten? Man kann sich nur schwerlich einen Reim daraus machen. Hier kommt natürlich wieder die Theorie mancher Amateurforscher hoch, die glauben, daß dies nicht menschliche, sondern fremdartige Wesen gemacht hätten.

Mose, 1659 gemalt von Rembrandt, wie er
erbost die Gesetzestafeln hochhält, weil die Israeliten
Jehova nicht gebührend verehrten.

Vertrat Jesus Christus eine
andere Auffassung als sein Vater?

Im Alten Testament gibt es eine Unzahl von Anweisungen, Drohungen und Vorschriften von Gott an sein Volk. Jedes kleinste Detail des Lebens wurde festgelegt. Darunter sind Dinge, die sinnvoll erscheinen, aber auch etliche, die aus heutiger Sicht merkwürdig klingen. Das auserwählte Volk Gottes hatte es in der Tat nicht gerade leicht. Wir werden in einem der nächsten Kapitel näher darauf eingehen.

Eine Frage, die auch immer wieder gestellt wird, ist, warum hat sich Gott ausgerechnet das Volk der Juden ausgesucht? Wir wissen nur, daß Gott äußerst streng war, und »sein« Volk in ständiger Angst regierte. Lesen wir einen Auszug aus 3. Mose 26, 18-26: „Und wenn ihr auf dieses hin mir nicht gehorchet, so werde ich euch siebenmal mehr züchtigen wegen eurer Sünden. Und ich werde euren starren Hochmut brechen, und werde euren Himmel wie Eisen machen und eure Erde wie Erz; und eure Kraft wird sich umsonst verbrauchen, und euer Land wird seinen Ertrag nicht geben, und die Bäume des Feldes werden ihre Frucht nicht geben. Und wenn ihr mir entgegen wandelt und mir nicht gehorchen wollt, so werde ich euch noch siebenmal mehr schlagen, nach euren Sünden. Und ich werde das Getier des Feldes unter euch senden, daß es euch eurer Kinder beraube und euer Vieh ausrotte und euer weniger mache; und eure Straßen sollen öde werden. Und wenn ihr euch durch dieses nicht von mir zurechtweisen laßt und mir entgegen wandelt, so werde auch ich euch entgegen wandeln, und auch ich werde euch siebenfach schlagen wegen eurer Sünden. Und ich werde das Schwert über euch bringen, das die Rache des Bundes vollzieht; und ziehet ihr euch in eure Städte zurück, so werde ich euch die Pest in eure Mitte senden, und ihr werdet in die Hand des Feindes gegeben werden..." An dieser Stelle brechen wir ab, aber wenn Sie nachlesen, gehen Gottes Drohungen weiter bis 3. Mose 26, 45. Ständig kreiste das drohende Unheil in der Gestalt Jehovas über dem Volk der Juden.

Diese Menschen lebten jeden Tag in Furcht vor Gott. Erst kam die Unterjochung durch die Ägypter, dann die endlosen Auflagen und die Unterdrückung durch Gott, der unübersehbar auch noch Gold liebt. Es ist für den Menschen der Gegenwart kaum nachzuempfinden, wie ein normales Leben unter diesen Bedingungen überhaupt möglich war. Zitieren wir noch eine andere Stelle der Heiligen Schrift, die offensichtlich im Widerspruch zu den Lehren und Taten des Jesus Christus stehen. In 3. Mose 21, 18-23 steht folgender Text: „...denn jedermann, an dem ein Gebrechen ist, soll nicht herzunahen, es sei ein blinder Mann oder ein lahmer oder ein stumpfnasiger, oder der ein Glied zu lang hat, oder ein Mann, der einen Bruch an der Hand hat, oder ein Höckeriger oder ein Zwerg, oder der einen Flecken an seinem Auge hat, oder der die Krätze oder Flechte, oder der zerdrückte Hoden (!) hat. Jedermann vom Samen Aarons, des Priesters, *der ein Gebrechen hat, soll nicht herzutreten*, die Feueropfer Jehovas darzubringen; ein Gebrechen ist an ihm, er soll nicht herzutreten, das Brot seines Gottes darzubringen. Das Brot seines Gottes von dem Hochheiligen und von dem Heiligen mag er essen; allein zum Vorhang soll er nicht kommen, und *zum Altar soll er nicht nahen, denn ein Gebrechen ist an ihm, daß er nicht meine Heiligtümer entweihe;* denn ich bin Jehova, der sie heiligt."

An dieser Stelle macht uns Gott unmißverständlich deutlich, daß er Menschen mit Krankheiten und Gebrechen den Zugang zum Allerheiligsten verwehrt. Diese Tatsache erscheint unbegreiflich. Warum waren diese Menschen in den Augen Gottes damals geringer zu schätzen als gesunde Menschen? Eigentlich sollte doch nach dem Gesetz der Barmherzigkeit das Gegenteil der Fall sein. Wie wir wissen, hat sich gerade Jesus Christus derer angenommen, die krank und gebrechlich waren. Auch ich kann hier keine Antwort aus dem Ärmel zaubern. Der Gott des Alten Testaments war oftmals ein recht blutrünstiger Gott der Rache. Die Lehren Jesu stehen also im totalen Widerspruch zu dieser Gottesgestalt, die wir aus dem Alten Testament kennen.

Dem Neuen Testament entnehmen wir, daß sich Jesus Christus verstärkt um die Kranken, Gebrechlichen und Sünder gesorgt und auch mit Liebe und Hingabe gekümmert hat - obwohl er die Texte des Alten Testamentes genau kannte. Eine Vermutung ist, daß sich Jesus bei der Sektengemeinschaft der Essener, die in der Wüste lebte, einige Glaubensregeln zu eigen machte. Jesus Christus heilte und umsorgte eine Vielzahl von Kranken. Sogar Tote weckte er auf. Z.B. lesen wir bei Lukas 14, 13-14 deutlich seine Einstellung, die für jeden von uns ein Beispiel sein sollte: „...sondern wenn du ein Mahl machst, so lade Arme, Krüppel, Lahme, Blinde, und glückselig wirst du sein, weil sie nicht haben, dir zu vergelten; denn es wird dir vergolten werden in der Auferstehung der Gerechten." An anderer Textstelle hören wir von Jesus die Worte (Matthäus 11, 4-6): „Und Jesus antwortete und sprach zu ihnen: Gehet hin und verkündet Johannes, was ihr höret und sehet: Blinde werden sehend, und Lahme wandeln, Aussätzige werden gereinigt, und Taube hören, und Tote werden auferweckt, und Armen wird eine gute Botschaft verkündigt..."

Jesus fühlte sich also eindeutig den Ausgestoßenen und Kranken der Gesellschaft weitaus enger verbunden als dem Rest der Menschen zu seiner kurzen Zeit auf Erden. Leider erklärt uns der Christus der Bibel nicht, aus welchem Grund er anders dachte und handelte als sein Vater im Himmel, der ihn in unsere grausame Welt geschickt hat. Diese Frage stellt sich natürlich unabhängig von seiner Mission auf Erden, die Jesus ja auch zu unser aller Wohl bis zum furchtbaren Ende erfüllt hat.

Wollen wir hier vorab ein Fazit ziehen, dann müssen wir feststellen, daß der Gott des Alten Testaments ein Gott war, der es liebte, im wahrsten Sinne des Wortes »angehimmelt« und gleichzeitig gefürchtet zu werden. Ein Gott, der Angst und Entsetzen verbreitete und sich seinen Menschenkindern nicht persönlich zeigen wollte - wofür es auch einen unerfindlichen Grund geben muß. Auf der anderen Seite führte er sein auserwähltes Volk in das Gelobte Land und schreckte dabei nicht vor der Vernichtung ganzer Völkerscharen zurück. Selbst unschuldige Kinder mußten ihr Leben lassen. Gottes Wesen zu ergründen scheint uns in der Tat unmöglich.

Ganz anders der Sohn Gottes. Er predigte den Frieden

und sogar, daß man seine Feinde lieben soll. Er war der Mann, der die Nächstenliebe und die Barmherzigkeit verkündete. Wie lassen sich diese völlig unterschiedlichen Auffassungen erklären? Es kann im Grunde nur zwei Möglichkeiten geben. Entweder hat sich der Gott des Alten Testaments gewandelt, was unwahrscheinlich ist, oder sein Sohn Jesus Christus lenkt inzwischen die himmlischen und irdischen Angelegenheiten. Das würde bedeuten, Gott hat seinem Sohn uneingeschränkte Macht übertragen, ist aber weiterhin *die* kosmische Größe, die im Hintergrund alle Fäden zieht. Jesus betonte auch stets, daß der Vater die Allmacht besitzt und seine Worte die seines Vaters sind!

Wie heißt es in der Bibel: „Niemand kommt zum Vater, denn durch mich!" und „Der Vater und ich sind Eins!" Ein Hinweis, daß zunächst Jesus Christus unser Ansprechpartner ist und dann Gott selbst. Wir müssen also in vielerlei Hinsicht umdenken. Das gleiche betrifft auch die schon erwähnte Problematik mit der Schöpfung. Alles spricht dafür, daß es die Erde und das Universum schon seit undenklichen Zeiten gibt. Viele Fragen bleiben also unbeantwortet, weil die Bibel uns vieles verschweigt. Auch die Frage nach den unentwegten Drohungen Gottes bleibt.

Haben Sie übrigens schon einmal darüber nachgedacht, wie Mose überhaupt seine fünf sehr umfangreichen Bücher verfaßt hat? Mose war Ägypter. Zur Zeit Moses wurden die Hieroglyphen in *Stein* oder *Holz* geschnitzt. Die Papyrusstaude als Schreibgrundlage, wurde aber erst seit der 18. pharaonischen Dynastie entdeckt...

Frauen - Christen zweiter Klasse?

Als ich kürzlich mit einem befreundeten Christen sprach, erfuhr ich beiläufig, daß er regelmäßig an christlichen Versammlungen teilnahm. Wohlgemerkt, ich rede nicht von der Kirche. Es gibt übrigens etliche christliche Versammlungen abseits der Kirchen. Dabei teilte er mir mit, daß dort Frauen und Männer *getrennt* sitzen. Ich war verwundert und fragte ihn nach dem Grund. Den konnte oder wollte er mir allerdings auch nicht nennen. „Es ist halt so...", meinte er. Bekannt ist, daß auch die orthodoxen Juden noch heute getrennt von ihren Frauen beten (z.B. an der Klagemauer, dem letzten großen Heiligtum der Juden). Auch christliche Versammlungen in der Gegenwart werden primär von Männern geleitet und auch dominiert. Ebenso finden wir unter den Verfassern christlicher Lektüre fast ausnahmslos Männer.

Dann las ich einige Bibelstellen, die aufzeigen, daß Frauen laut Bibel ihren Platz *hinter* dem Mann einnehmen sollen. In der Schöpfung lesen wir in 1. Mose 2, 18-19: „Und Jehova Gott sprach: Es ist nicht gut, daß der Mensch allein sei; ich will ihm eine *Gehilfin* machen, seines Gleichen." Und in 1. Mose 2, 22 -24 lesen wir: „...und Jehova Gott baute (!) aus der Rippe, die er von dem Menschen genommen hatte, ein Weib, und er brachte sie zu dem Menschen. Und der Mensch sprach: Dies ist einmal Gebein von meinen Gebeinen und Fleisch von meinem Fleische; diese soll *Männin* heißen, denn vom Manne ist diese genommen." In der Bibel kommen natürlich auch Frauen vor, doch die wichtigen Ämter wurden eben von Männern ausgeübt. Im ersten Buch Mose sagt Gott auch noch die bedeutsamen Worte: „...und nach deinem Manne wird dein Verlangen sein, *er aber wird über dich herrschen.*"

Diese Worte sprechen eine eindeutige Sprache, und es ist davon auszugehen, daß sie eine unglaubliche Tragweite hatten, denn die Frau mußte sich über Jahrtausende dem Manne unterordnen. Obwohl wir heute in einer emanzipierten Gesellschaft leben, so ist die Vorherrschaft des Mannes in weiten Teilen noch immer gesichert - gar nicht zu reden von den unterentwickelten Ländern, in denen Frauen sich klaglos in die Rolle der Unterdrückten fügen - und das im Zeitalter der Emanzipation. Inzwischen beginnen die Frauen, in allen Bereichen in die Männerdomäne zu dringen - und das mit Erfolg. Es gibt kaum noch einen Beruf, den Frauen nicht auch, oder sogar besser, beherrschen. Es wird allerdings noch sehr viel Zeit vergehen, bis der Papst eine Frau sein wird. Aber auf dieses Amt des Pontifex können wir ohnehin getrost verzichten, denn er folgt Jesus Christus keinesfalls erkennbar nach.

Ein Mensch, der in enormem Luxus lebt, über große Bankkonten und unermeßliche Kunstschätze verfügt, der sich mit den reichsten und mächtigsten Menschen der Welt umgibt, kann kaum ein Vertreter Gottes auf Erden sein. Außerdem sagt die Bibel nicht, daß eine einzelne Person in solchem Prunk als selbsternannter und vor allem *unfehlbarer* Vertreter Gottes auf Erden wandeln soll. Auf einen solchen Menschen mit all seinen devoten Würdenträgern in Gold und Lametta können wir nun wirklich verzichten, auch wenn sich jetzt hier viele Katholiken aufregen.

Um es deutlich zu sagen: Der Papst und seine Mitläufer sollten ihre kostbaren Gewänder ablegen, ihre Schätze den Ärmsten dieser Welt schenken und sich hilfreich wie Jesus Christus oder Mutter Theresa um die Außenseiter unserer Gesellschaft bemühen - die Armen und Kranken. Dann wären sie glaubwürdig und würden in die Fußstapfen des Mannes aus Nazareth treten. Aber was macht der Vatikan und mit ihm die gesamte katholische Kirche? Er speist mit gekrönten Häuptern dieser Welt, empfängt Popstars, spricht Menschen heilig, die diese Auszeichnung höchstens von Gott erhalten könnten und verehrt Maria mehr als Jesus Christus.

An diesem Punkt möchte ich jedoch allen Frauen und Männern der Kirche meinen großen Respekt zollen, die sich tatsächlich um die Schwachen dieser Welt redlich bemühen. Wie schon erwähnt, war Mutter Theresa mit ihren Helfern und Helferinnen nur eine von vielen Vorbildern - aber feiern läßt sich der Papst!

Diese Form der Kirche hat niemand gewollt. Gott nicht, Jesus Christus nicht und Petrus mit Sicherheit auch nicht. Was fehlt, ist Bescheidenheit, Demut, Ehrlichkeit, Hilfsbereitschaft und eine *gleichberechtigte* Position der Frau.

Leider wird sich hier in absehbarer Zeit nichts an der weitreichenden Macht des Vatikan ändern. Bedauerlich ist auch, daß die streng gehüteten alten Texte des Vatikan nicht an die Öffentlichkeit kommen. Wir würden dann mit Sicherheit mehr über das frühe Christentum erfahren. Ebenso verhält es sich mit dem geheimnisvollen dritten Geheimnis von Fatima, das schon in den 60er Jahren des letzten Jahrhunderts nach Anweisung der »Marienerscheinung« der Öffentlichkeit preisgegeben werden sollte! Die Kirche hat die Anweisung ihrer Maria einfach ignoriert (!) und sie erst im Mai 2000 veröffentlicht - und das war auch noch mit größter Wahrscheinlichkeit eine Lüge, um die Menschheit nicht durch ein furchtbares Geheimnis, das die gesamte Menschheit betrifft, zu verschrecken, wobei eine Panik heute sicher nicht ausbrechen würde, denn die Menschen sind auf- und abgeklärter.

Zurück zu dem Problem der Frauen im Christentum und in der Kirche. Der Vatikan ist eines der letzten Bollwerke, in denen Frauen höchstens eine untergeordnete Rolle spielen dürfen. Im Klartext: Man überläßt ihnen meist die »niedrigen« Arbeiten - auch wenn diese oftmals äußerst hilfreich und von größtem Nutzen für die Bedürftigen der Welt sind. Die Würdenträger machen es sich dafür recht gemütlich.

Im Alten Testament war es durchaus üblich, daß ein Mann z. B. seinen Verwalter (1. Mose 24, 1-3) damit beauftragte, seinem Sohn ein Weib zu »besorgen«. Allerdings hatte diese Frau wohl das Recht, sich dagegen zu sträuben. An anderer Stelle im Alten Testament lesen wir eine weitere Stelle, was den Umgang mit Frauen betrifft (5. Mose 21, 10-14): „Wenn du wider deine Feinde zum Krieg ausziehst, und Jehova, dein Gott, sie in deine Hand gibt, und du *ihre Gefangenen* wegführst, und du *ein Weib, schön von Gestalt, und hast Lust zu ihr und nimmst sie dir zum Weibe,* so sollst du sie in das Innere deines Hauses führen; und sie soll ihr Haupt scheren und ihre Nägel beschneiden und die Kleider ihrer Gefangenschaft von sich ablegen..."

Diese Textpassage enthält gleich mehrere denkwürdige Aspekte. Ein Mann durfte sich unter der menschlichen Kriegsbeute die Frau zum Weibe nehmen, die sein Verlangen am stärksten weckte! Diese Tatsache allein würde in unserer heutigen westlichen Welt Proteststürme herbeiführen - aber nicht damals. Außerdem erinnert diese Stelle auffallend an die schon besagten »Göttersöhne«, die sich die hübschesten Frauen einfach nahmen, um mit ihnen zu schlafen. Dann fragt man sich natürlich, warum diese Frauen sich den Kopf kahlscheren mußten. Hatte man Angst vor Läusen? Das könnte eine Erklärung sein. Wie wir schon gelesen haben, wollte Gott es auch, daß die Frau unter Schmerzen gebären solle. Wie auch immer, die Frauen standen nie sonderlich gut da. Leider hat sich die Situation der Frau in manchen Regionen dieser Welt auch bis in die Jetztzeit kaum verbessert. Man denke nur mit Grauen an das furchtbare Beschneidungsritual bei jungen Mädchen mancher Völker.

Damals waren es Gottes Wege, heute sind es die Menschen, die von sich glauben, die richtige Vorgehensweise festzulegen. Ein schlauer Kopf hat einmal gesagt, daß es heute die Strafe Gottes ist, indem er eben bewußt nicht eingreift und uns Menschen unserem Schicksal selbst überläßt. Wie wahr, denn Gott schweigt, und die Menschheit verkommt zusehens und richtet sich selbst bei vollem Bewußtsein zugrunde. Herzensbildung, Liebe, Nächstenliebe, Moral und Ethik verlieren ihren Stellenwert. Das würde auch Gottes Passivität während der Judenvernichtung während des Zweiten Weltkrieges erklären - ein besonders heikles Thema.

Gott blieb scheinbar stumm. Ob das wirklich so ist, werden wir am Ende des Buches noch erörtern. Doch einen Punkt macht uns die Bibel sehr deutlich: Gottes Rache wird kommen! Ja, Gott *selbst* wird kommen und sich uns vorknöpfen meint die Bibel sinngemäß. Wenn das der Fall sein sollte, dann haben viele von uns Grund, sich Sorgen machen, denn wie die Bibel richtig vermerkt, ist unter den Menschen auch nicht *einer* ohne Sünde! Auch nicht der Papst. Oder will man uns lediglich in Angst versetzen? Man sollte davon ausgehen, daß diese Drohung ernst gemeint ist.

In einem der folgenden Kapitel werden wir das Verhältnis zwischen Jesus Christus und den Frauen schildern, welches sich deutlich von den Sitten und Gebräuchen im Alten Testaments unterschied. Wie wir sehen werden, ging der Sohn Gottes sehr behutsam, liebevoll und barmherzig mit der von Gott geschaffenen »Gehilfin« des Mannes um.

Ein Mensch beschreibt seinen eigenen Tod

Die Bibel ist schon ein bemerkenswertes Buch. Manchmal klingt es wie ein Tatsachenbericht, dann wieder wie ein Mythos. Einige Stellen scheinen eher uninteressant, sind aber in der Hauptsache mit einem Tagebuch vergleichbar. Nehmen wir nur 4. Mose 33, 5-37. Hier werden unzählige Stationen des Volkes Israel auf seiner endlosen Wanderschaft genau aufgelistet. Nur allein in diesem genannten Textabschnitt sind *hintereinander* nahezu fünfzig Orte genannt, an denen das Volk Gottes verweilte - eine Aufzählung, die für Archäologen und Exegeten sicherlich von größerer Bedeutung ist als für den normalen Bibelleser. Gerade solche Texte sprechen deutlich für einen Tatsachenbericht, denn ein Märchenerzähler würde sich mit solch exakten Aufzählungen kaum abgeben, da sie völlig unspektakulär und eher langweilig sind. Zumindest können wir keinerlei Nutzen aus dem Wissen um diese Lokalitäten ziehen. Wer mir hier Sinn und Zweck erklären kann, möge es tun.

Wenn wir von Tatsachen sprechen, dann sollte man auch davon ausgehen, daß Mose seine Schriften nach seinen Erfahrungen und Gottes Wort selbst verfaßt hat. Merkwürdig ist aber, daß auch Mose nie in der »Ich«-Form schrieb. Bisher nahmen viele Gläubige zwar an, Mose hätte seine fünf Bücher selber geschrieben, aber es scheint, daß ein »Ghostwriter« der tatsächliche Autor ist. Spätestens nachdem im letzten Buch der einhundertzwanzig (!) Jahre alte Mose starb, ist klar, daß der Text nicht von Mose selbst stammen konnte. „Und Mose, der Knecht (!) Jehovas, starb daselbst im Lande Moab". Wer war also der ominöse Verfasser der Bücher Mose, wenn man mal davon absieht, daß ein »Knecht« eine üble Position hat? Inzwischen vermutet man, daß Mose zwar viele Bücher verfaßt hat, aber das letzte Buch, in dem sein Tod beschrieben wird, soll von Josua geschrieben worden sein. Man könnte es auch als Nachruf verstehen. Doch letztlich stehen wir einmal mehr vor einem unlösbaren Rätsel. Warum macht es uns die Bibel manchmal so schwer, sie zu begreifen? Um diese Frage zu beantworten, müßten wir versuchen, Gott persönlich zu befragen. Um aber in Dialog mit Gott zu kommen, muß man wohl zu den auserwählten Personen gehören, sonst wird es eher ein Monolog. Gibt es in unseren Zeiten noch von Gott auserwählte Menschen? Es ist zumindest möglich.

Das Damoklesschwert der Kinder Gottes

„Alles Leben ist Leiden." Ein Satz von Schopenhauer, der gut zu dem mehr als beschwerlichen Weg des Volkes Israel durch die Geschichte paßt.

Wir haben das Thema der vielen Auflagen Gottes an sein auserwähltes Volk schon angeschnitten. Um einen besseren Eindruck davon zu bekommen, sehen wir uns einige Stellen im Alten Testament genauer an, um zu erfassen, daß wirklich ständig das Damoklesschwert Gottes über diesem Volk schwebte, wenn es die Menge der Vorschriften nicht peinlich genau erfüllte. Wie ich festgestellt habe, lesen viele Christen in erster Linie das Neue Testament und übergehen die manchmal etwas mühseligen, langen Beschreibungen des Alltagslebens der Israeliten im Alten Testament. Deshalb sind eine Reihe von Dingen manchen Menschen nicht bewußt. Wie umfangreich die Befehle, Anordnungen und Drohgebärden Gottes waren, wurde auch mir erst richtig klar, nachdem ich mich beim Schreiben dieses Buches sehr intensiv damit auseinandergesetzt habe. Die Hebräer hatten es in der Tat nicht leicht.

In den letzten Jahren habe ich mich mit vielen Menschen über Themen der Bibel unterhalten. Es gab sehr unterschiedliche Meinungen. Oft sagten mir viele Menschen, diese alten Geschichten seien lediglich Legenden. Beim intensiven Studium der Bibel habe ich einen völlig anderen Eindruck bekommen. Gerade die endlose Geschichte des Volkes Israel scheint wirklich in vielen Fällen auf Tatsachen zu basieren. Nicht umsonst wurden auch die kleinsten

Nebensächlichkeiten vermerkt, die niemals in einer Legende niedergeschrieben worden wären.

Seit den Plagen Gottes an den starrköpfigen Ägyptern war den Kinder Israels bewußt, wie furchtbar der Zorn Gottes und wie groß seine Macht ist. Also akzeptierten sie auch zwangsläufig die Vorstellungen Jehovas, was ihr tägliches Leben betraf, zumal sie von einem tiefen Glauben erfüllt waren. Aber braucht Gott wirklich diesen Aufwand, um verherrlicht zu werden? Hätten nicht seine Gebote und Gebete gereicht? Wir können diese Fragen nicht beantworten und viele Dinge nicht begreifen. Begreifen müssen wir aber, daß Gott nicht in menschlichen Maßstäben denkt und handelt. Das zeigte und zeigt er uns immer wieder sehr deutlich.

Bibelkritiker schütteln oft nur verständnislos mit dem Kopf, wenn man sie mit den ganzen Vorstellungen Gottes konfrontiert. Manchmal drängt sich einem wirklich die Frage auf, wozu dieser enorme Aufwand und die komplizierte Reglementierung aller Lebensbereiche der Juden, die zum Teil bis in die Gegenwart ihre Gültigkeit bewahrt haben. Man könnte fast meinen, die Juden wären aus Gottes Sicht vor dieser Zeit die reinsten Barbaren gewesen, was wohl kaum der Fall war. Gott gab im zweiten und dritten Buch Mose eine unglaubliche Menge von genauen Anweisungen für den Bau der Bundeslade, den Tisch für diese Lade, für den Altar, das Zelt für das Heiligtum und auch für die Kleidung, die jene zu tragen hatten, die sich dem Heiligtum nähern durften. Ich kenne auch keine Quelle, wo über Sinn und Zweck des Ganzen offen diskutiert wurde.

Vermutlich wäre das auch müßig. Damit Sie einen kleinen Eindruck gewinnen, was die besagten unglaublichen Kleidervorschriften betrifft, zitiere ich einige Passagen aus 2. Mose 39. Lesen Sie selbst:

„Und aus dem blauen und dem roten Purpur und dem Karmesin machten sie die Dienstkleider zum Dienst im Heiligtum, und sie machten die heiligen Kleider für Aaron, *so wie Jehova dem Mose geboten hatte.* Und man machte das Ephod von Gold, blauem und roten Purpur und Karmesin und gezwirntem Byssus. Und sie plätteten Goldbleche, und man zerschnitt sie zu Fäden, zum Verarbeiten unter den blauen und unter den roten Purpur und unter den Karmesin und unter den Byssus, in Kunstwebearbeit. Sie machten zusammenfügende Schulterstücke daran: an seinen beiden Enden wurde es zusammengefügt. Und der gewirkte Gürtel, mit dem es angebunden wurde, der darüber war, war von gleichem Stoffe, von gleicher Arbeit mit ihm: von Gold, blauem und roten Purpur und Karmesin und gezwirntem Byssus: so wie Jehova dem Mose geboten hatte."

Es fällt im ganzen Alten Testament auf, daß die Israeliten offenbar über große Mengen an Gold und Edelsteinen verfügten. Man denke an den Bau der Bundeslade und des Altars, an das Goldene Kalb sowie an die hier beschriebenen Kleidungsstücke. Woher besaßen sie diesen Reichtum? *Warum waren Gott diese Mengen an Gold so wichtig?* Jesus Christus verurteilte den Reichtum und betrat sogar in Jerusalem den Tempel nur in einem einfachen Leinenrock! Auch war Purpur äußerst kostbar. Auffallend sind auch die ständigen Wiederholungen und die Bemerkung, „...wie Jehova dem Mose geboten hatte." Aber es geht noch weiter: „Und sie machten die Onyxsteine, umgeben mit Einfassungen von Gold, gestochen in Siegelstecherei, nach den Namen der Söhne Israels. Und man setzte sie auf die Schulterstücke des Ephods, als Steine des Gedächtnisses für die Kinder Israel: so wie Jehova dem Mose geboten hatte. Und er machte das Brustschild in Kunstwebearbeit, gleich der Arbeit des Ephods: von Gold, blauem und roten Purpur und Karmesin und gezwirnten Byssus. Es war quadratförmig; das Brustschild machten sie gedoppelt, eine Spanne seine Länge und eine Spanne seine Breite, gedoppelt. Und sie besetzten es mit vier Reihen von Steinen; eine Reihe: Sardis, Topas und Smaragd, die erste Reihe; und die zweite Reihe: Karfunkel, Saphir und *Diamant*; und die dritte Reihe: Opal, Achat und Amethyst; und die vierte Reihe: Chrysolith, Onyx und Jaspis; umgeben mit Einfassungen von Gold in ihren Einsetzungen. Und der Steine waren nach den Namen der Söhne Israels zwölf, nach ihren Namen; in Siegelstecherei, ein jeder nach seinem Namen, für die zwölf Stämme. Und sie machten an das Brustschild schnurähnliche Ketten, in Flechtwerk in reinem Golde. Und sie machten zwei Einfassungen von Gold und zwei Ringe von Gold, und befestigten die zwei Ringe an die beiden Enden des Brustschildes. Und die zwei geflochtenen Schnüre von Gold befestigten sie an die beiden Ringe an den Enden des Brustschildes; und die beiden anderen Enden der zwei geflochtenen Schnüre befestigten sie an die beiden Einfassungen und befestigten sie an die Schulterstücke des

Ephods, an seine Vorderseite. Und sie machten zwei Ringe von Gold und befestigten sie an die zwei Enden des Brustschildes, an seinen Saum, der gegen das Ephod hin war, einwärts; und sie machten zwei Ringe von Gold und befestigten sie an die beiden Schulterstücke des Ephods, unten an seine Vorderseite, gerade bei seiner Zusammenfügung, oberhalb des gewirkten Gürtels des Ephods."

Hier brechen wir die Beschreibungen ab, damit Ihnen nicht die Augen schwer werden. Sie sehen, bei diesen ausführlichen Arbeitsanweisungen, die an dieser Stelle der Bibel noch weiter bis zum letzten kostbaren Kleinod geschildert werden, kann es sich nicht um eine märchenhafte Schilderung handeln, denn sie würde jeden Leser zu Tode langweilen. Ich stelle mir auch beim Schreiben dieser Bibeltexte ernsthaft die Frage, was will uns Gott hier sagen? Auf jeden Fall wird deutlich, daß die Kinder Israels sehr pedantisch und vor allem auch sehr vermögend waren. Aber was lag Gott an all diesem Prunk und der Demonstration des Reichtums? Zumal es im Gegensatz zu der Lehre Jesu steht. Der Leser muß hier selbst entscheiden, was er von all diesen Praktiken zur »Verherrlichung« Jehovas hält. Es scheint sich jedoch nicht um Übertreibungen zu handeln, die sich bei so manchen Gottesvisionen eventuell vollzogen haben könnten. Der gigantische Aufwand und die Zeremonien für die Verehrung sind unvorstellbar und für einen allmächtigen Gott völlig nutzlos.

Nicht viel anders waren die Anweisungen Gottes, was den Speiseplan der Hebräer betraf. Wie wir wissen, essen auch die heutigen Juden nur Speisen, die *koscher*, das heißt, den jüdischen Speisegesetzen entsprechend sind. Wie bei der Bekleidung gibt Gott vor, was seine Kinder Israels essen durften. Gott scheint sehr genau gewußt zu haben, was für die Mägen seiner Kinder verträglich war. Lesen wir kurz, was der Speiseplan der Juden alles vorschreibt. Zitieren wir 3. Mose 11, 1-47. Einige Textstellen, die sich wiederholen sind hier gekürzt und durch Punkte erkenntlich, da der Text sonst zu lang wird: „Und Jehova redete zu Mose und zu Aaron (...): Redet zu den Kindern Israel (...): Dies sind die Tiere, die ihr essen sollt von allen Tieren, die auf der Erde sind. Wobei die Israeliten damals natürlich nicht an alle Tiere auf Erden gelangen konnten - allerdings ist dieser Speisezettel interessanter als die komplizierte Anfertigung der Bekleidung. „Alles was (...) ganz gespaltene Hufe hat, und wiederkäut unter den Tieren, das sollt ihr essen. Nur diese sollt ihr nicht essen von den wiederkäuenden und von denen, die gespaltene Hufe haben: das Kamel, denn es wiederkäut, aber es hat keine gespaltenen Hufe: unrein soll es euch sein; und den Klippendachs, denn er wiederkäut, aber er hat keine gespaltenen Hufe: unrein soll er euch sein; *und den Hasen, denn er wiederkäut,* aber er hat keine gespaltenen Hufe; unrein soll er euch sein; (Ein interessanter Hinweis - ein Hase soll ein Wiederkäuer sein? Die Bibel hat auch in diesem Fall mal wieder recht. Es ist bewiesen, daß auch der Hase zu den Wiederkäuern zählt - D.A.) und das Schwein, denn es hat (...) ganz gespaltene Hufe, aber es wiederkäut nicht: unrein soll es euch sein. Von ihrem Fleische sollt ihr nicht esen und ihr Aas nicht anrühren: unrein sollen sie euch sein. (Schweine waren wohl unrein, da sie fast Allesfresser sind und ein Allesfressergebiß haben, zudem waren sie nicht selten Überträger von Krankheiten. Gott hatte also teilweise berechtigte Sorge. - D.A.) Dieses sollt ihr essen von allem, was in den Wassern ist: alles was Floßfedern und Schuppen hat in den Meeren und in den Flüssen, von allem Gewimmel der Wasser und von jedem lebendigen Wesen, das in den Wassern ist, sie sollen euch ein Greuel sein (Hier müßten sich leider etliche Feinschmecker von einigen Köstlichkeiten verabschieden - D.A.) ...und ihr Aas sollt ihr verabscheuen. (...) Und diese sollt ihr verabscheuen von den Vögeln; sie sollen nicht gegessen werden, ein Greuel sind sie: den Adler und den Beinbrecher und den Meeradler, und den Falken und die Weihe (...), alle Raben (...), und die Straußhenne und der Straußhahn und die Seemöve und den Habicht (...), und die Eule und den Sturzpelikan und die Rohrdommel, und das Purpurhuhn und den Pelikan und den Aasgeier, und den Storch und den Fischreiher..., und den Wiedehopf und die Fledermaus. Alles geflügelte Gewürm (was immer das auch sein mag - D.A.), das auf vieren geht, soll euch ein Greuel sein. Nur dieses sollt ihr essen von allem geflügelten Gewürm, das auf vieren geht: was Schenkel hat oberhalb seiner Füße, um damit auf der Erde zu hüpfen. Diese sollt ihr von ihnen essen: den Arbeh (...) und den Solham (...) und den Chargol (...), und den Chagab (...) Aber alles geflügelte Gewürm, das vier Füße hat, soll euch ein Greuel sein. Und durch diese werdet ihr euch verunreinigen; jeder, der ihr Aas anrührt, wird unrein sein bis an den Abend (...) Jedes Tier, das gespaltene Hufe, aber nicht ganz gespaltene

Hufe hat, und nicht wiederkäut: unrein sollen sie euch sein; (...) Und alles was auf seinen Tatzen geht, unter allem Getier, (...) sie sollen euch unrein sein; (...) Und diese sollen euch unrein sein (...): der Maulwurf und die Maus und die Ei-dechse (...), und die Anaka und der Koach und der Letaah und der Chomet und das Chamäleon (...) Alles was auf dem Bauche kriecht, und alles was auf vieren geht, bis zu allem Vielfüßigen von allem Gewimmel, (...) ihr sollt sie nicht essen."

Damit endet der Speisezettel der Juden, der letztendlich vermutlich größer war, denn es gab noch unzählige Tiere, die hier nicht erwähnt werden. Ich denke, diese etwas längere Aufzählung ist so interessant, daß sich ein Einblick lohnt. In der Bibel gehen die Anweisungen Gottes für sämtliche Lebensbereiche sowie auch für das Zusammenleben zwischen Mann und Frau noch lange weiter. Wer sich dieser Mühsal unterziehen möchte, sollte sich die gesamten Bücher Mose durchlesen. Es sind allerdings für den modernen Menschen der westlichen Welt nur wenige Dinge dabei, die für uns den Stellenwert haben, den sie offensichtlich damals für die Hebräer hatten. Ich denke auch nicht, daß Gott von uns verlangt, daß wir alles, was er zu jener Zeit für *sein* Volk angeordnet hat, in der heutigen Zeit auch von uns erwartet, zumal ja etliche Dinge für uns unmöglich zu realisieren sind. Mögen die Essensvorschriften eventuell noch einen gewissen Sinn ergeben, so trifft das kaum für die Kleiderordnung zu. Wie auch immer, diese Litanei an Regeln, welche Kleidung man zu tragen hat, bzw. welche Tiere man verspeisen darf, bleibt rätselhaft.

Jehova wird schon seine Gründe dafür gehabt haben - auch wenn wir sie nicht begreifen können. Lediglich der Papst hätte nun ein fadenscheiniges Argument, wenn er sich in feine Gewänder hüllen läßt. Der Unterschied ist nur, er betritt nicht den Raum mit dem größten Heiligtum des Christentums, der Bundeslade mit den handgeschriebenen Geboten Gottes. Oder sollte sich dieser Schatz etwa auch unter den verborgenen Kostbarkeiten des Vatikan befinden...? Die Bibelforschung vermutet das Versteck der Lade in einem der vielen Gänge unter dem Tempelberg. Die Behörden und Kirchen lassen jedoch leider eine gründliche und professionelle Erkundung in den zum Teil verschütteten Gängen nicht zu.

Will man hier ein Resümee ziehen, dann stellt man fest, daß der Gott des Alten Testaments ein Gott war, der Angst und Schrecken verbreitete und angebetet werden wollte. An dieser Stelle möchte ich nochmals betonen, daß ich mich an den alten Bibeltexten orientiere. Einige Bibelforscher werden mir vorwerfen, daß man heute viele Texte anders deutet. Z.B. wird behauptet, daß die Texte in Genesis 1 der Priesterschaft zu verdanken sind und exilisch-nachexilische Theologie enthalten. Auch wird von der »modernen« Theologie gesagt, daß Gott die Gesetzestafeln niemals selbst geschrieben hat. All diese Ausführungen sind mir bekannt, aber ich folge ihnen bewußt nicht, da hier ausschließlich der Bibeltext die Basis ist, die ernst genommen wird.

Die Leiden eines Gottesfürchtigen

Wenn wir eine schlimme Nachricht erhalten, sprechen wir von einer Hiobs-Botschaft. Von diesem Hiob ist hier die Rede. Dieses Buch Hiob ist auch noch eines der ältesten Bücher der Bibel, und hier spielt sich ein furchtbares Drama zwischen Gott, Satan und dem gottesfürchtigen Opfer Hiob ab. Man weiß nicht, ob es ein Tatsachenbericht oder eine Parabel ist, mit der uns Gott eine bestimmte Botschaft vermitteln will. Aus verschiedenen Gründen ist es trotzdem eine der bemerkenswerten und gleichzeitig umstrittensten Erzählungen der gesamten Bibel.

Hiob war ein laut Bibel vollkommener, rechtschaffener und vor allem gottesfürchtiger Mann, der das Böse mied. Er war reich, hatte sieben Söhne und drei Töchter. Er besaß siebentausend Schafe, dreitausend Kamele, fünfhundert Rinder, fünfhundert Eselinnen und sehr viel Gesinde. Er betete, brachte Gott Opfer für seine Kinder, damit Gott sie in seinem Herzen aufnehmen möge. Ob er auch für sich geopfert hat, sagt uns die Bibel nicht. Befassen wir uns aber zunächst mit dieser Geschichte, ehe wir versuchen, sie zu durchleuchten. Alles war gut, doch dann geschah plötzlich das Unfaßbare. Lesen wir aus dem Buch Hiob 1, 6-12:

„Und es geschah eines Tages, da kamen die *Söhne Gottes* (!), um sich vor Jehova zu stellen; und *auch der Satan kam in ihre Mitte*. Und Jehova sprach zum Satan: Wo kommst du her? Und der Satan antwortete Jehova und sprach: Vom Durchstreifen der Erde und vom Umherwandeln auf ihr. Und Jehova sprach zum Satan: Hast du achtgehabt auf meinen Knecht Hiob? Denn seinesgleichen ist kein Mann auf Erden, vollkommen und rechtschaffen, gottesfürchtig und das Böse meidend. Und der Satan antwortete Jehova und sprach: Ist es umsonst, daß Hiob Gott fürchtet? Hast du nicht selbst ihn und sein Haus und alles was er hat, ringsum eingezäunt? Du hast das Werk seiner Hände gesegnet, und sein Besitztum hat sich ausgebreitet im Lande. Aber strecke einmal deine Hand aus und taste alles an was er hat, ob er sich nicht offen von dir lossagen wird. Da sprach Jehova zum Satan: Siehe, alles was er hat ist in deiner Hand; nur nach ihm strecke deine Hand nicht aus. Und der Satan ging vom Angesicht Jehovas hinweg.«

Gott ist doch allwissend, und kann sogar in die Zukunft blicken, wie wir wissen. Wie kann es dann sein, daß er nicht wußte, woher der Satan kam? Es hätte sich natürlich auch um eine rein rhetorische Frage handeln können. Dann fällt auch auf, daß Gott einen scheinbar recht vertrauten Umgang mit Satan hat, was auch verwundert. Auch die nie näher definierten Söhne Gottes gesellen sich zu dieser »eingeschworenen« Gemeinschaft. Auch scheint es für den Gott des Alten Testaments normal zu sein, daß er den Satan unkontrolliert auf der Erde umherwandeln läßt. Gott lobt und preist seinen Knecht Hiob, läßt aber dann dem Satan freie Hand, um Hiob das Leben zur Hölle zu machen. Also alles in allem eine recht seltsame Versammlung mit fragwürdigem Ergebnis. Seltsam ist auch, daß die eben zitierte Bibelstelle kurz darauf in Hiob 2, 1-3 wortwörtlich wiederholt wird - eine Unachtsamkeit des Verfassers des Buchs Hiob? Auf jeden Fall konnte sich Satan nun mit Gottes

Einverständnis und großer Lust an Hiobs Besitz und sogar *an dessen Kindern austoben.* Zunächst wurden Hiobs Rinder und Eselinnen von räuberischen Sabäern gestohlen, und einige seiner Knechte erschlug man mit Schwertern. Dann fiel »Feuer Gottes« vom Himmel und tötete das Kleinvieh und weitere Knechte Hiobs. Dann fielen die Chaldäer über die Kamele her, raubten sie und erschlugen auch mit Schwertern weitere Knechte. Dann erhielt Hiob die Nachricht, daß ein starker Wüstenwind das Haus zerstört hatte, in dem sich gerade Hiobs Töchter und Söhne aufhielten. *Die Kinder mußten sterben!* Darauf zerriß Hiob sein Gewand, entfernte sein Kopfhaar und fiel zur Erde, um zu beten. Dabei sagte er die berühmten Worte: „Nackt bin ich aus meiner Mutter Leibe gekommen, und nackt werde ich dahin zurückkehren; *Jehova hat gegeben, und Jehova hat genommen, der Name Jehovas sei gepriesen!"* Dann betont die Bibel, daß Hiob »bei diesem allem nicht sündigte, und Gott nichts Ungereimtes zuschrieb«. Man muß schon sagen, sollte es sich *nicht* um eine Parabel handeln, so war die Reaktion des Hiob nach diesen Attacken äußerst ungewöhnlich. Auch wenn er seinen Glauben an Gott behielt, so hätte er doch zutiefst verzweifelt und in Trauer sein müssen. Jeder normale Mensch hätte den Verlust seiner Kinder beklagt. Hiob muß wirklich ein gottesfürchtiger Mensch gewesen sein, denn er nahm das ganze Leid zunächst klaglos hin. Wer von uns hätte dies geschafft?

Dann macht Satan Jehova einen bösen Vorschlag: „Haut um Haut, ja, alles was der Mensch hat, gibt er um sein Leben. Aber strecke einmal deine Hand aus und taste sein

Gebein und sein Fleisch an, ob er sich nicht offen von dir lossagen wird. *Und Jehova sprach zum Satan: Siehe, er ist in deiner Hand*; nur schone sein Leben. Und der Satan ging von dem Angesicht Jehovas hinweg, und er schlug Hiob mit bösen Geschwüren, von seiner Fußsohle bis zu seinem Scheitel. Und er nahm einen Scherben, um sich damit zu schaben; und er saß mitten in der Asche. Da sprach sein Weib zu ihm: Hälst du noch fest an deiner Vollkommenheit? Sage dich los von Gott und stirb! Und er sprach zu ihr: Du redest, wie eine der Törinnen redet. *Wir sollten das Gute von Gott annehmen, und das Böse sollten wir nicht auch annehmen?* Bei diesem allem sündigte Hiob nicht mit seinen Lippen." Ab dieser Stelle lesen wir im Buch Hiob nichts mehr über Satan. Er hatte sein Spiel gehabt.

Der Satan muß erkannt haben, daß er ab hier keine Macht mehr über Hiob besaß. Was muß aber Hiobs Frau, die von allem Übel verschont blieb, für eine Ehefrau gewesen sein? Sie wünscht ihrem Mann, dem sie alles verdankt, den Tod! Äußerst interessant ist jedoch die Stelle, an der Hiob den Satz sagt: „...*und das Böse sollten wir nicht auch annehmen?*" Er, bzw. die Bibel sagt damit, *daß Gott auch böse Taten vollbringt!* Hätte er dies dem Satan zugeschrieben, könnte man diese Worte verstehen, aber so...? Ein völlig unbegreiflicher Gedanke! Oder konnte Hiob mutmaßen, daß es Satan war, der allerdings im Auftrage Gottes diesen Mann quälte? Wohl nicht - woher auch? Eine der problematischsten und umstrittensten Stellen der gesamten Bibel, die jeder Erklärung trotzt.

Dann erzählt uns die Bibel von den drei Freunden Hiobs: Eliphas, Bildad und Zophar. Sie kamen, um ihrem Freund ihr Beileid zu bezeugen und ihn zu trösten. Sie setzten sich sieben Tage und sieben Nächte zu Hiob auf die Erde und sprachen kein Wort zu ihm, „...denn sie sahen, daß der Schmerz sehr groß war."

Endlich verschaffte Hiob seiner geschundenen Seele freien Lauf und sagte sehr verbittert:

„Es verschwinde der Tag, an dem ich geboren wurde, und die Nacht, welche sprach: Ein Knäblein ist empfangen! Jener Tag sei Finsternis! nicht frage Gott nach ihm droben, und nicht erglänze über ihm das Licht! Finsternis und Todesschatten mögen ihn einlösen, Gewölk lagere sich über ihm, es schrecken ihn Tagesverfinsterungen! Jene Nacht - Dunkel ergreife sie; sie freue sich nicht unter den Tagen des Jahres, in die Zahl der Monde komme sie nicht! Siehe, jene Nacht sei unfruchtbar, es trete kein Jubel in sie ein! Verwünschen mögen sie die Verflucher des Tages, die fähig sind, den Leviathan aufzureizen!"

So geht es dann noch eine ganze Weile weiter mit Hiobs Verwünschungen, die sich aber nicht gegen Gott richteten. Er merkt jedoch im folgenden Text an, daß er ein Unglück vorhergeahnt hatte, wie es dann ja auch eintraf. Es ist gut möglich, daß er sich trotz seiner Gottesfürchtigkeit noch für zu unwürdig hielt. Was übrigens den Begriff »Leviathan« betrifft, so war das für die Menschen dieser Zeit eine Art *Drachen*, oder manchmal auch ein «kriechender Wurm» als Sinnbild des Chaos und der gottfeindlichen Weltmächte (ein interessanter Hinweis für die Theorie über Saurier und

Drachen in den Zeiten vor der Sintflut).

Danach versuchte Eliphas Hiob zu besänftigen. Er erinnert Hiob an dessen gute Taten an anderen Menschen. Dann sagt er: „Ist nicht deine Gottesfurcht deine Zuversicht, die Vollkommenheit deiner Wege deine Hoffnung?" Diese Rede geht hier noch weiter, ist jedoch nicht sehr bedeutsam. Kurze Zeit später versucht Eliphas Hiob noch immer zu trösten und sagt einige bemerkenswerte Worte:

„Sollte ein Mensch gerechter sein als Gott, oder ein Mann reiner als der ihn gemacht hat? Siehe, auf seine Knechte vertraut er nicht, und seinen Engeln legt er Irrtum zur Last: wieviel mehr denen, die in Lehmhäusern wohnen, deren Grund im Staube ist!"

Wie kam dieser Mann auf den Gedanken, *daß Gott seinen Engeln Irrtum zur Last legt,* wobei hier das Wort »Irrtum« auch mit »Torheit« aus dem Urtext übersetzt werden kann. Woher bezieht er dieses Wissen? Mir ist keine Stelle der Bibel bekannt, wo das offensichtlich wird. Jedenfalls gehen die Mitleidsbekundungen seiner Freunde weiter, bis es Hiob zuviel wird. Er will nicht Mittelpunkt des Bedauerns sein. Er lehnt sich im Innersten dagegen auf. Er hat noch einen Funken Stolz in seiner Brust. Auch die bestgemeinten Worte seiner Freunde können Hiob natürlich nicht über die Absichten Gottes aufklären, die Jehova mit diesem bemitleidenswerten Burschen hat. Seltsam ist auch, daß der reiche Hiob (denn Geld wird er ja noch reichlich gehabt haben) auch keinen Arzt zu Hilfe ruft, oder hat er sich völlig in sein von Gott gewolltes Schicksal ergeben? Er scheint davon überzeugt gewesen zu sein, daß Gottes Strafe ihn martert, und nicht der Satan auf Gottes Befehl, denn er sagt:

„...Denn die Pfeile des Allmächtigen sind in mir, ihr Gift trinkt meinen Geist; *die Schrecken Gottes* stellen sich in Schlachtordnung wider mich auf."

Die folgenden Bibelstellen sind geprägt von Selbstmitleid, Schmerz und den Leiden, die Hiob natürlich auch psychisch verständlicherweise sehr verzweifeln ließen. Er macht sich Vorwürfe, kommt aber zu keiner klaren Erkenntnis. Erst in Hiob 8, 4-7 sagt sein Freund Bildad tröstende Worte:

„Wenn deine Kinder gegen ihn (Gott) gesündigt haben, so gab er sie ihrer Uebertretung preis. Wenn du Gott eifrig suchst und zu dem Allmächtigen um Gnade flehst, wenn du lauter und rechtschaffen bist, ja, dann wird er zu deinen Gunsten aufwachen und Wohlfahrt geben der Wohnung deiner Gerechtigkeit; und dein Anfang wird gering erscheinen, aber dein Ende sehr groß werden."

Nach langen Diskussionen mit sich und seinen Freunden wird es Hiob scheinbar zu bunt, und er wendet sich verbal kurzzeitig gegen das Gerede seiner Freude: „Eure Denksprüche sind Sprüche von Asche, eure Schutzwehren von Lehm. Schweiget, laßt mich, und ich will reden, was auch über mich ergehen möge."

In Hiob 19, 23-26 sagt Hiob dann Worte, die sich später erfüllen sollten: „*O daß doch meine Worte aufgeschrieben würden! o daß sie in ein Buch gezeichnet würden*, mit eisernem Griffel und Blei in den Felsen eingehauen auf ewig! Und ich, ich weiß, daß mein Erlöser lebt, und als der Letzte wird er auf der Erde stehen..."

Wenn Hiob gewußt hätte, daß seine Worte noch nach Jahrtausenden in einem dicken Buch stehen, er hätte sich wohl sehr gefreut. Es ist bewundernswert, wie dieser Mensch fest an den Allmächtigen und an seinen Erlöser in all dem Elend glaubt. Andererseits, hätte er sich von Gott losgesagt, mußte er mit noch grausameren Züchtigungen rechnen - eine ausweglose Situation für den geplagten Hiob.

Bald darauf sagt Hiob einige Worte, die vielen Menschen aus dem Herzen sprechen, da man dieses Phänomen in dieser Welt immer wieder beobachten kann. Die anständigsten, ethisch und moralisch saubersten Mitmenschen werden häufig von Leid und Schicksalsschlägen getroffen, wogegen die größten Sünder und Verbrecher froh, vermögend und gesund sind und oftmals sehr alt werden. Wahrscheinlich, weil sie ein »dickeres Fell« haben. Auch trifft viele Christen das Unglück häufig, weil sie vermutlich sensibler und somit dünnhäutiger sind - was anfällig macht. Ich selbst habe das sehr oft gerade im Beruf bei vielen Kollegen beobachten können. Machtgier und Karrieregelüste lassen heute keinen Platz für Nächstenliebe und Herzensbildung. Man braucht ein wirklich sehr dickes Fell. Ausnahmen bestätigen auch hier die Regel. Hiob formuliert das auf seine Weise (Hiob 21, 7-10): *„Warum leben die Gesetzlosen, werden alt, nehmen gar an Macht zu? Ihr Same steht fest vor ihnen, mit ihnen, und ihre Sprößlinge vor ihren Augen. Ihre Häuser haben Frieden, ohne Furcht, und Gottes Rute ist nicht über ihnen."* Diese Erkenntnis hatte ein Hiob also schon vor Jahrtausenden.

Am Ende des 31. Kapitels hat Hiob in der Bitterkeit seiner gequälten Seele alles gesagt, was er sagen wollte. Er klagt sogar seinen Gott an, und spricht an dieser Stelle seine »letzten« Worte im Buch Hiob. Er begreift seine Unzulänglichkeit und ist am Ende seiner Weisheit:

„O daß ich einen hätte, der auf mich hörte, - hier ist meine Unterschrift; *der Allmächtige antwortete mir!* - und die Klageschrift, welche mein Gegner geschrieben! Würde ich sie nicht auf meiner Schulter tragen, sie mir umbinden als Krone? Ich würde ihm kundtun die Zahl meiner Schritte, würde ihm nahen wie ein Fürst. Wenn mein Acker über mich schreit, und seine Furchen allesamt weinen; wenn ich seinen Ertrag ohne Zahlung verzehrt habe, und die Seele seiner Besitzer aushauchen ließ: so mögen Dornen statt Weizen, und Unkraut statt Gerste hervorkommen! Die Worte Hiobs sind zu Ende."

Doch die Freunde Hiobs bedrängen ihn weiter mit ihren Vorschlägen und selbst zurechtgezimmerten Weisheiten. Sie sollten diese langen Texte im Buch Hiob einmal im ganzen Zusammenhang lesen, da wir hier weder die Möglichkeit, noch die Absicht haben, das gesamte Buch Hiob zu zitieren. Mit den folgenden Worten beendet einer der Freunde Hiobs dann seine Litanei:

„...um Gott ist furchtbare Pracht; den Allmächtigen, den erreichen wir nicht, den Erhabenen an Kraft; und das Recht und der Gerechtigkeit Fülle beugt er nicht. Darum fürchten ihn die Menschen; er sieht keine an, die weisen Herzens sind." Warum nicht, fragt man sich?

Dann endlich wendet sich Gott selbst an seinen Knecht Hiob und sagt interessante Worte: „Und Jehova antwortete Hiob *aus dem Sturme* und sprach: (...) Wo warst du, als ich die Erde gründete? Tue es kund, wenn du Einsicht besitzest! Wer hat ihre Maße bestimmt, wenn du es weißt? Oder wer hat über sie die Meßschnur gezogen? In was wurden ihre Grundfesten eingesenkt? oder wer hat ihren Eckstein gelegt, als die Morgensterne miteinander jubelten und alle *Söhne Gottes* jauchzten?" Danach zählt Gott Hiob eine Menge Dinge auf, die er erschaffen hat und führt ihm damit seine Größe und Allmacht deutlich vor Augen. Selbst über die »Gebärzeit der Steinböcke« (!) befragt er Hiob. Etwas später fordert Gott Hiob heraus und sagt so erstaunliche Dinge, daß wir hier kurz vom Grundthema des Buches Hiob abschweifen müssen.

„Gürte doch wie ein Mann deine Lenden; ich will dich fragen, und du belehre mich! Willst du gar mein Recht zunichte machen, mich verdammen, damit du gerecht seiest? Oder hast du einen Arm wie Gott, und kannst du donnern mit einer Stimme wie er? Schmücke dich doch mit Erhabenheit und Hoheit, und kleide dich in Pracht und Majestät! Gieße aus die Ausbrüche deines Zornes, und sieh an alles Hoffärtige, beuge es, und reiße nieder die Gesetzlosen auf ihrer Stelle! Verbirg sie allesamt in den Staub, schließe ihre Angesichter in Verborgenheit ein! Dann werde auch ich dich preisen, daß deine Rechte dir Hilfe schafft." Dann kommt Gott auf den »*Behemonth*« zu sprechen, der fälschlicherweise, wie ich bereits ausgeführt habe, von einigen Bibelübersetzern als Nilpferd gedeutet wird.

Kurz darauf kommt Gott auf den umstrittenen »*Leviathan*« zu sprechen, was auch auf einen Saurier oder Drachen hindeuten könnte:

„Kannst du seine Haut mit Spießen füllen, und seinen Kopf mit Fischharpunen? Lege deine Hand an ihn - gedenke des Kampfes, tue es nicht wieder! Siehe, eines jeden Hoffnung wird betrogen: wird man nicht schon bei seinem Anblick niedergeworfen? Niemand ist so kühn, daß er ihn aufreize. - Und wer ist es, der sich vor meinem Angesicht stellen dürfte? Wer hat mir zuvor gegeben? und ich werde ihm vergelten. Was unter dem ganzen Himmel ist, ist mein. Nicht schweigen will ich von seiner Kraftfülle und von der Schönheit seines Baues. Wer deckt die Oberfläche seines Gewandes auf? In seinem *Doppelgebiß*, wer dringt da hinein? Wer tat die Pforte seines Angesichts auf? Der Kreis seiner Zähne ist ein Schrecken. Ein Stolz sind seine starken Schilder, jedes einzelne verschlossen mit festem Siegel. Eines fügt sich ans andere, und keine Luft dringt dazwischen; Stück an Stück hangen sie fest zusammen, greifen ineinander und trennen sich nicht. Sein Niesen strahlt Licht aus, und seine Augen sind gleich den Wimpern der Morgenröte. Aus seinem Rachen gehen Fackeln, sprühen feurige Funken hervor. Aus seinen Nüstern fährt Rauch, wie aus einem siedenden Topfe und Kessel. Sein Hauch entzündet Kohlen, und eine Flamme fährt aus seinem Rachen. In seinem Halse wohnt Stärke, und die Angst hüpft vor ihm her. Die Wampen seines Fleisches schließen an, sind ihm fest angegossen, unbeweglich. Sein Herz ist hart wie Stein, und hart wie ein unterer Mühlstein. Vor seinem Erheben fürchten sich Starke, vor Verzagtheit geraten sie außer sich. Trifft man ihn mit dem Schwerte, es hält nicht stand, noch Speer, noch Wurfspieß, noch Harpune." Nach einigen weiteren Zeilen sagt Gott: „Alles hohe sieht er an (er muß also sehr groß gewesen sein - D.A.); *er ist König über alle wilden Tiere.*"

Diese ausführliche Beschreibung ist eine der umstrittensten Stelle der Bibel. Was Gott uns hier schildert, klingt nach einem T-Rex, oder einem Drachen, so unglaublich es auch ist. Oder wird hier ein Feuer und Rauch speiendes »Himmelsgefährt« beschrieben? Sollte es sich hier doch um die Schilderung eines Drachen oder Saurier handeln, wäre das nicht außergewöhnlich, denn Drachen erscheinen in den Mythen vieler Völker. Denken wir nur an die nordische »Sigurdsage«. Sollte es diese feuerspeienden Fabelwesen tatsächlich gegeben haben, obwohl sich jeder Zoologe jetzt vermutlich die Haare raufen würde? Ein Krokodil war es laut Beschreibung mit Sicherheit nicht! Aber für diese vielen Darstellungen und Schilderungen von Drachen muß es einen Grund geben. Warum soll Gott nicht ein solches Ungetüm nach seiner Vorstellung geschaffen haben? Gott ist unendlich kreativ. Nichts ist ihm unmöglich. Es ist unvorstellbar, daß ein Saurier Flammenzungen aus seinem Maul stößt. Gab es also doch jene schreckenerregenden Drachen, die in den vielen uralten Legenden weltweit zu finden sind und unabhängig voneinander auftauchten, wie z.B. auch in China?

Nach diesem zoologischen Exkurs wenden wir uns wieder dem Schluß des Buches Hiob zu, das unmittelbar nach dieser Beschreibung dann auch endet. Gott zeigt sich erbost über die Freunde Hiobs, da sie sich nach seiner Ansicht „nicht geziemend" über ihren Gott äußerten. Er gibt dem noch immer gottesfürchtigen Hiob zu verstehen, daß er ihn wieder annimmt. Eine längst überfällige Tat, möchte man hier sagen.

Dann berichtet die Bibel über die »Wiedergutmachung« des Allmächtigen: „Und Jehova wendete die Gefangenschaft Hiobs, als er für seine Freunde betete; und Jehova mehrte alles was Hiob gehabt hatte um das Doppelte. Und es kamen zu ihm alle seine Brüder und alle seine Schwestern und alle seine früheren Bekannten; und sie aßen mit ihm in seinem Hause, und sie bezeugten ihm ihr Beileid und trösteten ihn über all sein Unglück, welches Jehova über ihn gebracht hatte; und sie gaben ihm ein jeder eine Kesita (ein Gewicht aus Gold und Silber - D.A.), und ein jeder einen goldenen Ring. Und Jehova segnete das Ende Hiobs mehr als seinen Anfang; und er bekam vierzehntausend Stück Kleinvieh und sechstausend Kamele und tausend Joch Rinder und tausend Eselinnen. Und es wurden ihm sieben Söhne und drei Töchter geboren." Dann, kurz darauf endet das Buch Hiob mit den Zeilen:

„Und Hiob lebte nach diesem *hundertundvierzig* Jahre; und er sah seine Kinder und seine Kindeskinder, vier Geschlechter. Und Hiob starb, alt und der Tage satt..."

Ziehen wir ein Fazit, so macht uns Gott klar, daß er in Kontakt mit Satan ist, ihm Anweisungen geben kann, Menschen zu verderben und zum Glück die Macht besitzt, Satan seine Grenzen aufzuzeigen. *Warum, so fragt man sich, läßt Gott überhaupt zu, daß Satan die Erde unsicher macht?* Ich würde auch gerne wissen, was die Mehrheit der gläubigen Christen denkt, wenn es um die Antwort auf diese Frage geht. Umstritten ist auch der Umstand, *daß Gott sogar die Kinder Hiobs umbringen läßt.* Wer selbst Kinder hat, weiß, was das bedeutet! Es ist schlimmer als der eigene Tod!

Unser Wissen ist Stückwerk, sagt die Bibel (1. Korinther 13, 9-11). Und sie hat mal wieder Recht. Wir begreifen die Wege Gottes nicht. Die Macht des Teufels wird auch an anderer Stelle der Bibel deutlich. Bei Lukas (3, 5-7) sagt Satan zu Jesus: „...und zeigte ihm (Jesus) in einem Augenblick alle Reiche des Erdkreises. Und der Teufel sprach zu ihm: Ich will dir alle diese Gewalt und ihre Herrlichkeit geben; *denn mir ist sie übergeben.*" Auch hier fragt man sich, wieso übergab Gott Satan die Gewalt über alle Reiche der Erde? Der Gott, der von den Menschen einen prunkvollen Aufwand der Verehrung forderte und der auch sogar an Menschenopfer dachte. Zeichnet das einen Gott der Liebe aus, müssen wir uns hier wieder fragen?

Wenn wir von den Rätseln des Alten Testaments reden, so sollten wir einen Text nicht übergehen, der noch heute Theologen den Schweiß auf die Stirn treibt. In Esther (9, 9-14) lesen wir mal wieder von einem Blutbad. Die Juden (!) *töteten* etliche Menschen, *darunter waren auch* »die zehn Söhne Hamans«. Einige Zeilen später möchte der König Esther eine Bitte erfüllen - und Esther sagt gnadenlos: „...und die zehn Söhne Hamans *hänge man an das Holz.*" Was dann auch geschah. Damit hier kein Mißverständnis aufkommt. »Ans Holz hängen« war die damals gebräuchliche Bezeichnung für eine Kreuzigung, die zum Tode führte, so wie man auch Christus ans Holz »hängte«. Die Bibel läßt diese Männer also *zweimal* sterben. Hierzu sollte man anmerken, daß die Kreuzigung keine Todesstrafe der Israeliten war.

IV

DIE SCHRIFTEN IM NEUEN TESTAMENT

Wer verfaßte wann die Evangelien?

„Denn wir haben euch die Macht und Ankunft unseres Herrn Jesus Christus nicht kundgetan, indem wir künstlich erdichteten Fabeln folgten, sondern als die da *Augenzeugen* seiner herrlichen Größe gewesen sind." (2. Petrus, 1, 16-17). Das sind die Worte des Petrus, der uns hier klar sagt, daß es sich bei den Berichten über Jesus Christus um Tatsachen handelt. Eins dürfte sicher sein, die Menschen jener Zeit mögen in mancher Hinsicht naiv und manipulierbar gewesen sein, aber sie kannten mit großer Gewißheit sehr genau den Unterschied zwischen Märchen und Realität.

Was die Berichte aus dem Neuen Testament angeht, so kann es theoretisch nur drei Vorgehensweisen für die Autoren gegeben haben. Menschen, die ihre eigenen Erlebnisse niederschrieben, jene, die mündlich überlieferte Berichte von letzten Augenzeugen zu »Papier« brachten und dann noch die Menschen, die behaupten, ihre Texte von Gott irgendwann selbst empfangen zu haben. Doch lesen wir zunächst einige Angaben der Apostel und Zeitzeugen, die nicht müde werden zu bekunden, daß ihre Aussagen und Berichte sich tatsächlich so zugetragen haben. Sind solche Aussagen eventuell von der frühen Kirche initiiert oder manipuliert?

„Was von Anfang war, was wir gehört, *was wir mit unseren Augen gesehen, was wir angeschaut und unsere Hände betastet haben,* betreffend das Wort des Lebens;

(und das Leben ist offenbart worden, und wir haben gesehen und bezeugen und verkündigen euch das ewige Leben, welches bei dem Vater war und uns geoffenbart worden ist;) was wir gesehen und gehört haben, verkündigen wir euch, auf daß auch ihr mit uns Gemeinschaft habet." (1. Johannes 1, 1-4).

„Denn ich habe euch zuerst überliefert, was ich auch empfangen habe: daß Christus für unsere Sünden gestorben ist, nach den Schriften; und daß er begraben wurde, und daß er auferweckt worden ist am dritten Tage, nach den Schriften; und daß er Kephas erschienen ist, dann den *Zwölfen* (wurde hier der tote Judas übersehen?). Danach erschien er mehr als fünfhundert Brüdern auf einmal, *von denen die meisten bis jetzt übriggeblieben*, etliche aber auch entschlafen sind. Danach erschien er Jakobus, dann den Aposteln allen; am letzten aber von allen, gleichsam der unzeitigen Geburt, *erschien er auch mir*." (1. Korinther 15, 3-9). Als weitere Stellen dieser Art der Bekundung sind Lukas 1, 1-3, Apostelgeschichte 1, 1-3, Johannes 20, 30-31, Apostelgeschichte 10, 39-42 oder 1. Petrus 5, 1 zu sehen. Etliche Verfasser des Neuen Testaments beriefen sich stets auf Informationen aus erster Hand. Eindringlich klingen auch die Worte eines Mannes mit Namen Johannes, der als greiser Gefangener in Begleitung seines Schülers vor über 1900 Jahren auf die griechische Insel Patmos verbannt wurde. Zu dieser Zeit verfolgte der römische Kaiser die Christen in Kleinasien. Er ließ Johannes zuvor festnehmen und in siedend heißem Öl foltern. Da laut der Legende Johannes diese Folter überstand, verbannte ihn der Kaiser auf die besagte Insel Patmos, wo er seine bizarren Visionen hatte.

In einem Kloster, das man noch heute besichtigen kann (selbst der Raum, in dem Johannes seine Visionen hatte, ist noch erhalten), hörte Johannes hinter sich plötzlich eine gewaltige Stimme, und er vernahm nach eigener Aussage folgende Worte (Die Offenbarung, 1, 10-20): „Ich war an des Herrn Tage im Geiste, und ich hörte hinter mir *eine laute Stimme wie die einer Posaune,* welche sprach: *Was du siehst, schreibe in ein Buch* und sende es den sieben Versammlungen: nach Ephesus und nach Smyrna und nach Pergamus und nach Thyatira und nach Sardes und nach Philadelphia und nach Laodicäa. Und ich wandte mich um, die Stimme zu sehen, welche mit mir redete, und als ich mich umgewandt hatte, sah ich sieben goldene Leuchter, und inmitten der Leuchter einen gleich dem Sohne des Menschen, angetan mit einem bis zu den Füßen reichenden Gewande, und an der Brust umgürtet mit einem goldenen Gürtel; sein Haupt aber und seine Haare weiß wie Wolle, wie Schnee, und seine Augen wie eine Feuerflamme, und seine Füße gleich glänzendem Kupfer, als glühten sie im Ofen, und seine Stimme wie das Rauschen vieler Wasser; und er hatte in seiner rechten Hand sieben Sterne, und aus seinem Mund ging hervor ein scharfes, zweischneidiges Schwert, und sein Angesicht war, wie die Sonne leuchtete in ihrer Kraft. Und als ich ihn sah, fiel ich zu seinen Füßen wie tot. Und er legte seine Rechte auf mich und sprach: Fürchte dich nicht! Ich bin der Erste und der Letzte und der Lebendige, und ich war tot, und siehe, ich bin lebendig von Ewigkeit zu Ewigkeit und habe die Schlüssel des Todes und des Hades. Schreibe nun, was du gesehen hast, und was ist, und was nach diesem geschehen wird."

Hier werden wir entweder eindrucksvoll zu indirekten Zeugen einer direkten Got- teserfahrung eines auserwählten Menschen, oder wir lesen die Wahnvorstellungen eines religiösen Exzentrikers. Heute spekuliert man, daß es sich bei dem Verfasser der Apokalypse eventuell nicht um den Lieblingsjünger Jesu gehandelt hat. Die Kirche vertritt hier jedoch eine andere Auffassung, obwohl es keine schlüssigen historischen Beweise hierfür gibt. Was Johannes dann allerdings in seiner Apokalypse seinen Lesern verkündete, könnte der Phantasie eines Hieronymus Bosch entsprungen sein. Man liest von sehr rätselhaften Gestalten, bizarren Erscheinungen, oft schwer verständlich geschrieben und voll von rätselhaften Ereignissen. Es sind pathetische Worte von der Endzeit der Menschheit und dem allseits gefürchteten Weltgericht Gottes, was die ersten Christen noch zu ihren Lebzeiten erwarteten. Es gibt im Neuen Testament Texte, die darauf hinweisen, daß selbst Jesus Christus an das unmittelbar nahende Gericht Gottes gedacht hat. Eine Stelle zeigt das sehr deutlich (Markus 9, 1): „Und er sprach zu ihnen: Wahrlich, ich sage euch: Es sind *etliche* von denen, *die hier stehen, welche den Tod nicht schmecken werden, bis sie das Reich Gottes, in Macht gekommen, gesehen haben.*" Eine klare Aussage des Herrn. Es scheint, daß Jesus zu seiner Zeit auf Erden vom Ende der Welt nicht ausreichend informiert war! Dieser Gedanke ist sehr schwerwiegend und stimmt nachdenklich.

Heute geht man davon aus, daß die Botschaft Jesu lange

Jahre nur mündlich überliefert wurde. Die Zeitgenossen Jesu starben aus. Dann begann man endlich seine Worte schriftlich festzuhalten - so entstanden schließlich die Evangelien. Sie sind keine klassischen historischen Biographien. Als erstes Dokument entsteht noch vor 70 nach Christus der Bericht des Markus. Dieser Text ist kürzer als die anderen Schriften und in griechischer Sprache verfaßt. Mehrere Jahre später schreibt Matthäus nieder, was er von Jesus weiß. Offensichtlich kennt Matthäus den Text des Markus und zitiert ihn teilweise wörtlich. Auch Lukas schreibt von Markus ab. Es gibt aber auch Übereinstimmungen, die sich ausschließlich bei Lukas und Matthäus finden lassen. Bibelforscher haben daher auf eine weitere Textquelle geschlossen, eine Sammlung von Jesusworten, die Markus unbekannt waren. Diese verschollene Quelle wird in Fachkreisen als Quelle »Q« benannt. Am deutlichsten unterscheidet sich das Evangelium des Johannes von den anderen Texten. Diese Aufzeichnungen verknüpfen die Worte Jesu mit Gedankengut der griechischen Philosophie.

Seit nunmehr gut 250 Jahren sucht die Wissenschaft nach den ältesten Handschriften der Bibel. Dabei entdeckten Forscher, daß sich unter den Texten auf alten Papyrusrollen noch ältere Texte verbargen. Man beschrieb Papyros mehrmals, da dieses Material sehr kostbar war. 1844 fand ein Forscher im ältesten noch bestehenden Kloster der Christenheit auf dem Sinai in einem Abstellraum Blätter mit ältesten Abschriften der Bibel. Es handelt sich dabei nahezu um das *gesamte* Alte und Neue Testament in griechischer Sprache und stammt vom Anfang des vierten Jahrhunderts.

Noch immer wird dieser berühmte »Codex Sinaiticus« im Britischen Museum aufbewahrt, obwohl sein Entdecker den Mönchen des Klosters ein schriftliches Versprechen gab, die Texte zurückzugeben. In der Universität Oxford liegen drei winzige Fragmente des Matthäus-Evangelius. Dies könnten mit die ältesten Schriftstücke des Neuen Testaments sein. Kein Buch der Antike ist uns in so alten Handschriften überliefert worden, wie das der Heiligen Schrift. Aber leider geben uns die eingangs schon erwähnten Qumran-Rollen keine konkreten Angaben über die Person Jesus Christus. Lediglich ein winziges Fragment des Markus-Evangeliums fand sich unter den Fundstücken. Zur Vollständigkeit seien hier noch weitere Fundstücke aus früher Zeit genannt: Der Codex Vaticanus (4. Jh., Rom), der Codex Alexan-drinus (5. Jh., London) sowie der Codex Ephraemi Syri rescriptus (5. Jh., Paris).

Die älteste *griechische* Übersetzung des Alten Testaments ist die Septuaginta. Die lateinische Version, die Vulgata, ist der maßgebliche Text für die katholische Kirche. An dieser Stelle sei noch angemerkt, daß Martin Luther erst 1522 das Neue Testament, dann 1523 bis 1534 das Alte Testament übersetzte.

Wir können also nach dem momentanen Stand der Bibelforschung nur darüber spekulieren, ob tatsächlich einige der Jünger Jesu auch die Autoren der Evangelien waren. Ich kann mir vorstellen, daß dies bedingt möglich war - bis auf die seltsame Offenbarung des Johannes. Kritikern gegenüber drehten die Autoren den Spieß jedoch einfach um und sagten *„Ihr habt es auch gesehen und gehört, ihr wißt* *von diesen Dingen.*" In der Apostelgeschichte 2, 22-23 sagt Petrus: „Männer von Israel, höret diese Worte: Jesum, den Nazaräer, einen Mann, von Gott an euch erwiesen durch mächtige Taten und Wunder und Zeichen, die Gott durch ihn *in eurer Mitte tat, wie ihr selbst wisset...*" Rein historisch gesehen halten viele Exegeten Jesus Christus für einen bemerkenswerten Menschen und Revolutionär, aber nicht für den Sohn Gottes. Somit hätte er nach Meinung mancher »Experten« auch keine Wunder vollbringen, noch von den Toten auferstehen können. Aber der Glaube spricht eine völlig andere Sprache. So wird es zwischen Wissenschaft und Glauben immer eine unüberwindbare Kluft geben. Aber Streitpunkte treiben auch die Forschung voran, deshalb haben sie auch ihre guten Seiten.

Die Kinder Gottes berufen sich hartnäckig und beständig darauf, daß *jedes Wort* der Bibel von Gott kommt. In 2. Timotheus 3, 16-17 finden wir einen dieser Sätze: *„Alle Schrift ist von Gott eingegeben* und nütze zur Lehre, zur Überführung, zur Zurechtweisung, zur Unterweisung in der Gerechtigkeit auf daß der Mensch Gottes vollkommen sei, zu jedem guten Werke völlig geschickt." Bei 2. Petrus 1, 21 liest man: „Denn die Weissagung wurde niemals durch den Willen des Menschen hervorgebracht, sondern heilige Männer Gottes redeten, getrieben vom Heiligen Geiste." Aus einem christlichen Jahreskalender, den mir ein Bekannter und aufrechter Christ schenkte, erlaube ich mir, zwei kurze Zitate aufzugreifen, die unmißverständlich die Einstellung und Haltung des Christen unserer Zeit unterstreichen. Da liest man z.B.: „Die Bibel bezeugt es uns eindeutig, daß nicht Menschen, sondern Gott selbst der Ursprung seines Wortes ist. Könnten Menschen je erdacht haben, was Gott uns in seinem Wort offenbart?" Den zweiten Satz kann man einhellig bestätigen und als einen der Beweise für den göttlichen Ursprung der christlichen Lehre anführen. Das Neue Testament ist in vieler Hinsicht ethisch und moralisch so einzigartig in seiner Weltanschauung, daß das Grundprinzip kaum aus den Köpfen einiger Orientalen vor mehreren Jahrtausenden entsprungen sein kann. Selbst ein intelligenter und geschulter Menschensohn, wie Jesus Christus sich nannte, der seiner Zeit in jeder Hinsicht weit voraus war, hätte nicht all diese faszinierenden Gedanken und Worte von sich selbst unter das Volk bringen können - er brauchte dazu die *Verbindung mit dem göttlichen Vater*, wie er oft betonte - den »göttlichen Funken«. Folgendem Satz von Goethe kann man unabhängig jedweder Bibelforschung nur beipflichten:

„Mag der menschliche Geist sich erweitern wie
er will - über die Hoheit und sittliche Natur des
Christentums, wie es in den Evangelien leuchtet,
wird er nicht herauskommen."

Der zweite Text aus dem besagten Kalender lautet: „Gott benutzte Menschen, um *seine* Gedanken niederschreiben zu lassen. Die Bibel ist nicht als ein komplettes Ganzes zu uns gekommen. Gott hat über Jahrhunderte hin sog. heilige Männer, die vom Heiligen Geist getrieben wurden, beauftragt, sein Wort aufzuschreiben." Es heißt, die Eingebung der Bibel ist ausschließlich Gottes Wort. Diese oder ähnli-

111

che Worte ziehen sich durch die christliche Sekundär-
literatur. Es scheint fast so, als wenn überzeugte Christen
sich ständig gegenseitig in ihrer Sicht der Dinge bestätigen
müssen, damit sie auch weiterhin gefestigt bleiben. An dieser
Stelle soll auch nicht verschwiegen werden, daß einige
christliche Gemeinschaften es mit ihrem Glauben so weit
treiben, daß daraus leider ein sektenähnliches Gebaren
wird, in dem z.B. »Christen« im Extremfall für ihren
Glauben bis in den Freitod gehen (Anfang 2000 geschehen,
wo sich 924 gläubige Christen, angestachelt von ihrem
Wortführer, *samt ihren Kindern* selbst verbrannten). Die
subjektive Sichtweise der Dinge, oft gepaart mit blindem
Glauben, gerät manchmal schnell auf Abwege. Dann gleitet
dieser Glaube aus der Bahn und kann einen gefährlichen
Weg nehmen. Jesus selbst hat uns in weiser Voraussicht vor
falschen Verführern und Propheten gewarnt: „Wenn dann
einer zu euch sagt: »Sieh - hier ist der »Gesalbte«, oder:
»dort ist Er«, so glaubt es nicht! Denn falsche »Gesalbte« und
»Lügenpropheten« werden sich erheben und große »Zeichen«
und »Wunder« tun, so daß sie - wenn es möglich wäre -
selbst die Auserwählten irreführten. Denkt daran - Ich habe
es euch vorausgesagt!"

Ob die Autoren des Neuen Testaments Gottes Wort auch
wirklich immer genau niedergeschrieben haben, wird
Gegenstand eines der folgenden Kapitel sein. Doch bevor
wir uns eingehend mit den Texten der Evangelisten beschäftigen, ist es sinnvoll, sich zunächst näher mit der historischen Person Jesu und der Herkunft der Evangelien
vertraut zu machen sowie sich der Frage zu widmen, was

die Geschichtsschreibung uns zu berichten weiß. Nur mit diesem Grundwissen können wir auch die Texte der Bibel entsprechend bewerten.

Auf Spurensuche nach dem historischen Jesus von Nazareth und den Urtexten der Evangelien

Wer war der Mann, der von sich gesagt haben soll „Ich bin der Weg und die Wahrheit und das Leben". Es gibt zwar noch immer Menschen, die behaupten, es hätte den Christus der Bibel nie gegeben, jedoch sprechen die meisten Argumente klar dagegen. Es muß Jesus Christus geben haben, das zeigt schon die Vielzahl der Prophezeiungen des Alten Testaments, die sich alle erfüllt haben. Wohlgemerkt, die folgende Betrachtung bezieht sich nicht auf den Jesus, den uns die Evangelisten so eindrucksvoll schildern, sondern auf das Basiswissen um den *historischen* Jesus und die Evangelien. Welche gesicherten Belege gibt es, was hat Jesus gewollt, wie hat er gelebt, wie sah er aus, was war er für ein Mensch - falls er je ein Mensch war?

Das Leben des Jesus von Nazareth wird erst seit gut 200 Jahren wissenschaftlich erforscht. Die Ergebnisse dieser Forschung sind jedoch in der Öffentlichkeit wenig bekannt und stützen sich oft auf Vermutungen. Auch seitens der Kirche wird fast nichts über den geschichtlichen Jesus verlautbar. Dort predigt man stets die Lehren des Christus der Bibel. Themen, die in diesem Buch behandelt werden, hört man von keiner Kanzel. Gespräche mit Pfarrern und Pastoren haben mir zu meinem Erstaunen gezeigt, daß sie über viele Teile der

Bibel entweder unzureichend oder gar nicht informiert sind. Was haben diese Leute für eine Ausbildung gehabt?

Doch kommen wir zu den erstaunlich wenigen, frühen historischen Dokumenten über die Person Jesu. Erstaunlich deshalb, weil Jesus Christus die Geschichte beeinflußt hat, wie niemand sonst. Trotzdem finden sich in den Geschichtsbüchern keine historischen Fakten. Selbst im Römischen Imperium war Jesus scheinbar völlig unbekannt. Lediglich die ersten Christen erregten den Unmut Roms, weil sie eine andere und neue Glaubensrichtung vertraten. Sie paßten nicht in das Schema und wurden als Minderheit gnadenlos verfolgt. Auch der Brand Roms unter Nero (Kaiser und »Gott« von 54-68 n. Chr.) wurde ihnen von den Römern angelastet.

Beginnen wir mit Plinius Secundus (Plinius der Jüngere). Er war 112 n. Chr. Statthalter von Bithynien in Kleinasien. Er schickte eine Botschaft an den damaligen Kaiser Trajan, um ihn um Rat zu bitten wie er die Christen behandeln solle, wobei er erwähnte, daß er viele Christen töten ließ. Von den Verhören schildert er uns folgenden Text: „Sie behaupteten aber, ihre ganze Schuld - oder ihr ganzer Irrtum - habe darin bestanden, daß sie sich an einem bestimmten Tage vor Sonnenaufgang zu versammeln pflegten, Christus zu Ehren, wie einem Gotte, im Wechselgesang ein Lied anstimmten, und sich eidlich nicht etwa zu einem Verbrechen verpflichteten, sondern keinen Diebstahl, keinen Raub, keinen Ehebruch zu begehen, kein gegebenes Wort zu brechen, kein anvertrautes Gut, wenn es zurückgefordert wird, abzuleugnen".

Um 120 n. Chr. berichtet Sueton, ein römischer Geschichtsschreiber: „Da die Juden unter ihrem Anführer *Chrestos* beständig Unruhe anstifteten, vertrieb er (Claudius) sie aus Rom." Mit *Chrestos* konnte wohl nur Christus gemeint sein.

Zur Vollständigkeit sei noch folgender Text angeführt, der am deutlichsten die Existenz Jesu unterstreicht, zumal diese Passage sehr gerne von Christen als bestes historisches Beweisstück angeführt wird: „Um diese Zeit lebte Jesus, ein weiser Mensch, wenn man ihn überhaupt einen Menschen nennen darf. Er war nämlich der Vollbringer ganz unglaublicher Taten und der Lehrer aller Menschen, die mit Freuden die Wahrheit aufnahmen. So zog er viele Juden und auch viele Heiden an sich. Er war der Christus. Und obgleich ihn Pilatus auf Betreiben der Vornehmsten unseres Volkes zum Kreuzestod verurteilte, wurden doch seine früheren Anhänger ihm nicht untreu. Denn er erschien ihnen am dritten Tage wieder lebend, wie gottgesagte Propheten dies und tausend andere wunderbare Dinge von ihm vorher verkündet hatten. Und noch bis auf den heutigen Tag besteht das Volk der Christen, die sich nach ihm nennen, fort." Dieser Text wäre fast zu schön, um wahr zu sein. Geschrieben haben soll ihn Flavius Josephus (geb. 37 n. Chr.), ein jüdischer Geschichtsschreiber in seinem Werk »Jüdische Altertümer«. Leider ist dieser Text jedoch längst als plumpe Fälschung entlarvt worden, zumal er in der ersten Ausgabe der »Jüdischen Altertümer« nicht enthalten ist! Auch die meisten Theologen sind sich über diesen Tatbestand einig. Vermutlich war dieser Text ein Werk des Eusebius, Bischof von Cäsarea. In seiner

»Demonstratio evangelica« schreibt Eusebius doch tatsächlich dreist: *„Inwieweit es erlaubt ist, die Lüge als Hilfsmittel gegen jene zu benützen, die diese Methode bekehren kann"*...

Weitere historische Beweisstücke, welche die Existenz des Jesus Christus bekunden, müssen hier nicht aufgeführt werden, da solch alte Quellen sich meist auf die ersten Christen, statt auf Jesus von Nazareth beziehen.

In den ersten Jahrhunderten unserer Zeitrechnung ist eine Vielzahl von Evangelien erschienen. Wie bekannt, akzeptiert die Kirche nur die Bücher von Markus, Lukas, Matthäus und Johannes als kanonisch - also den Kirchenregeln entsprechend. In einem Punkt sind sich sowohl die ca. fünfzig (!) Evangelien (von denen ein Großteil vernichtet wurde), die es anfangs gab und die Apokryphen einig: Jesus hat zur Zeit von Pontius Pilatus und Tiberius gelebt. In allen anderen Punkten gibt es weniger Übereinstimmung.

Als gesichert kann auch gelten, daß die Väter der Urkirche alles taten, um an die Sammlungen alter Manuskripte der orientalischen Länder zu kommen, die nicht mit ihrer Auffassung der Evangelien übereinstimmten. Wir sollten nochmal deutlich machen, daß in Fachkreisen die Meinung weit verbreitet und für manche Experten erwiesen ist, daß Johannes nicht der Verfasser des vierten Buches gewesen ist. Man spricht von einem Pseudo-Evangelium, das einfallsreiche Theologen erst in späterer Zeit geschrieben haben sollen. Doch dieses unsichere Terrain sollten wir wieder verlassen, denn nach meiner

Kenntnis gibt es für diese Annahme *keine* ausreichenden Beweise. Auch die Jesus-Forschung ist sich in diesem Punkt uneinig.

Die Päpste ließen schon immer skrupellos an den Evangelien herumkorrigieren. Papst Sixtus V. (1585-1590) vollendete das Werk seiner Vorgänger, indem er *an die tausend Änderungen* vornahm, um dann später nochmals rund *zweihundert* (!) neuerliche Revisionen zuzulassen. Ebenso versuchte Papst Klemens VIII. (1592-1605) weitere »Verbesserungen« an den Texten zu vollziehen. Deshalb ist die Erfindung der Buchdruckerkunst durch Gutenberg ein Meilenstein auch in der Bibelgeschichte geworden, denn nun konnte sich niemand mehr an den alten Texten vergreifen. Mit diesem Wissen und der Verwunderung, daß selbst ein damals so berühmter Schriftsteller wie Seneca mit keiner Zeile den Christus der Bibel erwähnt, wird es nicht einfacher, den Spuren des historischen Jesus zu folgen.

Den Berichten zufolge wurde Jesus als Sohn eines Zimmermanns mit Namen Joseph und seiner Verlobten mit Namen Maria geboren. Das genaue Datum teilt uns kein Bericht mit. Lange Zeit wurde durch Computerberechnungen der Sternenkonstellationen die Geburt auf das Jahr 7 bzw. 4 v. Chr. benannt, da zu diesem Zeitpunkt eine seltene Jupiter-Saturn-Konstellation auftrat, von der man vermutete, daß diese damals als »Stern von Bethlehem« gedeutet wurde. Der Computer kann eine solche Konstellation heute problemlos optisch darstellen und animieren. Die neusten Erkenntnisse und Forschungen geben jedoch eindeutig das Jahr 2 v. Chr. als Geburtsjahr Jesu an. Diese genaue Berech-

nung ergibt sich aus umfangreichen Studien aller geschichtlichen, astronomischen und biblischen Daten, die uns heute
zur Verfügung stehen (Regierungszeiten, Todes- und
Geburtstage historischer Persönlichkeiten etc.). Außerdem
machte man wieder den Fehler, die Menschen der damaligen
Zeit für dümmer zu halten als sie waren. Selbstverständlich
konnten sie Sterne und Sternbilder sehr genau von einem
phantastischen himmlischen Zeichen unterscheiden. In der
Bibel lesen wir deutlich (Matthäus 2, 9-10): „Und siehe,
der Stern, den sie im Morgenlande gesehen hatten, *ging vor
ihnen her*, bis er kam und oben *über dem Orte stand*, wo
das Kindlein war." Es handelte sich also mit großer
Wahrscheinlichkeit um *ein leuchtendes Objekt*, welches
sich auf die Geburtsstätte zubewegte und dann stationär
wurde. Es gibt keinen Grund, an diesen Berichten der Bibel
zu zweifeln, da man sonst die gesamten wunderbaren
Phänomene ebenso verleugnen müßte. Interessant wäre zu
erfahren, um was für ein Flugobjekt es sich handelte.

Diesen bedeutsamen Tag feiern Menschen in vielen
Teilen der Welt am 24. Dezember als Weihnachtsfest. Die
unzähligen Christen außerhalb der Kirchen jedoch nicht -
und sie haben das Recht auf ihrer Seite. Weihnachten feiert
man erst seit dem 4. Jahrhundert als Tag von Christi
Geburt. Dieses Datum war allerdings ursprünglich ein *heid-
nischer* Feiertag und wurde erst von dem römischen Kaiser
Konstantin zum christlichen Fest gemacht. Jesus wurde auch
nicht im Winter, sondern am 30. August gegen 18 Uhr geboren (wer sich hierzu genauer informieren möchte, dem
lege ich das erstklassig recherchierte Buch »Das Zeichen des

Messias« von Werner Papke ans Herz). Wer die klassische Weihnachtsgeschichte sucht (Krippe, Engelschor etc.), findet sie jedoch nicht bei Matthäus, sondern bei Lukas.

Ob bei der Geburt Jesu Engel erschienen, ist zweifelhaft. Es war zu jener Zeit normal, daß die Juden bei jeder zu erwartenden Gotteserfahrung und Messias- erwartung von einer Begegnung mit Engeln sprachen, was damals lediglich eine gebräuchliche *Redewendung* war. Das galt auch für die besagten Hirten auf dem Felde, von denen die Bibel bei der Geburt Jesu redet. Wer also biblische Berichte nicht falsch verstehen will, darf diese deshalb nur aus dem Verständnis der damaligen Zeit heraus interpretieren! Es ist übrigens bei jüdischen Familien *üblich*, wenn ein Sohn geboren wird zu sagen, „das könnte der Messias sein". Wird ein Mädchen zur Welt gebracht, sagt man „das könnte die Mutter des Messias sein". An Jesus von Nazareth war im Grunde alles ungewöhnlich. Der Geburtsort war eventuell sogar ein Stall. Ungewöhnlich ist erst recht, daß Jesus von einer Jungfrau in die Welt gesetzt wurde, so sagt es uns zumindest die Heilige Schrift. Danach floh die Familie angeblich bis zum Tod des Herodes nach Ägypten, da dieser aus Angst vor einem neuen König der Juden alle Knaben töten ließ. So berichtet die Schrift. Selbst der Knabenmord ist historisch nicht belegt, obwohl ein so einschneidendes Ereignis doch von Juden und Römern schriftlich hätte überliefert werden müssen. Von der Kindheit Jesu wissen wir so gut wie nichts. Nur eine kleine Episode berichten uns die alten Überlieferungen. Der Knabe Jesus verblüffte beim Besuch des Tempels von Jerusalem die jüdischen Schriftgelehrten durch *besonders schlaue Fragen und Antworten*. Danach schweigt die Bibel bis zum ersten öffentlichen Auftreten Jesu.

Erwachsen geworden, sucht Jesus mit ca. dreißig Jahren den Asketen Johannes auf, der in der Wüste die Menschen mit dem Wasser des Jordan taufte. Als Jesus sich aus dem Wasser emporhob, öffnete sich der Himmel, und der Heilige Geist fuhr angeblich in Gestalt einer Taube auf ihn herab, und eine mächtige Stimme ertönte, die sprach: „Dieser ist mein geliebter Sohn, an welchem ich Wohlgefallen gefunden habe." Danach ging Jesus vierzig Tage in die Wüste, um vom Teufel in Versuchung geführt zu werden. Warum? Ob es sich hier um ein historisches Ereignis handelt, ist zweifelhaft. Es scheint, als wollten die Autoren durch dieses Beispiel die Glaubensfestigkeit Jesu veranschaulichen. Der Teufel hätte schließlich wissen müssen, daß er den Sohn Gottes nicht mit irdischen Gütern auf seine Seite ziehen konnte. Also lediglich eine fromme Erzählung? Danach geht Jesus in seine galiläische Heimat zurück und beginnt, in der Öffentlichkeit zu lehren. Er beruft seine zwölf Jünger und wandert mit ihnen durch die Landschaft, meist im Bereich des Sees Genezareth. Er predigt und redet wie ein jüdischer Rabbi - auch in Synagogen. Er findet mit seinen Verkündigungen Anklang, und die Menschen schienen ihm in Scharen zu folgen, um seine Worte zu hören. Er kümmert sich auffällig oft um die sozial Schwachen, Alten und Kranken. Er vollbringt dabei sehr viele Wundertaten - ja, er weckt sogar Tote auf, berichtet uns die Schrift. Schade, daß keiner der von den Toten auferstandenen Personen über seine Erfahrungen *nach* dem Tod berichteten - sofern es welche gab. Das wäre in der Tat wirklich äußerst interessant gewesen.

Bei den vielen Heilungen fallen zwei Ereignisse besonders auf. In Johannes 9, 6-7 heilt Jesus auf sonderbare Art und Weise einen Blinden: „...als er dies gesagt hatte, spützte er (Jesus) auf die Erde und bereitete einen Kot aus dem Speichel und strich den Kot wie Salbe auf seine Augen; und er sprach zu ihm: Gehe hin, wasche dich in dem Teiche... Da ging er hin und wusch sich und kam sehend." Hier fragt man sich, um welche seltsame »Naturheilmethode« es sich wohl gehandelt haben könnte, und warum diese Art der Anwendung, wenn Jesu sonst auch die furchtbarsten Krankheiten allein durch sein göttliches Wort heilen konnte? Es mußte hier einen besonderen Grund für sein Vorgehen geben, der uns mal wieder verborgen bleibt. Ein anderes Wunder hatte eine unvermutete Begleiterscheinung. Bei Johannes (2, 1-11) lesen wir von der Hochzeit zu Kana in Galiläa. Hier waren auch Jesus, seine Mutter und die Jünger zugegen. Als man merkte, daß nicht ausreichend Wein vorhanden war, bat seine Mutter Jesus um Hilfe. Da fährt Jesus seine eigene Mutter barsch an: *„Was habe ich mit dir zu schaffen, Weib?"* Anschließend verwandelte er zwar sechs Wasserkrüge in Wein, aber die heftige Ablehnung seiner Mutter scheint so gar nicht zu dem sonst so friedvollen und liebenden Jesus der Bibel zu passen. Erst recht nicht, wenn Jesus an anderer Stelle sagt (Markus 7, 10-11): „...Denn Moses hat gesagt: „Ehre deinen Vater und deine Mutter!" und: „Wer Vater oder Mutter flucht, soll des Todes sterben." Wie soll man sich daraus bitte einen Reim machen? Neulich las ich in dem HEROLD (eine streng christliche Zeitung), *daß Jesus nie ein böses Wort sprach.* Manche Christen »übersehen« leider oft die Fakten. Über solche Themen spricht man nicht! Man lehnt sie einfach ab oder ignoriert sie. Getreu dem Motto: »Was nicht sein darf, existiert auch nicht«.

Mit seinen sonst so friedvollen Worten hat Jesus sich zwar damals viele Anhänger verschafft, aber auch Feinde. Gerade weil Jesus sich besonders um religiöse und soziale Außenseiter bemühte, die nicht nach den strengen Gesetzen der jüdischen Thora lebten, wurde er von den Pharisäern und Schriftgelehrten kritisiert. Er schuf sich Todfeinde. Es ist ersichtlich, daß Jesus dies *bewußt* machte, denn er war gefesselt von dem Gedanken, die alten Prophezeiungen zu erfüllen. Dazu gehörte auch der furchtbare Tod am Kreuz. Auffallend ist auch, daß die Jünger Jesu ihrem Meister oftmals geistig nicht folgen konnten. Der vorprogrammierte Konflikt spitzte sich immer mehr zu, und schließlich starb Jesus am Kreuz. Bewundernswert ist vor allem, wie scheinbar gelassen Jesus die zu erwartende Kreuzigung hinnahm. Er fragt zwar vorsichtig bei seinem himmlischen Vater an, ob dieser »Kelch« nicht an ihm vorrüber gehen könne, aber er kannte wohl die Antwort. Am dritten Tage stand Jesus wieder von den Toten auf, und erschien seinen Jüngern sowie rund fünfhundert anderen Zeugen!

Diese Aussagen der Bibel kann man nicht beweisen, aber glauben. Es spricht allerdings einiges dafür, daß es sich weitestgehend um tatsächlich stattgefundene Ereignisse gehandelt haben muß. Wie schon erwähnt, hätte sich kein Mensch (schon gar nicht in der damaligen Zeit) diese außergewöhnlichsten Gedanken und Worte der Weltgeschichte ausdenken können. Ein nicht zu unterschätzender Beweis, daß es sich um wahrhaft historische Geschehnisse gehandelt haben muß, ist die Tatsache, daß die sonst so feigen Jünger nach der Himmelfahrt ihres Meisters plötzlich mit aller Kraft die Lehren Jesu verbreiteten. Ohne Rücksicht auf Verluste. Sie ließen sich lieber einkerkern, martern und keuzigen! Wer von uns würde sich für eine Lüge kreuzigen lassen? Es muß also etwas sehr Ungewöhnliches mit den Jüngern geschehen sein, daß sich eine solche Gesinnungswandlung vollzog. Das Gleiche gilt natürlich auch für Jesus selbst. Wäre er nicht Gottes Sohn, sondern ein normaler Mensch gewesen, so hätte auch er sich vermutlich kaum für Unwahrheiten ans Kreuz schlagen lassen, zumal Jesus verständliche Angst vor dieser furchtbaren Todesart hatte.

Gespräche mit Theologen zeigen, daß man heute in vieler Hinsicht eine andere Meinung über Jesus und gerade seine Wundertaten vertritt als noch vor wenigen Jahrzehnten. Man interpretiert vor allem die Wunder Jesu eher als symbolische Handlungen. Wenn z.B. die Frau mit dem gekrümmten Rücken geheilt wurde, so sagt man heute, dies sei als Symbol für eine *aufrechte* Haltung im Glauben zu sehen.

Heilt Jesus einen Blinden, so tappte dieser Mann zuvor im Dunkeln, was seinen Glauben betraf. Dann wurde er *sehend* für die Herrlichkeit und Liebe Gottes, usw. Diese Sicht entbehrt jeder Grundlage. Die weltweite Ausbreitung des

Christentums wäre ohne die Wundertaten Jesu niemals entstanden. Auch wären viele Jünger nicht für ihren Glauben gestorben, wenn es sich, wie schon gesagt, um eine einzige große Lügengeschichte gehandelt hätte. Die Person Jesus ohne Wunder ist undenkbar, denn dann bliebe lediglich ein normaler Mann mit einer neuen Philosophie zurück. Weniger Prophetien des Alten Testaments hätten sich erfüllt, und die frohe Botschaft wäre nicht über ihre Kinderschuhe hinausgewachsen. Es hätte ohne Auferstehung auch keinen Erlösungsgedanken und keine christliche Kirche gegeben. Nein, die Wunder Jesu fanden wirklich so oder so ähnlich statt, wie es uns die alten Überlieferungen vermitteln. Zeitzeugen haben die Vorgänge dann berichtet.

Was weiß die Wissenschaft? Zu Zeiten Jesu hatte sich der religiös-politische Konflikt zwischen den Juden und den römischen Besatzern zugespitzt. Juden hatten Gleichgesinnte zu den Waffen gerufen, um die Römer in einem Partisanenkrieg zu vertreiben. Die Zeloten waren hierbei der militante Flügel der Pharisäer. Man hoffte durch diesen Befreiungskampf vor allem auf die Unterstützung Gottes, um das alte jüdische Königreich wieder zu errichten. Die organisatorische und waffentechnische Überlegenheit der Römer ließ keinen Zweifel daran aufkommen, wer hier das Sagen hatte. Und die Rache für Angriffe der Zeloten war grausam. Der damalige römische Feldherr Varus (der gleiche Mann, der die Schlacht im Teutoburger Wald verlor) ließ damals die unglaubliche Menge von *zwanzigtausend* zelotische Widerstandskämpfer kreuzigen. Trotzdem traten immer wieder Kämpfe auf. Das Land der Juden war wie noch heute ein ständiges Pulverfaß. Um so mehr hofften die Juden auf den Beistand Gottes, der in der Person Jesus von Nazareth vor diesem Hintergrund auftauchte. Man erwartete von dem Messias, daß er die Römer aus dem Land jagen würde, um dann das prophezeite Reich Gottes auf Erden errichten zu können. In dieser Hinsicht enttäuschte Jesus viele seiner Anhänger. Der ersehnte politische Erfolg endete in ihren Augen kläglich am Kreuz von Golgatha. Die immer wieder gestellte Frage, ob Jesus ein zelotischer Widerstandskämpfer gewesen ist, muß eindeutig verneint werden. Jesus wollte eine neue Lehre verkünden sowie die alten Prohezeiungen erfüllen. Dies betonte er immer wieder: „Wißt ihr nicht, daß geschrieben steht..." Das waren die ständigen Worte Jesu, der sich offensichtlich mit den alten Texten bestens auskannte. Schon als kleiner Junge fiel Jesus durch seine Schlauheit auf. Er hatte sich wohl vor seinem ersten öffentlichen Auftreten intensiv mit dem Alten Testament und seinen Prophezeiungen beschäftigt. Jesus war also niemals ein zelotischer Freiheitskämpfer.

Jesus wurde zwar wie ein jüdischer Widerstandskämpfer hingerichtet, aber er wollte mit Sicherheit nicht als zelotischer Befreiungskämpfer sterben. Das war nicht seine Mission auf Erden. Erstaunlich ist auch, daß Jesus, obwohl er vermutlich nur zwei bis drei Jahre seine Lehren als öffentlicher Wanderprediger verkündigte, trotzdem die ganze Weltgeschichte veränderte und beeinflußte. Ein unfaßbares Phänomen, zumal Jesus eher im Verborgenen wirkte. Oft wies er durch Wunder geheilte Menschen an, niemand darüber zu berichten. In Ausnahmefällen sagte er: „Gehet hin und zeigt euch den Priestern..." Vieles deutet darauf hin, daß Jesus die ernste Konfrontation seiner Feinde vermied, wahrscheinlich, um zunächst seine Botschaft unter das Volk bringen zu können und erst dann den prophezeiten Tod zu erleiden. Jesus, so scheint es, hatte ein klares Überlebenskonzept entwickelt, damit er nicht vorzeitig ermordet wurde. An einigen Bibelstellen flüchtet Jesus sogar von einem Schauplatz, um nicht von seinen Feinden vorzeitig ergriffen werden zu können. Als dann seine Mission erfüllt war, floh er nicht, er fügte sich klaglos in sein Schicksal.

Die Jesusforschung kann den Widerspruch zwischen einem kämpferischen, teilweise zornigen und einen gelassenen, sanften und liebevollen Jesus zwar deutlich unterscheiden, aber auflösen kann sie diesen Widerspruch jedoch nicht. Jesus ging es offensichtlich auch um ein neues Gottesverständnis. Er predigte den Gott der Liebe und Barmherzigkeit. Wie schon angeführt wurde, schien der oftmals schreckenerregende Gott zu Zeiten Mose eine andere Gottesvorstellung zu verkörpern als die von Jesus verkündete. Wie erklärt sich das? Hat Gott seine Beziehung zu uns verändert?

Auch was Jesus seinen Jüngern abverlangte, war nicht gerade wenig. Er erwartete, daß sie ihre Existenzgrundlage urplötzlich aufgeben sollten und ihre Kinder und Frauen damit ihrem Schicksal zu überlassen. Kein leichter Schritt, wie jeder verantwortungsbewußte Familienvater weiß. Was sollte nun aus den Frauen und Kindern werden? Auch sagt uns weder die Wissenschaft noch die Bibel, welches Verhältnis der historische Jesus zu den Frauen hatte. Wir wissen noch nicht einmal, ob er verheiratet war. Den Gepflogenheiten dieser Zeit entsprechend könnte dies durchaus der Fall gewesen sein - es wäre vielmehr bemerkenswert, wenn er es nicht gewesen wäre. Das Fehlen von Hinweisen sowie der Umstand, daß Jesus ständig auf Reisen war untermauert die Meinung mancher Gelehrten, daß Jesus nicht verheiratet war und Kinder besaß. Aber die Jünger waren meist mit ihm auf Reisen und hatten aber Frauen und Kinder. Andere Forscher werten gerade das Verschweigen seines Familienstandes als Hinweis darauf, daß Jesus durchaus verheiratet gewesen war. Im Judentum dieser Zeit war es eine Selbstverständlichkeit, somit auch kaum erwähnenswert, daß ein Rabbi Frau und Kinder hatte. Aber wie bei so vielen Dingen schweigt sich die Bibel auch hier aus. Ebenso merkwürdig ist, daß dieser Jesus, der eine solch ungeheure Wirkung auf seine Mitmenschen und Jünger gehabt hat, mit keinem einzigen Wort beschrieben wurde. Auch kann niemand aus den Texten der Bibel erkennen, wie Jesus eigentlich aussah. Hier kommt uns allerdings eine andere (auch heftig umstrittene) Quelle zu Hilfe, die wir an späterer Stelle noch genauer untersuchen wollen.

Was die Frauen, rund um die Person des Jesus von Natareth betrifft, so gibt uns die Bibel gibt jedoch keinen Hinweis auf eine engere Beziehung zwischen ihm und einer Frau. Deshalb lebten und leben viele Glaubensanhänger und Würdenträger der Kirche im Zölibat. Das war nicht immer so. Die frühen Päpste scheuten vor nichts zurück. Sie lebten ihre Laster nach Herzenslust aus, hatten Frauen und Kinder, besaßen, wie noch heute, unermeßlichen Reichtum und scheuten sich auch nicht, Ungläubige mit grauenvollen Folterstafen zu quälen. Wie wir wissen, ist gerade auch die Inquisition das dunkelste Kapitel der gesamten Kirchengeschichte überhaupt.

Sicher ist, daß Jesus sich sehr für ein gutes Verhältnis zwischen Mann und Frau ausgesprochen hat. Auch der Bund der Ehe und deren Schutzwürdigkeit lagen ihm sehr am Herzen. Wie heißt es zudem in der Heiligen Schrift: *„Was Gott zusammengefügt hat, soll der Mensch nicht trennen."* Daß Jesus bei einer Frau aus Samaria, die sogar fünf Männer hatte, nicht moralisch erschüttert war, lesen wir in Johannes 4, 17-18: „Das Weib antwortete und sprach: Ich habe keinen Mann. Jesus spricht zu ihr: Du hast recht gesagt: Ich habe keinen Mann; denn fünf Männer hast du gehabt, und der, den du jetzt hast, ist nicht dein Mann..." Jesus machte dieser Frau keinerlei Vorwürfe. An anderer Stelle beschützt Jesus eine Frau, die Ehebruch begangen hatte, vor der damals bei den Juden übliche Steinigung als Todesstrafe.

In Johannes 8, 3-10 steht: „Die Schriftgelehrten und Pharisäer aber bringen ein Weib, im Ehebruch ergriffen, und stellen sie in die Mitte und sagen zu ihm: Lehrer, dieses Weib ist im Ehebruch, auf der Tat selbst, ergriffen worden. In dem Gesetz aber hat uns Moses geboten, solche zu steinigen; du nun, was sagst du?... Als sie aber fortfuhren ihn zu fragen, richtete er sich auf und sprach zu ihnen: *„Wer von euch ohne Sünde ist, werfe zuerst den Stein auf sie."* Ein berühmt gewordener Satz, der auch heute noch für jeden von uns Gültigkeit hat. An dieser Stelle wird auch mal wieder deutlich, daß der Gott des Neuen Testaments scheinbar eine andere Beziehung zu den Menschen hat als im Alten Testament. Dort hätte man diese Frau mit Sicherheit gnadenlos gesteinigt, wie es der Brauch verlangte.

Eine weitere Stelle der Bibel ist auch sehr aufschlußreich (Lukas 7, 37-40: „Und siehe, da war ein Weib in der Stadt, die eine Sünderin war; und als sie erfahren hatte, daß er in dem Hause des Pharisäers zu Tische liege, brachte sie eine Alabasterflasche mit Salbe; und hinten zu seinen Füßen stehend und weinend, fing sie an, seine Füße mit Tränen zu benetzen; und sie trocknete sie mit den Haaren ihres Hauptes und küßte seine Füße *sehr* und salbte sie mit der Salbe." Anschließend spricht Jesus die Frau von ihren Sünden frei. Die »schöne Sünderin« wurde oft als Maria Magdalena identifiziert, eine Frau, die in allen Evangelien Erwähnung gefunden hat. In dem apokryphen Philippus-Evangelium wird sie als Frau bezeichnet, die Jesus *mehr liebte* als alle Jünger, und die er *„oftmals küßte auf ihren Mund"*, was die Jünger veranlaßte zu fragen, „Weshalb liebst du sie mehr als alle?" Auch hier entstehen einige Widersprüche, die nicht verschwiegen werden sollten. Es gibt vier (!) Salbungsberichte. Markus und Matthäus legen die Salbung zwei Tage vor Passah fest. Johannes behauptet, es sind sechs Tage vor dem Fest und Lukas meint, die Salbung wäre viel früher, noch vor der Aussendung der zwölf Apostel geschehen. Johannes legt die Salbung in das Haus Marthas und Marias, deren Bruder Lazarus von Jesus zuvor erweckt worden war. Lukas läßt das Ereignis im

Hause Simon des Pharisäers stattfinden, und Markus sowie Matthäus nennen Simon den Aussätzigen als »Gastgeber« der Salbung, was Unsinn sein dürfte, denn Aussätzige durften zu jener Zeit nicht in bewohnten Gebieten leben, obwohl sich die Juden rührend um diese Kranken kümmerten, was allerdings ihrem Glauben entsprach. Auch wer die Auserwählte war, ist unklar. Lukas nennt sie lediglich eine »Sünderin«. Bei Matthäus und Markus ist es eine völlig unbekannte Frau. Erst Johannes, der vierte Evangelist, identifiziert sie als Maria, die Schwester der Martha. Bei Johannes und Lukas salbt sie die Füße Jesu, die sie erotisch mit ihren Haaren trocknet. Bei Matthäus und Markus salbt sie hingegen das Haupt des Herrn. Bei Matthäus und Markus salbt sie im Haus des Aussätzigen, bei Johannes während eines Essens mit dem von den Toten auferstandenen Lazarus. Welcher Version soll man bei dem Durcheinander glauben?

An dieser Stelle möchte ich Ihnen gerne einen Brief zugänglich machen, den der Autor vor einiger Zeit von einem ehemaligen Kollegen und Bekannten erhielt. Im ersten Moment war ich sehr verwirrt. Mir war bekannt, daß dieser Mann nach langer Suchtkrankheit im Glauben endlich seinen rettenden Anker gefunden hatte, was typisch für manche Fälle ist, aber im Laufe der Zeit leider immer fanatischer wurde. Wenn in einem der Gespräche bestimmte Stellen der Bibel angesprochen wurden, brach er das Thema sofort ab. Ich machte mir schon langsam Sorgen, ob mein alter Bekannter nicht in einer sektenähnlichen Glaubensgemeinschaft einer latenten Gehirnwäsche unterzogen wird. Im Grunde ist es fast so, allerdings ist Sekte hier ein zu hartes

Wort. Fakt ist, daß sich strenggläubige Christen wie mein Bekannter von dem realen Leben vielfach abkapseln und fast ein Einsiedlerleben vorziehen. Die Außenwelt, so argwöhnen sie, wird von Satan regiert und wird ihnen immer fremder - auch die Lust am Leben sowie der wichtige Austausch und Kontakt zu anders denkenden Menschen schwindet. Was zählt, ist nur noch die christliche Versammlung mit linientreuen Gleichgesinnten. Man bleibt also unter allen Umständen unter sich. Es scheint sich mehr um eine bewußte, geschickte und unterschwellige Beeinflussung zu handeln, die von den Betroffenen nicht durchschaut wird und sie von der restlichen Welt teilweise isoliert. Ich denke, es ist durchaus interessant die Reaktion eines strenggläubigen Christen einer christlichen Versammlung hier aufzuzeigen. Jener Bekannte wußte damals noch nichts von diesem Buch, sonst hätte ihn der Inhalt des Buches bestimmt zu heftigeren Worten veranlaßt. Hier also sein Brief:

„Nach unserem letzten Telefongespräch bin ich zu dem Entschluß gekommen, jeden Kontakt und jedes Gespräch mit Dir zu beenden. Für den Fall, daß Du dich von Deinen Verirrungen abkehrst und aufrichtigen Herzens die Wahrheit suchst - und bereit bist Gottes Willen zu <u>tun</u>, bin ich gerne bereit, Dir jedwede Hilfe zu leisten. Ansonsten rufe mich bitte nicht mehr an. Ich wünsche Dir alles Gute, ganz besonders den wahren, rettenden Glauben an Gott und unserem HERRN JESUS CHRISTUS in der Wahrheit seines heiligen Wortes." Dann folgte nur noch sein Vorname ohne jeden Gruß. Ein wirklich »netter« Brief eines Christen, der doch seinen Nächsten lieben soll wie sich selbst. Solch ein

Brief, nach rund 18 Jahre freundschaftlichen Kontakt zu diesem sonst äußerst liebenswürdigen Menschen. Dieser Brief ist Beweis genug, daß unzählige Menschen das Christentum und die Bibel so auslegen, wie es ihnen gerade paßt. Ohne Abstand und ohne Kommentar zu kritischen Stellen und leider auch, ohne manchmal den gesunden Menschenverstand zu gebrauchen. Er selbst gab mir christliche Literatur zu Fragen der Bibel. Er spricht in dem Brief auch von der Wahrheit, aber was ist die Wahrheit bei einem solch komplexen Thema? Zudem beweist das vorliegende Buch, daß ich sehr genau nach der Wahrheit suche. Es scheint, daß manche christlichen Versammlungen ihre Mitglieder sehr einseitig einschwören. Wie schon angemerkt, verschließen viele Christen Augen und Ohren vor unbequemen Themen - von Widersprüchen der Bibel ganz zu schweigen. Ein Beispiel: Es dürfte sicher keinem noch so engagierten Menschen gelingen, dem Papst zu verdeutlichen, daß seine eingleisige Denkweise, viele unüberlegte Handlungen und die Folgen seiner Entscheidungen, wie das Verbot von Verhütungsmitteln im Angesicht der totalen Überbevölkerung, keineswegs den Vorstellungen eines Jesus Christus entsprechen dürften. Doch wenden wir uns nun wieder dem erstaunlichsten Menschen der Geschichte zu: Jesus von Nazareth:

Das damals schlimmste aller Vergehen, das sich Jesus hat »zuschulden« kommen lassen, war die Vergebung der Sünden. In den Augen der *damaligen* Gesetzeshüter hat er damit wohl hundertfache Gotteslästerung begangen. Er hat die Sünden nicht nur im Namen des Vaters, sondern durch seine eigene Autorität vergeben. Daß dies nicht ohne Nachspiel bleiben würde, war abzusehen. Das Verhalten Jesu gegenüber den Sündern bedeutete zugleich eine massive Kritik am Opfer- und Tempelkult der sadduzäischen Priesterschaft. Das konnte für Jesus nicht ungefährlich sein, denn die Sadduzäer hatten starken Einfluß, auch politisch gesehen, auf die mächtigste Religionspartei in Jerusalem. Als oberste Justizbehörde tagte der Hohe Rat (das Synhedrium). Jesus hatte durch seine Bemühungen zu Sündern das jüdische Gesetz gebrochen - das Gesetz seiner Zeit. Ob er damit auch die Mose-Thora brach und außer Kraft setzte, steht auf einem anderen Blatt.

Die Bergpredigt ist eine der bekanntesten Stellen der Bibel. Egal, wie man zu ihr steht, die Worte Jesu, die uns überliefert wurden, sind einmalig, umwälzend und faszinierend. Bemerkenswert ist auch die Selbstsicherheit, mit der Jesus alle Texte im Neuen Testament verkündete. Da gibt es kein »vielleicht«, »eventuell«, oder »es könnte sein«. Alles wurde ohne jede Unsicherheit sofort auf den Punkt gebracht. Es gibt keine Person der Weltgeschichte, die ein solches Auftreten hatte. Forscher halten heute die berühmte Bergpredigt (die sicherlich Realität ist) nicht für das Protokoll einer tatsächlich gehaltenen Ansprache, sondern von Matthäus und Lukas zusammengefaßte Worte Jesu. Bedenken Sie, daß Worte wie „Liebet eure Feinde!" und die Verkündigung der Nächstenliebe so einschneidend waren, daß man sie sich sehr lange gemerkt hat. Insgesamt vermittelte sie den damaligen Menschen und auch uns in unserer heutigen Zeit Regeln, die zweifellos ein besseres Miteinander schaffen können. Jesus wollte uns von einer totalen Umkehr überzeugen, doch seine grandiosen Worte werden leider von der Vielzahl der Menschen kaum wahrgenommen.

Es würde hier den Rahmen sprengen, die gesamte Bergpredigt abzudrucken. Hier nur einige bemerkenswerte Auszüge, die veranschaulichen, wie einzigartig und innovativ sich die Worte Jesu von den damaligen Glaubensgrundsätzen unterschieden: *„Als er aber die Volksmengen sah, stieg er auf einen Berg (...) Und er tat seinen Mund auf, lehrte sie und sprach: Glückselig die Armen im Geiste, denn ihrer ist das Reich der Himmel ... Glückselig die nach der Gerechtigkeit hungern und dürsten (* eine Anspielung auf die römischen Besatzer - D.A.)*, denn sie werden gesättigt werden (...) Glückselig die Friedensstifter, denn sie werden Söhne Gottes heißen (* ... *) Denn ich sage euch: Wenn nicht eure Gerechtigkeit vorzüglicher ist, als die der Schriftgelehrten und Pharisäer, so werdet ihr nicht in das Reich der Himmel eingehen* (auch hier ein Angriff auf eine herrschende Kaste - D.A.) *(...) Du sollst nicht töten (...) Ich aber sage euch, daß jeder, der ein Weib ansieht, ihrer zu begehren, schon Ehebruch mit ihr begangen hat in seinem Herzen (...) Wenn aber dein rechtes Auge dich ärgert, so reiß es aus und wirf es von dir; denn es ist dir nütze, daß eines deiner Glieder umkomme und nicht dein ganzer Leib in die Hölle geworfen werde (...) wer irgend dich auf deinen rechten Backen schlagen wird, dem biete auch den anderen dar (...) Liebet eure Feinde, und betet für die, die euch verfolgen (...)* (ein Satz, der für viele Menschen bis heute nur schwer zu praktizieren ist - D.A.) *Betet ihr nun also: Unser Vater, der du bist in den Himmeln, geheiligt werde dein Name; dein Reich komme; dein Wille geschehe, wie im Himmel also auch auf Erden. Unser nötiges Brot gib uns heute; und vergib uns unsere Schulden, wie auch wir unseren Schuldnern vergeben; und führe uns nicht in Versuchung, sondern erlöse uns von dem Bösen* (Sie sehen, der Originaltext weicht geringfügig von dem Vaterunser ab, das man in unseren Kirchen hört - D.A.) *Sammelt euch nicht Schätze auf der Erde (...) sammelt euch aber Schätze im Himmel (...) So seid nun nicht besorgt auf den morgenden Tag, denn der morgende Tag wird für sich selbst sorgen. Jeder Tag hat an seinem Uebel genug (...) Richtet nicht, auf daß ihr nicht gerichtet werdet (...) klopfet an, und es wird euch aufgetan werden.*" Das sind eindrucksvolle Worte, die nicht nur auf die Zeitgenossen Jesu einen starken Eindruck hinterlassen haben. Gerade die Bergpredigt hat uns die Regeln für das richtige Zusammenleben der Menschen geliefert. Schade, daß diese Worte zu oft in Vergessenheit geraten, sonst stünde es um die heutige Menschheit bedeutend besser. Wie sagte Bundestagspräsident Thierse 1999 so treffend: *„Goethe und die Bibel gehören zur notwendigen Bildungs-Ausstattung, um überhaupt kommunizieren zu können."*

Über den Tod und die Auferstehung Jesu wissen wir rein historisch gesehen so gut wie nichts. Die meisten Gläubigen kennen nur fromme Bilder aus früheren Zeiten. In den Kirchen hängen die bekannten Kruzifixe, welche die

Kreuzigung nicht so darstellten, wie sie in Wirklichkeit voll-zogen wurde. Jesus war nackt, und die Nägel wurden nicht durch seine Handflächen, sondern durch die Handwurzeln getrieben. Die Dornenkrone war eher eine Dornen*haube*. Aus alten Überlieferungen kann man feststellen, wie grauen-voll gerade der Tod durch Kreuzigung war. Die Bibel infor-miert uns über die Kreuzigung Christi nur recht oberfläch-lich. Es gibt keine Detailinformationen, ein Grund, warum man bis in die Neuzeit über diese Hinrichtungsart fast nichts wußte. Erst neue wissenschaftliche Erkenntnisse, auf die wir noch zu sprechen kommen, sowie Grabfunde in Israel geben uns ein genaues Bild vom Ablauf einer Kreuzigung. Die Kreuzigung wurde zwar von den Römern sehr oft praktiziert, aber sie waren nicht die Erfinder dieser Todesstrafe - andere Völker kannten sie schon lange vor ih-nen. Was die Römer zu dieser grauenerregenden Tortur veranlaßte, ist schleierhaft. Es hätte eine Vielzahl anderer Todesarten gegeben - warum ausgerechnet diese furchtbare Kreuzigung? Auch den Juden schien diese Art, einen Menschen vom Leben in das Reich des Hades zu schicken, gut zu gefallen, denn sie waren stets begeisterte Zuschauer, obwohl sie selbst die Kreuzigung nicht zu ihren Todesstrafen zählten.

Diese Hinrichtung war eine aufwendige Tötungsart und eine der schmachvollsten Todesarten aller Zeiten, wogegen die Juden die Steinigung, Erdrosseln oder das Enthaupten bevorzugten. In der Regel wurde der Verurteilte zunächst entkleidet, dann mit dem römischen Flagrum (einer Geißel mit Bleigewichten am Ende der Lederriemen) ausgepeitscht, bis der Rücken und andere Teile des Körpers aufgerissen und mit blutigen Fleischfetzen übersät waren. Man achtete aber sorgfältig darauf, daß das Opfer dabei nicht starb, damit der Delinquent auch noch lebend ans Kreuz genagelt werden konnte. Während die Hebräer durch ihr Gesetz die Zahl der Geißelschläge auf 39 beschränkten, setzten die Römer keine Begrenzung fest. Es gibt Hinweise, daß bei Jesus das übliche Maß deutlich überschritten wurde. Das Opfer war dem Peiniger gnadenlos ausgeliefert. Auffallend ist, daß Jesus trotz der enormen Schmerzen diese Tortur scheinbar stumm über sich ergehen ließ. Ein weiterer Hinweis, daß er »himmlische« Kräfte besaß? Dann wurden dem Gefolterten die Kleider wieder angezogen, was zusätzliche Schmerzen verursacht haben muß. Danach mußte der Gegeißelte den Querbalken des Kreuzes auf seinen Schultern tragen. Jesus ist bei dieser Prozedur laut Bibel zusammengebrochen, und ein Mann aus Kyrene mit Namen Simon trug den Balken zum Golgathafelsen, der damals *vor* den Toren der Stadt lag. Dort wurde Jesus entkleidet, um dann *nackt* (!) *an das* Kreuz geschlagen zu werden. Mit ihm wurden auch zwei Verbrecher gekreuzigt. Man schlug dem Gepeinigten große Nägel durch die *Handgelenke* - die Handflächen konnten das Gewicht des Körpers nicht tragen. In manchen Fällen wurde der Verurteilte mit den Armen an den Balken gebunden, was bei Jesus wohl nicht der Fall war. Seine beiden Füße wurden mit einem einzigen großen Nagel durchbohrt. Grabfunde aus neuerer Zeit belegen, daß alternativ die Füße des Gekreuzigten auch jeweils einzeln und seitlich an den Stamm genagelt wurden. Neuste

Forschungen weisen darauf hin, daß es eine weitere Kreuzigungsart gab, in der sich das Opfer mit dem Gesicht und dem Körper *zum* Kreuz befand. Also genau umgekehrt!

Die Grausamkeit dieser Todesart setzte sich aus verschiedenen Qualen zusammen: Schmerz, Benommenheit, Atemnot, Erstickungsanfälle (der Gekreuzigte mußte den Körper an dem Nagel der Füße emporstemmen, um nach Atem schöpfen zu können), Krampf, Wundfieber, Tetanus, Müdigkeit, Todesangst, Verzweiflung, Schrecken, Schande, Zurschaustellung, Durst, Hunger und Nekrose der unbehandelten Wunden. Alles bis zu einem Punkt, an dem man die Schmerzen gerade noch ertragen konnte, aber immer knapp vor einer erlösenden Ohnmacht. Jeder Atemzug, jede Bewegung wurde zur unvorstellbaren Qual. Adern und Sehnen waren zerfetzt, und die Wunden entzündeten sich. Wir wollen hier die Beschreibung der historischen und medizinischen Fakten abbrechen, um die Nerven einiger besonders sensibler Leser nicht übermäßig zu strapazieren. Trotzdem halte ich diesen kleinen Exkurs für wichtig, um dem Leser ein deutliches Bild von dem zu vermitteln, was Jesus Christus für die Sünder dieser Welt freiwillig (?) auf sich nahm. Ein Kruzifix in der Kirche wirkt dagegen recht harmlos und ist auch falsch, da jeder Kandidat nackt gekreuzigt wurde.

Die Bibel geht zwar nicht ins Detail, gibt jedoch noch einige Hinweise auf den Ablauf der Kreuzigug Jesu, der statt des Verbrechers Barabbas am Kreuz leiden mußte. Wir lesen, daß die Kriegsknechte Jesus eine »Krone aus Dornen« aufs Haupt setzten. In den frommen Darstellungen der Kreuzigungsszene sieht man immer einen Kranz aus Dornen.

Wie schon erwähnt, war es eher eine komplette *Haube* aus Dornengeflecht. Weiterhin berichtet die Bibel, daß man ihn anspuckte und mit einem Rohr auf den Kopf schlug. Sie gaben ihm Essig mit Galle vermischt zu trinken. Jesus nahm das Gebräu wohl an und starb unmittelbar danach. Die Römer losten um seine Kleider und befestigten über seinem Kopf ein Schild mit dem Text »Dieser ist Jesus, der König der Juden«. Vor dem Kreuz standen laut Johannes seine Mutter, die Schwester seiner Mutter, eine andere Maria (Kleopas Frau), die bekannte Maria Magdalena sowie eine große Menschenmenge. Bemerkenswert sind die Naturereignisse und die Worte Jesu während der grauenvollen Kreuzigung Jesu. Deshalb zitiere ich hier die Bibel (Markus 15, 33-38): „Als es die sechste Stunde war, kam eine Finsternis über das ganze Land bis zur neunten Stunde; und zur neunten Stunde schrie Jesus mit lauter Stimme: Eloi, Eloi, lama sabachthani? was verdolmetscht ist: Mein Gott, mein Gott, warum hast du mich verlassen? Und als etliche der Dabeistehenden es hörten, sagten sie: siehe, er ruft den Elias. Es lief aber einer und füllte einen Schwamm mit Essig und steckte ihn auf ein Rohr und tränkte ihn und sprach: Halt, laßt uns sehen, ob Elias kommt, ihn herabzunehmen. Jesus aber gab einen lauten Schrei von sich und verschied. Und der Vorhang des Tempels zerriß in zwei Stücke, von oben bis unten." In den anderen Evangelien lautet der Text anders, beschreibt aber den gleichen Vorgang der Tortur. Nur Matthäus spricht von einem Erdbeben während der Kreuzigung. Dieses Erdbeben scheint sich tatsächlich ereignet zu haben, denn in der Grabeskirche in Jerusalem gibt es ein verborgenes Fenster, das kaum jemand kennt, welches einen Blick auf den *echten* Golgathafelsen ermöglicht. Dort sieht man deutlich, daß der Fels von einem starken Riß durchzogen ist, der nur von einem Erdbeben stammen kann. Man sieht auch einen runden Metallring, der das Kreuz hielt. Er belegt, das die Kreuzbalken wohl meist rund waren, was auch logisch ist, denn bei den vielen Kreuzigungen war das einfacher.

In seiner größten Qual und Not schrie Jesus verzweifelt nach seinem Vater. Doch Gott half ihm nicht, denn sein Sohn hatte seine Mission zu erfüllen, so brutal es auch klingt. Es bestand zu diesem Zeitpunkt die berechtigte Annahme, daß der Tod Jesu zu einem Volksaufstand eskalieren könnte. Aber die große Sorge der sadduzäischen Tempelbehörde und der Römer war völlig unnötig. Es ereignete sich nichts von Bedeutung. Was dann geschah, ist allgemein bekannt. Jesus wurde nach einem prüfenden Lanzenstich eines Römers, der vermutlich das Herz traf, für tot erklärt. Deshalb brach man ihm auch nicht die Beine, was unweigerlich den schnellen Tod herbeiführte, da sich der Verurteilte dann nicht mehr aufrichten konnte, um nach Atem zu schöpfen. Somit erfüllte sich wieder eine der vielen Prophezeiungen der Bibel.

Dann tauchte plötzlich ein reicher, angesehener und »geheimer« Jünger Jesu auf. Dieser ominöse Joseph von Arimathia machte es durch seinen Einfluß und wohl mit Bestechungsgeld bei Pontius Pilatus möglich, daß er Jesus vom Kreuz nehmen durfte, um ihn in ein nahes Felsengrab zu bringen. Beachtenswert ist, daß es sich bei diesem Grab um ein neues Grab handelte, das Joseph von Arimathia angeblich für sich selbst hatte aus dem Felsen hauen lassen. Dieser Umstand ist insofern seltsam, da er die Frage aufwirft, warum sich dieser geheime Jünger Jesu weit von seiner Heimat beerdigen lassen wollte. Vieles deutet darauf hin, was wir noch eingehender durchleuchten werden, daß Joseph von Arimathia diese Aktion mit seinen Helfern offensichtlich geplant hat. Vielleicht wollte er dadurch den Versuch unternehmen, Jesus vor dem unausweichlichen Tod zu retten, was allerdings nicht in der Absicht Jesu gewesen sein konnte, der mit seinem Tod unbedingt die Prohezeiungen erfüllen wollte.

Die Jünger hätten davon nichts gemerkt, denn die hielten sich ängstlich verborgen, was deutlich aus der Bibel zu entnehmen ist. Sie haben ihn aus Angst verleugnet und sogar verraten.

Bemerkenswert ist auch die Reaktion des Pontius Pilatus, als er von der recht frühen Todeszeit Jesu erfuhr: „Pilatus aber wunderte sich, daß er (Jesus - D.A.) schon gestorben sei." Der Tod traf bei Gekreuzigten meist deutlich später ein. Manchmal dauerte es Tage, bis ein Opfer starb. Die Geschichte schildert uns auch von einem Fall, wo ein Gekreuzigter überlebte, nachdem man ihn *rechtzeitig* vom Kreuze nahm.

Die Gruft wurde dann mit einem schweren Rollstein verschlossen und längere Zeit später von einer römischen Wache versiegelt, da man befürchtete, daß die Jünger heimlich den Leichnam Jesu entführen könnten, denn er hatte ja vorhergesagt, daß er am dritten Tage wiederauferstehen würde. Seltsam ist, daß *nur* Matthäus diese römische

Wache überhaupt erwähnt. Möglicherweise wollte er damit die Geschichte um Tod und Auferstehung Christi glaubhafter machen. Aber das ist natürlich reine Theorie. Hier sollte sich der Leser anhand der Texte ein eigenes Bild von den Ereignissen machen. Es war ohnehin eine *völlig überflüssige* Aktion, da die Wache laut Matthäus *erst am nächsten Tag* („der nach dem Rüsttag ist") das schon längst *verschlossene* Grab sicherte. Hätte jemand Jesus aus der Gruft schaffen wollen, so hätte er zuvor *reichlich* Zeit gehabt! Ein wichtigerAspekt!

Nur Gott kann wissen, wie Jesus genau gestorben ist und begraben wurde. Auch die Auferstehung ist historisch in keiner Hinsicht belegt. Der historische Jesus war ein grenzenlos liebender und vorbildlicher Mensch. Scheinbar fehlerlos. Er kümmerte sich um die Außenseiter der Gesellschaft, und das allein wäre schon für jeden von uns ein unendlich großes Vorbild. Trotz seines *historischen* »Scheiterns« auf der Schädelstätte Golgatha bleibt ein Mensch in Erinnerung, der für die Barmherzigkeit und Liebe gelebt hat. Für seine Überzeugung ging er sogar ans Kreuz, denn damit mußte er rechnen. Was uns Christen bleibt ist deutlich mehr. Es ist der Jesus Christus der Bibel - ein anderer Jesus. Das ist der Sohn Gottes, der für unsere Sünden gestorben ist, und an den Millionen Menschen in aller Welt glauben.

Trotzdem ist eine Frage nach dem historischen Jesus für viele Menschen noch unbeantwortet. Wenden wir uns nun der schon gestellten Frage zu, wie dieser außergewöhnliche Mensch ausgesehen haben mag. In der Bibel finden sich

Beschreibungen von etlichen Details, Gottesvisionen und Engeln, aber nicht von Jesus Christus.

Wie sah der historische Jesus aus?

Eine Frage, die immer wieder gestellt wird. Es wäre völlig unnatürlich, wenn der Gläubige nicht gerne wüßte, wie denn sein Retter am Ende aller Tage tatsächlich aussieht. Dies ist einerseits eine Frage der menschlichen Neugierde und zugleich auch eine Herausforderung für die Bibelforschung. Was viele Menschen nicht ahnen, ist der Tatbestand, daß wir sogar *sehr genaues* Wissen vom Aussehen des Messias haben. Daß dieses Wissen scheinbar auch noch zu den unerklärbaren Wundern Gottes gehört, kommt hier noch verstärkt hinzu. Wir alle können dieses Wunder noch heute betrachten. Ich habe mich seit Jahrzehnten mit diesem Phänomen intensiv auseinandergesetzt und festgestellt, daß es sich hier um eine sehr komplexe und heftig umstrittene Materie handelt. Das folgende Thema ist so interessant, daß ich ihm ein eigenes Kapitel in diesem Buch widmen möchte, zumal es in direktem Zusammenhang mit den Aussagen der Bibel steht, denn es geht um nichts Geringeres als um den Tod des Jesus von Nazareth.

Das Wunder, von dem wir hier sprechen, befindet sich auf einem Stück Leinwand von 4,37 Meter Länge und durchschnittlich 1,11 Meter Breite. Ich meine das weltberühmte Grabtuch von Turin. Bevor Sie jetzt vorschnell denken, das ist alles unbewiesener Unsinn, bitte ich Sie trotzdem, offen mit mir zunächst die folgenden Fakten zu prüfen. Erst *danach* sollten Sie sich Ihr Urteil bilden. Was hier geschildert wird, basiert auf den neusten wissenschaftlichen Erkenntnissen. Um es gleich am Anfang zu sagen, seit dem Herbst 1997 ist die Echtheit des Grabtuchs endlich wissenschaftlich belegt. Mit diesem Datum und den damit verbundenen Forschungsergebnissen sind viele zum Teil nachvollziehbare Zweifel endlich vom Tisch.

Diese einmalige Reliquie ist zwar infolge des hohen Alters vergilbt, doch insgesamt in einem noch recht guten Zustand. Lediglich die Brand- und Löschwasserflecken haben deutliche Spuren der Brandkatastrophe aus dem Jahr 1532 hinterlassen. Das Tuch lag damals in einem silbernen Schrein, der im letzten Moment aus der brennenden Schloßkapelle von Chambéry, der Residenz der Herzöge von Savoyen gerettet werden konnte. Bei der Reparatur der Schäden des Tuches wurde zum Schutz ein holländisches Tuch in gleicher Größe auf die Rückseite des Grabtuches von Turin aufgenäht. Das berühmte Körperbild befindet sich nur auf der Vorderseite des Tuches.

Auf diesem großen Stück Leinwand sieht man das schattenhafte Abbild eines Mannes von ca. 1,80 Meter Größe in Vorder- und Rückansicht. Wenn man sehr nah am Tuch steht, sieht man jedoch nicht die geringste Spur von einem Körper. Erst aus einer Entfernung von ca. zwei Metern beginnen sich Teile des Bildes deutlicher abzuzeichnen. Ab einer Distanz von ca. fünf Metern erkennt man das ganze Abbild. Der gesamte Abdruck des abgebildeten Mannes ist eher schwach und etwas undeutlich zu erfassen. Seit Jahrhunderten galt das Tuchbild als „geschickt gemaltes" Kunstwerk eines unbekannten Genies aus dem Mittelalter. Also eine Fälschung - angeblich aus dem

14. Jahrhundert. Was hätte man in früheren Zeiten sonst denken sollen, da es die Fotografie ja noch nicht gab?

Die Sensation und Wende in der Grabtuchforschung ereignete sich im Jahr 1898, als der Jurist, Bürgermeister von Asti und Fotoamateur Secondo Pia bei einer Ausstellung des Grabtuches die ersten fotografischen Aufnahmen des Tuches machte. Die Fotoplatten hatten für heutige Verhältnisse das riesige Format von 50 mal 60 Zentimeter. Nur *eine* der Aufnahmen gelang bei extrem langen Belichtungszeiten von bis zu 20 Minuten. Doch dieses Foto war ein Volltreffer, das weltweites Aufsehen erregte. Pia traute seinen Augen kaum, denn *er war der erste Mensch, der seit Christi »Himmelfahrt« das Antlitz des Heilands zu Gesicht bekam* - denn der Abdruck auf dem Grabtuch war ein Foto-*Negativ*! Die Fotoplatte, die Pia da in seinen Händen hielt, zeigte aber das Positiv - somit sah man den Mann auf dem Grabtuch erstmals klar und deutlich. Das Foto war wesentlich kontrastreicher als die normale Ansicht des Tuches. Vor allem kamen jetzt auch die Details und die furchtbaren Spuren der Geißelung und der Kreuzigung besser zu Vorschein.

Wie sollte es also einem Maler des 14. Jahrhunderts gelungen sein, fünfhundert Jahre vor Erfindung der Fotografie ein solches Negativ auf das Leinen zu bringen, zumal spätere mikroskopische Untersuchungen nicht die kleinste Spur einer Malfarbe zeigten. Hinzu kommt, daß es den Begriff »Foto-Negativ« damals nicht gab.

Eine der bekanntesten Malerinnen in Amerika ist Isabel Piczek. Sie studierte aufmerksam das Tuchbild und gab dann ihre Kommentare ab. Kein Künstler der damaligen

Zeit malte ohne Konturen. Auf dem Grabtuch sind keine Konturen zu sehen. Der Körper auf dem Grabtuch ist perspektivisch - vor allem die Beine. Ein Künstler des Mittelalters kannte die sog. perspektivische Verkürzung nicht. Mit einem lebenden Modell als Vorlage versuchte Isabel Piczek, auf einer hohen Leiter stehend, das Grabtuch zu malen. Alle Versuche schlugen fehl, mit Pinsel und Farbe einen ähnlichen Abdruck wie auf dem Grabtuch zu erzielen - und Isabel Piczek hat oft genug bewiesen, daß sie eine begnadete Malerin ist.

Niemand weiß, trotz unzähliger Versuche mit den verschiedensten Techniken, wie der Abdruck auf das Grabtuch gekommen ist. Es ist kein Gemälde, sondern ein *Foto* und somit ein Wunder. Manche Forscher mutmaßen, daß bei der Auferstehung Jesu eine sehr starke, *übernatürliche* Strahlung entstanden ist, die den Körper auf das Tuch projiziert hat. Es wäre eine durchaus überzeugende und auch plausible Erklärung, zumal die Grabtuchforschung bis heute keine sinnvollere Alternative anzubieten hat. Aber diese Erklärung ist natürlich lediglich Spekulation und entbehrt jeder wissenschaftlichen Grundlage. Dieses Rätsel wird wohl niemals zu lösen sein.

Intensive Nachforschungen haben die bisher letzte sensationelle Entdeckung enthüllt. Man fand sie auf der eher belanglosen *Rückseite* des Grabtuches. Man stellte fest, daß das Gesicht Jesu durch drei Doppelstreifen umrahmt wurde. Mit Hilfe eines Mikrodensitometers, verschiedener Fotografien und natürlich auch der Computeranalyse machte man auf den Streifen nach etlichen Versuchsreihen zwei in griechisch-lateinisch geschriebene Worte sichtbar: NNAZA-RE(H)NOΣ und HΣOY. IHΣOY heißt auf hebräisch Jeshua. Jeshua wird von den Lateinern *Jesus* genannt!

Der Abdruck kann auch schon entstanden sein, als Joseph von Arimathia mit seinen unbekannten Helfern Jesus vom Kreuz nahmen, um ihn dann mit der Rückseite auf ein neues Leinentuch zu legen. Dieser Vorgang hat sicherlich postmortale Blutungen hervorgerufen, da einige der Wunden durch die Bewegung wieder aufbrachen. Diese Blutungen sind auf dem Grabtuch klar zu erkennen. Dann wurde die andere Hälfte des Tuches von Joseph über die Vorderseite des Körpers Jesu gelegt. Nur so kann man beide Körperseiten der Leiche auf einer Ebene sehen. Der Abdruck der Rückseite ist deutlicher als die Vorderseite, da das Tuch auf der Vorderseite des Körpers nur leicht aufgelegen haben muß. Oder entstand das Abbild erst im Grab?

Die Fotografie von Secondo Pia war zwar gut, zeigte jedoch nicht sämtliche Details. Deshalb wurden im Jahre 1931 nochmals Aufnahmen von dem Profifotografen Giuseppe Enrie gemacht. Bei diesen Aufnahmen wurde das ganze Grabtuch auch ausreichend ausgeleuchtet, was bei Pia nicht der Fall war.

Dann begann die Zeit der Erforschung des Tuches durch verschiedene Gruppen. Man stellte fest, daß die Reliquie aus Flachsfasern besteht. Bestätigt wurde, daß die roten Abdrücke tatsächlich Menschenblut der Blutgruppe A / B sind. Wie einzigartig das Grabtuch ist, zeigte eine Untersuchung mit dem für die Weltraumforschung entwickelten Bildanalysator VP 8. Dieses Gerät konnte aus den Hellig-

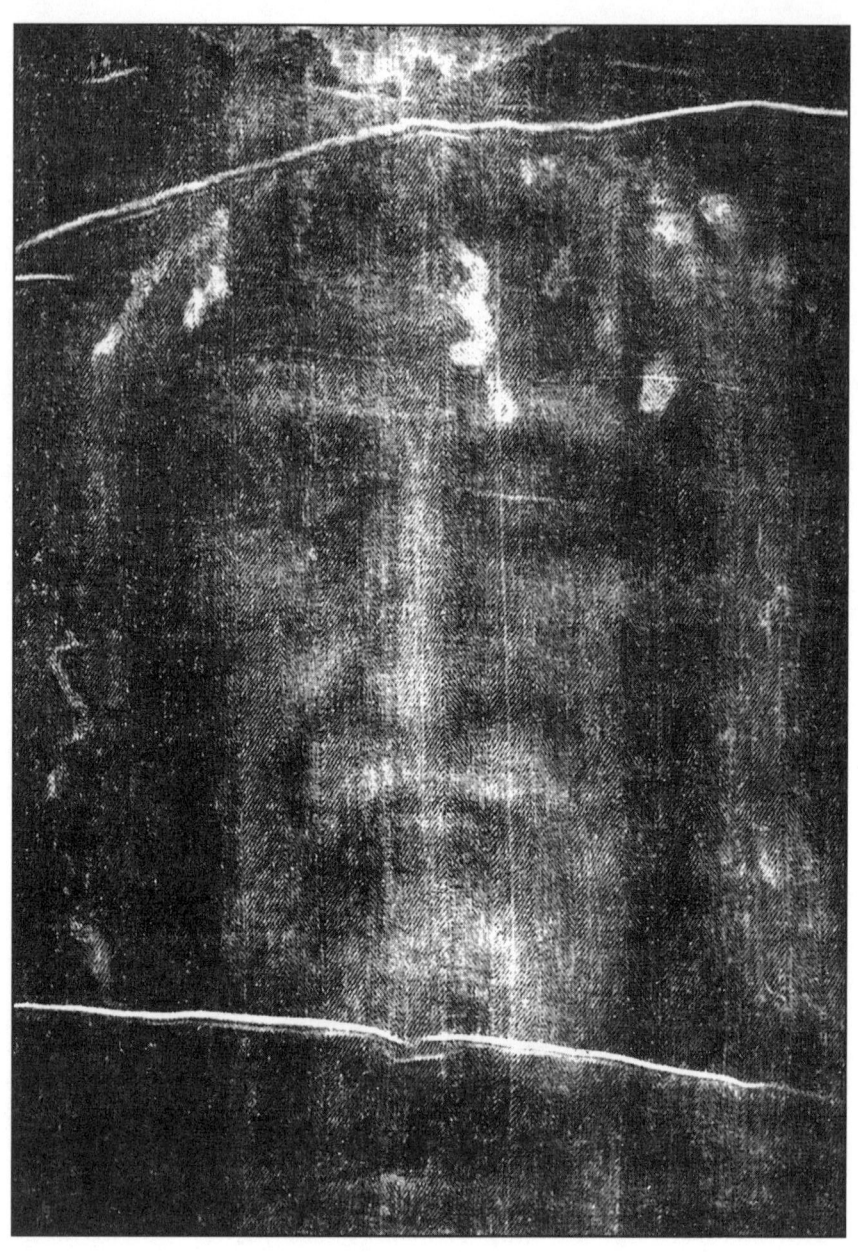

Das Antlitz Christi auf dem Grabtuch von
Turin als Negativ vom Original.

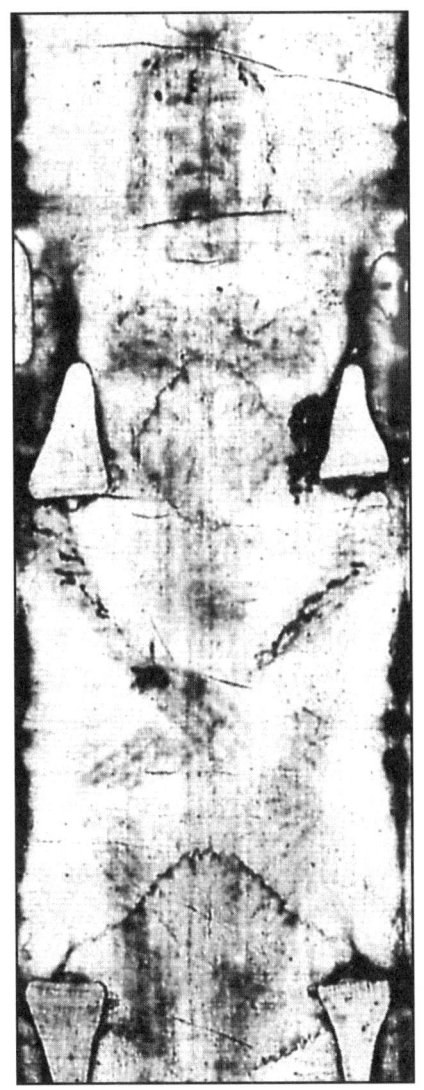
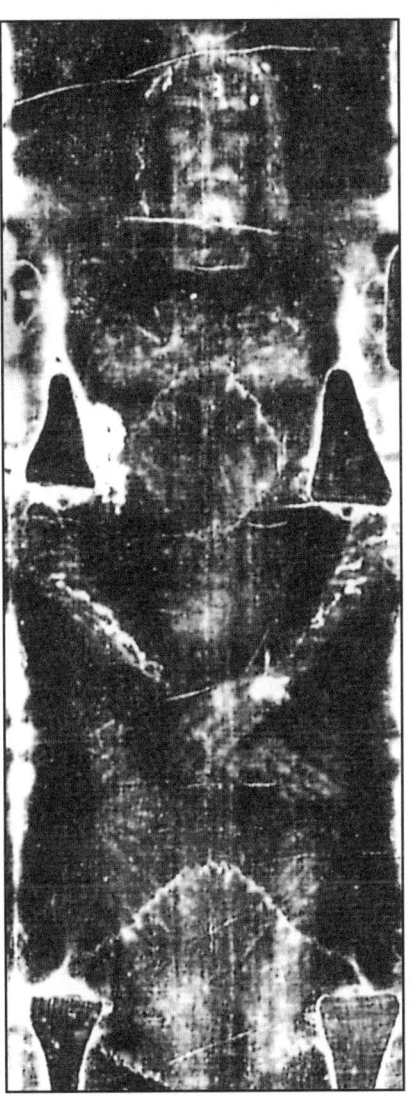

Der Originalabdruck des
Grabtuchs von Turin.

Das Foto-Negativ des
Grabtuchs von Turin.

Beide Abbildungen sind kontrastreicher gehalten als das Original
und zeigen jeweils nur die Vorderansicht des Körperbildes. Der foto-
grafische Charakter des Tuchbildes wird so sehr deutlich.

keitswerten des Tuchbildes die Dreidimensionalität eines Körpers errechnen. Die Ergebnisse der Computerbearbeitungen ergaben eindeutig, *daß ein ganzer menschlicher Körper in dem Tuch lag.* Außerdem ist es beeindruckend, zu sehen, wie aus dem Tuchbild ein dreidimensionaler Körper wird, den man im Computer sogar animieren kann. 1945-49 wurde von Professor Libby (Chicago) die berühmte, aber bis heute umstrittene C14-Methode zur Altersbestimmung erfunden. Dadurch läßt sich das Alter organischer Materialien durch die Messung des Gehalts an radioaktivem Kohlenstoff bestimmen. Das Ergebnis der Tuchuntersuchung mit der C14-Methode war niederschmetternd. Das Tuch sollte dieser Methode zufolge tatsächlich aus dem Mittelalter (ca. 1350) stammen. Die Grabtuchgegner freuten sich, die Anhänger waren entsetzt und sprachen sogar von einer Verschwörung, an der auch der Vatikan beteiligt gewesen sein soll. Die Untersuchung der verschiedenen Wissenschaftler lieferte zwar eine richtige Datierung, basierte jedoch auf einem peinlichen Irrtum, wie sich später noch herausstellen sollte. Für diese Analyse wurde ein kleiner Streifen vom Rand des Tuches entnommen, den man dann nochmals in mehrere Teile zerschnitt. Diese Teile gingen an verschiedene ausgewählte C14-Experten. Ob manipuliert wurde, ist fraglich.

Auf jeden Fall wurde das Ergebnis angezweifelt. Man war der Meinung, durch die vielen Ausstellungen des Grabtuches über die Jahrhunderte wären unzählige Fremdpartikel auf das Tuch gelangt, die die Datierung beeinflußt haben könnten. Zudem gibt es mehrere Beispiele, die beweisen, daß auf diese Methode nicht immer Verlaß ist. Der Karbontest an einem nur 50 Jahre alten Tischtuch ergab ein Alter von 350 Jahren - also siebenmal so alt wie es tatsächlich war!

Gerichtsmedizinische Untersuchungen zeigen das ganze Ausmaß der Mißhandlungen und Leiden des Gekreuzigten. Deutlich sind am Kopf die blutigen Überreste zu sehen, die die Dornenkrone hinterlassen hat. Rücken, Gesäß und Beine sind übersät mit den Spuren der Geißelung. Die römische Peitsche (Flagrum) hatte am Ende ihrer Lederriemen kleine hantelförmige Bleigewichte. Diese Abdrücke sind auf dem Rücken des Opfers auch äußerst klar zu erkennen. Die Wunden der Nägel sind ebenfalls deutlich erkennbar, wobei die Nagelwunden an den Handgelenken sind, was auch kein Maler der Kunstgeschichte wissen konnte. Es existiert bis auf eine einzige Ausnahme kein Kreuzigungsbild, auf dem dieser Aspekt berücksichtigt wurde. Bei dieser besagten Ausnahme kann das Grabtuch als Vorlage gedient haben.

Auf dem Grabtuch sind die Hände Jesu sehr gut zu erkennen, man sieht jedoch *keine* Daumen. Die Erklärung für diesen merkwürdigen Umstand lieferte uns einer der führenden Pathologen Englands: Professer James Cameron, der sich intensiv mit dem Grabtuch beschäftigt hat. Er hegt keinen Zweifel an der Tatsache, daß es sich hier um den Abdruck eines tatsächlich Gekreuzigten handelt. Cameron erklärt, daß durch die Durchbohrung der Nägel an den Handgelenken der Mittelnerv die Daumen nach innen in die Handfläche zwingt. Niemand hätte über dieses medizinische Wissen verfügen können - schon gar nicht im

Mittelalter. Es war also kein Produkt dieser gedachten Zeit.

Die Füße sind mit einem großen Nagel durchbohrt worden. Professor Cameron weist auch darauf hin, daß ein Mensch, der den Kreuzbalken als Rechtshänder trägt, stürzt, und auf das linke Knie und auf die linke Stirn fällt. *Beide Wunden sind auch auf dem Grabtuch von Turin zu sehen.* Auch die Bibel belegt, daß ein anderer Mann den Balken für Jesus nach dem Sturz zur Schädelstätte tragen mußte. Auf der Stirn erkennt man auf dem Tuch den Abdruck eines Stirnbandes, das die Juden ihren Toten häufig umlegten. In der Mitte ist es V-förmig aufgeklappt, was einige Künstler, die das Grabtuch kannten, später als Stirnrunzeln darstellten.

Umstritten ist weiterhin die Frage, wie der Abdruck auf das Tuch kommen konnte. Prof. Steffenberg von der Universität Göttingen vermutet, daß diese Abdrücke auf dem Grabtuch durch Fäulnisgase (Fäulnistranssudate bzw. Leichenemanationen) entstanden sein könnten. Prof. Steffenberg ist einer der wenigen Pathologen, der auch an antiken Funden forscht, aber hier irrt er vermutlich.

Da man ja annahm, daß das Grabtuch eine Fälschung aus dem Jahre 1350 ist, erscheint ein weiterer Hinweis interessant, der auch gegen das Datum des C14-Datums von 1988 spricht. Auf dem Grabtuch von Turin sind an bestimmter Stelle einige Brandlöcher sichtbar. Eine Zeichnung eines Tuches aus Ungarn weist die gleichen Brandlöcher *in genau der gleichen Position* auf - es handelt sich also mit an Sicherheit grenzender Wahrscheinlichkeit um die Darstellung des Linnens von Turin. Interessant ist, daß dieser Fund aus Ungarn aus dem Jahre 1192 stammt, also lange *vor* dem

Resultat der ersten C 14-Untersuchung! Bei dem Abdruck auf dem Grabtuch kann es sich auch kaum um einen anderen gekreuzigten Menschen handeln, da man sonst nicht sämtliche Wundmale erwarten dürfte, die eindeutig auf Jesus Christus hinweisen. Hinzu kommt noch der wundersame Negativabdruck, den man bis heute nicht in dieser Perfektion bewerkstelligen kann. Auch hätte damals ein Fälscher keine Ahnung von den Details einer Kreuzigung haben können.

Andere Forschungen, bei denen uns die heutigen modernen Geräte große Dienste geleistet haben, brachten ein weiteres Beweisstück für die Annahme ans Tageslicht, daß es sich zweifelsohne um den Jesus der Bibel handelt. Als man die Augen auf dem Antlitz genauer untersuchte, stellte man fest, daß man dem Toten (wie es damals durchaus üblich war) eine Münze auf ein Auge gelegt hatte. Bei entsprechender Vergrößerung und Bearbeitung des rechten Auges konnte man eine Kupfermünze identifizieren, *die nur unter Pontius Pilatus geprägt wurde!* Diese Pilatusmünze weist den Augurenstab sowie die Buchstabenfragmente »CAI« auf. Es gab sie nur bis 31 n. Chr. Ein mittelalterlicher Fälscher hätte also auch noch eine echte Pilatusmünze kennen und besitzen müssen - völlig absurd. Eine weitere Enthüllung, die uns das Grabtuch zeigt, ist die Tatsache, daß der Mann auf dem Leinen sein Haar hinten zu einem Zopf zusammengebunden trug. Auf diesen Gedanken wäre zuvor auch kein Mensch gekommen. Man hat sich Jesus meist mit offenen Kopfhaar vorgestellt. Auch wieder ein Detail, das keinem Maler oder Fälscher in den Kopf gekommen wäre.

Außerdem trug der Tote einen gestutzten Bart. Das Antlitz strahlt Anmut und Frieden aus. Nicht das Gesicht eines Gewalttäters.

Auf der rechten Brustseite befindet sich in Höhe zwischen der fünften und sechsten Rippe eine 4,5 mal 1,5 Zentimeter große Wunde, die eindeutig von dem bekannten Lanzen- oder Todesstich stammt, der den Gekreuzigten vermutlich ins Herz traf. Die Größe der Wunde entspricht den Lanzenspitzen, die wir aus dieser Zeit kennen. Von dieser Stichwunde geht ein recht starker Blutstrom aus. Durch Bewegungen der Leiche beim Betten auf das Leinentuch ist dieser Blut- und Serumstrom auch über den Rücken geflossen, wie das Grabtuch deutlich zeigt. Der teilweise getrennte Verlauf belegt, daß postmortales *Blut und »Wasser«* aus der Seitenwunde geflossen ist - so, wie es uns auch die Bibel im Detail schildert. Ein Professor für Gefäßchirurgie einer deutschen Klinik ist anerkannter Experte und bestätigte mir, daß eine solche Lanzenwunde durch die Bewegung des Körpers durchaus Blut *nach dem Tod* auf das Tuch gebracht haben kann. Im Brustkorb sammelt sich enorm viel Blut.

In der Begräbnisschilderung des Johannes wird betont, Jesus wurde begraben „wie es bei den Juden Brauch ist". Es wäre falsch zu glauben, Jesus wurde wie eine ägyptische Mumie in Bänder eingewickelt. Zumal eine solche Praktik natürlich auch keinen Abdruck des Körpers auf dem Tuch hinterlassen haben konnte. Der Brauch, einen Toten völlig zu bandagieren, ist in der gesamten jüdischen Begräbnisliteratur nicht zu finden! Oft hatte man die Toten wie einen

Lebenden, oder auch wie einen Schlafenden bekleidet. Joseph von Arimathia vermittelt uns in der Bibel das Gefühl, daß alles, was mit der Kreuzabnahme und Beisetzung Jesu zusammenhing, in großer Eile geschehen mußte - über das Warum kann man nur Mutmaßungen anstellen. Wie schon erwähnt, wollte er eventuell Jesus noch retten. Also reichte zunächst für die Grablegung ein großes Leinentuch. Bei all den Untersuchungen und Erkenntnissen der Grabtuch-forschung sollten wir nicht vergessen, daß hier vermutlich kein normaler Mensch beerdigt wurde. Bei Jesus Christus könnten alle medizinischen Fakten völlig anders sein. Bemerkenswert ist auch eine andere Tatsache. Die Künstler der ersten Jahrhunderte hatten offensichtlich nicht die ge-ringste Ahnung, wie Jesus ausgesehen hat. Das zeigen uns mehrere Bilder und Mosaikdarstellungen. Ein Künstler hat Jesus sogar als typischen Römer abgebildet - natürlich auch ohne Bart. Dann trat urplötzlich eine Wende in der Jesus-darstellung ein. Die meisten Jesusgemälde hatten nun deut-liche Ähnlichkeit mit dem Jesusgesicht auf dem Grabtuch von Turin. Das läßt vermuten, daß das Grabtuch aus der Versenkung oder dem Versteck auftauchte und in der Öffentlichkeit ausgestellt wurde. Endlich hatte man ein Bild vom Heiland.

Es ist nur normal, daß sich die Anhänger Jesu heimlich ein Andenken an ihren Herrn und Meister aufbewahrt haben. Hierbei kann es sich durchaus um das Grabtuch gehandelt haben, zumal es den wunderbaren, nicht erklärbaren Abdruck des Herrn aufwies. Dieses Grabtuch wurde wahr-scheinlich von Jüngern aus Jerusalem nach Edessa (das heutige Urfa in der Türkei) zu einem sympathisierenden König in Sicherheit gebracht, da die Römer die Jünger und ersten Christen gnadenlos verfolgten. Edessa wurde die erste christliche Stadt. In den folgenden weltpolitischen Wirrnissen kam das Grabtuch vermutlich auch nach Konstantinopel und wurde dort 1203 von Kreuzrittern verschleppt, die es wahrscheinlich dann in Frankreich zunächst versteckt hielten.

Kommen wir zum letzten Beweisstück, das eine mitteralterliche Fälschung aus Frankreich ausschließt und uns mehr über die tatsächliche Herkunft des Grabtuches berichtet. 1973 konnte Dr. Frei an zwölf Stellen des Tuches mit Klebestreifen Proben für spätere Untersuchungen entnehmen. Dr. Frei fand Pollen von 59 Pflanzenarten auf dem Grabtuch von Turin, von denen er 58 bestimmen konnte. Nur 17 davon stammen von Pflanzen, die in Frankreich und Italien vorkommen, wo sich das Grabtuch nachweislich seit dem 14. Jahrhundert befand und auch unter freiem Himmel ausgestellt wurde. Von den 58 Pflanzenarten kommen nur 17 in West- und Südeuropa vor. 19 sind überwiegend im Mittelmeerraum vertreten. 44 Pflanzenarten, von denen man Pollen auf dem Leinen entdeckte, wurden *in Jerusalem gefunden*. Davon tauchten innerhalb des erforschten geographischen Raums 14 *ausschließlich dort auf*! 23 Pflanzenarten fand man in Anatolien in der Nähe von Urfa (Edessa), 14 Arten wurden in Konstantinopel entdeckt. *Es ist also auch erwiesen, daß das Grabtuch in Jerusalem war.*

Fassen wir also die Fakten zusammen, die dafür sprechen, daß es sich bei dem Abdruck des Toten auf dem Grabtuch von Turin tatsächlich um Jesus Christus handelt:

1. Das Tuch ist kein gemaltes Bild und kann auch keine Fälschung aus dem Mittelalter sein, da damals ein Mensch unmöglich alle Informationen, die wir heute besitzen, gehabt haben kann. Das Tuch weist keine Farbpigmente auf. Die sehr bekannte Malerin Isabel Piczek bewies, daß der Abdruck unmöglich ein Gemälde sein kann.

2. Es ist unmöglich, zu erklären, wie der Negativabdruck entstanden sein könnte. Man möchte in der Tat von einem Wunder sprechen. Es ist in jeder Hinsicht einzigartig. Alle Nachahmungsversuche führten zu armseligen Ergebnissen.

3. Das Grabtuch war auf seiner langen Reise *auch in Jerusalem* - das belegen die Pollenfunde eindeutig. Einige treten *nur* im Großraum Jerusalem auf.

4. Auf den Augen des Antlitzes entdeckte man den Abdruck einer Kupfermünze, *die nur zu Zeiten von Pontius Pilatus geprägt wurde.* Ein klares Indiz.

5. Der Abdruck auf dem Tuch ist *dreidimensional* dargestellt, es lag also ein ganzer menschlicher Körper, was umfangreiche Computeranalysen aus

den USA feststellten. Man konnte sogar das Gesicht dreidimensional »errechnen«.

6. Das Blut auf dem Tuch ist echtes Menschenblut. Der Mann hatte die Blutgruppe A/B (welche Blutgruppe hätte der Sohn Gottes sonst haben sollen?)

7. Alle Fakten (Position, stark gewölbter Brustkorb, etc.) belegen, daß es sich um einen echten gekreuzigten Menschen handelte, der verzweifelt um Luft rang.

8. *Sämtliche* Wunden sind identisch mit den Beschreibungen der Wunden Jesu in der Bibel - einschließlich der Knie- und Stirnwunden, die bei dem besagten Sturz entstanden. Deutlich sieht man auf dem Rücken die typischen Spuren des römischen Flagrums mit seinen hantelförmigen Enden. Die Lanzenwunde entspricht den Maßen der Lanzenspitze der damaligen Römer.

9. Die Nagelwunden an den Handgelenken entsprechen den heutigen pathologischen Erkenntnissen einer realen Kreuzigung, die durch *Versuche* an Leichen belegt wurden. Die Nägel wurden also nicht durch die Handflächen getrieben, sondern zwischen die Knochen des Handgelenkes, damit sie das Gewicht des Körpers tragen konnten.

10. Die Pathologie klärt den Sachverhalt auf, warum man keine Daumen auf dem Grabtuch sieht. Der

durch den Nagel durchtrennte Mittelnerv zwingt den Daumen automatisch in die Handfläche. Niemand wußte davon - bis auf einen Maler, der vermutlich das Grabtuch kannte.

11. Der Tote auf dem Grabtuch trug einen Zopf. Eine Eigenart, von der niemand eine Vorstellung haben konnte. Es ist jedoch ein Beleg für die Authentizität der abgebildeten Person. Wer wäre auf die Idee gekommen, Jesus habe einen Zopf getragen?

12. Die Richtung der Blutflüsse lassen eine sehr genaue Rekonstruktion der Bewegungen Jesu am Kreuz sowie der Einbettung in das Linnen erkennen.

13. Durch genaue Nachforschungen konnte man den Weg, den das Grabtuch von Jerusalem aus genommen hat, recht gut verfolgen. Wir haben hier nur einige Lokalitäten und Eigentümer des Tuches angeführt, da die vielen weiteren geschichtlichen Erkenntnisse den Rahmen dieses Kapitels sprengen würden.

14. Der gesamte Abdruck auf dem Grabtuch von Turin ist eindeutig ein *Foto-Negativ* - die wohl erstaunlichste Erkenntnis, da sie bis heute nicht erklärbar ist.

15. *Der schon immer umstrittene* C 14-Test 1988 *basierte auf einem Irrtum* oder um einen geschickt geplan-

ten Betrug, um das Datum zu verfälschen - wir werden es nachträglich nicht erfahren (zumal, wenn der Vatikan mal wieder seine Finger mit im Spiel hatte, was skeptisch macht). Das ganze Thema der Datierung ist sehr brisant. Manche Experten glauben, wenn es sich tatsächlich um das echte Grabtuch handeln sollte, dann hätte Jesus die Kreuzigung vermutlich sogar überlebt, denn die vielen Blutspuren sprächen dafür, und ein Toter blutet nicht. Verschiedene Medizin-Professoren bestätigten mir, daß postmortale Blutungen in bestimmten Situationen *durchaus möglich* sind.

16. Auf der Rückseite des Tuches wurde erst spät um die Gesichtspartie ein besonderer Streifen entdeckt, der aus drei pinselstrichartigen Teilen besteht. Äußerst komplizierte und aufwendige Untersuchungen brachten zunächst undeutliche Zeichen zutage. Bei weiteren Analysen entzifferte man dann die beiden Wörter NNAZARE(H)NOΣ und HΣOY. Auf hebräisch heißt IHΣOY »Jeshua«. Auf lateinisch heißt »Jeshua« *Jesus*! Das war die vorerst letzte Sensation, die uns das phantastische Grabtuch enthüllte - waren es eventuell Informationen an die Nachwelt? Wir werden es nicht erfahren. Trotzdem sind diese Entdeckungen von großer Wichtigkeit, da sie zusätzlich auf den *historischen* Jesus verweisen. Wer diese Buchstaben auf das Grabtuch brachte, ist leider nicht mehr festzustellen.

Ich denke, meine Betrachtungen und die vorhergehende Zusammenfassung von *insgesamt sechzehn deutlichen Beweispunkten* belegen: wir können davon ausgehen, daß es sich hier tatsächlich um eine Art Fotografie des Jesus von Nazareth, von dem die Bibel uns so beeindruckende Dinge schildert, handelt. Lesen wir zu diesem Thema abschließend noch den interessanten Pressebericht, der im Herbst 1997 für weltweites Aufsehen sorgte:

„SAD ROM - Das weltberühmte Leichentuch von Turin soll *nach neuesten Untersuchungen tatsächlich 2000 Jahre alt* sein. Eine Gruppe italienischer Forscher bestätigte, daß das Tuch, in das laut katholischer Tradition die Leiche Jesu Christi eingehüllt gewesen sein soll, *zu Lebzeiten Jesu gewebt* wurde. Eine spektakuläre Untersuchung war im Jahr 1988 zu dem Ergebnis gekommen, daß das Tuch eine Fälschung aus dem Mittelalter sei. Drei verschiedene Proben, die von drei verschiedenen Instituten untersucht wurden, ergaben, daß das Tuch zwischen dem 13. und 15. Jahrhundert entstanden sein soll. Jetzt zeigten Forschungsergebnisse, daß die Probe, die damals dem Tuch entnommen wurde, *von einem aufgenähten Flicken* stammte, der nach Beschädigung des Tuches vermutlich *in Frankreich* angebracht wurde. Eine neue Untersuchung nach der C 14-Methode, die den radioaktiven Zerfall von Kohlenstoff zur Datierung sehr alter Fundstücke benutzt, ergab, daß *das Tuch etwa 2000 Jahre alt ist*. Seit dem Brand des Turiner Doms und der spektakulären Rettung des Tuches befindet es sich an einem geheimen Ort. Papst Johannes Paul II. hatte als erster Papst vor dem Leichentuch gebetet und dessen

Bedeutung dadurch betont. Verteidiger der Echtheitstheorie erklären seit Jahren, das Tuch *könne nur in Palästina gewebt worden sein, denn in dem Stoff fänden sich Pflanzenpollen, die so nur dort vorkommen.*"

Damit liegt nun der endgültige Beweis vor, was aber vermutlich nicht bedeutet, daß die Diskussion um diese einmalige Reliquie damit beendet ist. Das wäre auch nicht zu erwarten, denn die eingeschworenen Gegner und notorischen Zweifler haben schon zu viel Mühe, Geld, Zeit und Substanz investiert, um eine Kehrtwende zu vollziehen. Vom schmerzhaften Imageverlust ganz zu schweigen.

Im September 2000 hatte ich die Möglichkeit, das echte Grabtuch in Turin selber *aus der Nähe* zu begutachten und zu fotografieren. Wenn man bedenkt, daß man hier mit an Sicherheit grenzender Wahrscheinlichkeit den Mann aus Nazareth sieht, wie er unmittelbar nach der Kreuzigung aussah, so beschleicht einen schon ein Gefühl der Ehrfurcht - ein Empfinden, das man nicht vermitteln kann. War das der Mann, der sagte: „Liebet eure Feinde"? Ich betrachtete mir genau die Gesichtszüge, die eine starke Ruhe, vor allem völligen Frieden ausstrahlen. Man hat nicht den geringsten Eindruck, daß dieser Mann ein Zelot oder Verbrecher gewesen sein könnte, denn die Gesichtszüge deuten auf einen friedfertigen Menschen hin. Auch hat man nicht das Gefühl, daß dieser Mensch noch kurz zuvor die unvorstellbarsten Torturen durchlitten hat, wenn man dieses Gesicht sieht. Ich hatte viel Zeit, mir diesen Abdruck in Ruhe zu betrachten und bekam immer stärker das Gefühl, daß es sich hier um den Mann aus Nazareth handeln muß.

V

WIDERSPRÜCHE UND UMSTRITTENE STELLEN IN DEN EVANGELIEN

„Alle Schrift ist von Gott eingegeben..." (2.Timoth. 3,16)

Das ist es, was die meisten Christen behaupten und natürlich auch glauben. Die ganze Bibel ist Gottes originäres Wort, niedergeschrieben von ausgewählten heiligen Männern durch den heiligen Geist. Wenn wir also von diesem Sachverhalt ausgehen, so dürften sich natürlich in der ganzen Bibel *keine sich widersprechenden Texte finden lassen*, denn bei Gott sollte es keine Widersprüche geben. Da es aber trotzdem widersprüchliche Texte gibt, was ich belegen werde, dann ist die Bibel zwar grundsätzlich Gottes Wort, aber es sind zum Teil von den Autoren, die im Auftrag Gottes die Texte niederschrieben, Fehler begangen worden. Wohlgemerkt - menschliche Fehler und eventuell unbeabsichtigt. Ich denke, nur vor diesem Hintergrund kann man die Texte der Bibel interpretieren und verstehen, zumal diese Texte teilweise unter extremsten Bedingungen niedergeschrieben wurden.

Ein anderer Autor rein christlicher Bücher, der sich zu halbwegs kritischen Themen der Bibel äußerte, antwortete auf die Frage, warum sich die einzelnen Evangelien teilweise widersprechen: „Das muß so sein, denn nur so kann man davon ausgehen, daß jeder Autor seinen persönlichen Tatsachenbericht niederschrieb." Da hat der Mann natürlich nicht ganz unrecht, obwohl er anschließend an einigen Beispielen verzweifelt versuchte, widersprüchliche Passagen so umzudeuten, damit sie wenigstens einigermaßen Sinn machen. Aber leider geht das nicht so einfach, wie es sich dieser Christ vorstellt. Zumindest hat er jedoch damit indirekt zugegeben, daß eben doch nicht jedes einzelne Wort in den Evangelien von Gott so eingegeben wurde. Die andere Version wäre geradezu lächerlich. Stellen Sie sich vor, alle vier Evangelien hätten Wort für Wort den gleichen Text - das würde ebensowenig Sinn machen, denn wer möchte viermal hintereinander denselben Text lesen. Außerdem würde man dann behaupten, die biblischen Autoren hätten alle von einem einzigen Text abgeschrieben.

Sie sehen schon, es ist ein heikles Thema. Trotzdem sollten wir nicht, wie ich eingangs schrieb, den Kopf in den Sand stecken, sondern uns den Tatsachen stellen und dabei gerade *keinen* Zweifel am Glauben und an Gottes Weisheit aufkommen lassen. Wir müssen nur wissen, *was* wir glauben - und auf unbequeme Fragen auch Suchenden und Kritikern Antworten geben können, ohne in die Defensive getrieben zu werden. Die einzelnen Beweggründe, die mich veranlaßten, dieses Buch zu schreiben, habe ich bereits in der Einleitung dargelegt, und dazu stehe ich. Es wäre gut, wenn möglichst viele Menschen ihren Glauben trotz fragwürdiger Bibelstellen festigen. Bücher, die den Christen in seiner Meinung und Überzeugung ständig bestätigen, gibt es in Unmengen. Darum reiht sich das vorliegende Buch auch nicht in dieses ausgeschöpfte Umfeld ein. Bleibt also zu hoffen, daß möglichst viele Christen und manche »Noch-nicht-Christen« dieses Buch lesen, ihre Informationen und ihren Nutzen daraus ziehen, ihre teilweise anerzogene

Betrachtungsweise der Bibel überdenken, um dann erst recht selbstbewußt zu sagen: *Ich glaube!* - und wenn sie wollen, durchaus mit Stolz und etwas Trotz, *obwohl* es eben diese Widersprüche und Ungereimtheiten gibt! Ein Christ sollte eigentlich selbstbewußter und mutiger sein.

Inzwischen wird immer öfter in der Öffentlichkeit von Theologen, Bibelforschern und einfachen Christen darüber diskutiert, ob man denn aus der heutigen modernen Sicht noch an die Evangelien und die Beschreibung von Wundern glauben kann. Warum denn nicht? heißt hier die Frage. Allerdings muß man diese Evangelien so lesen, wie sie in der Bibel stehen - *mit* ihren Unterschieden und aus der Sichtweise der damaligen Zeit. Eine andere Möglichkeit macht wenig Sinn.

Eine aufschlußreiche Einleitung bei Lukas gibt uns einen bemerkenswerten Hinweis. In Lukas 1, 1-4 beginnt der Verfasser damit, zu bekunden, daß er, und andere Autoren des Neuen Testaments, *nicht selbst Augenzeugen des Wirkens Jesu waren*, sondern er (Lukas) sich auf *Erzählungen, die überliefert wurden* beruft. Ein Hinweis auf die inzwischen in weiten Kreisen vorherrschende Meinung, daß die Jünger die Evangelien nicht selbst geschrieben haben:

„Dieweil ja *viele* es unternommen haben, eine Erzählung von den Dingen, die unter uns völlig geglaubt werden, zu verfassen, *so wie es uns die überliefert haben, welche von Anfang an Augenzeugen* und Diener des Wortes gewesen sind, hat es auch mir gut geschienen, der ich allem von Anfang an genau gefolgt bin, es dir, vortrefflichster Theophilus, der

Reihe nach zu schreiben, auf daß du die Zuverlässigkeit der Dinge erkennest, in welchen du unterrichtet worden bist."

Wie ist jedoch die Anmerkung zu verstehen, „...der ich allem von Anfang an genau gefolgt bin..."? War Lukas doch Augenzeuge? Sicher nicht, denn er sagt unmißverständlich: „...so wie es uns die überliefert haben..."! Mit dem Wort »uns« schließt er sich also mit ein. Die Bemerkung: „...der ich allem von Anfang an genau gefolgt bin...", bezieht sich im Kontext offensichtlich auf die genannten Überlieferungen der vermutlich leibhaftigen Augenzeugen.

Aber selbst wenn eine Generation zwischen den Begebenheiten und den ersten Aufzeichnungen vergangen sein sollte, so wären die wesentlichen Dinge überliefert worden. Ob das aber auch für jedes Detail gilt, ist jedoch strittig.

Die Abstammung des Jesus von Nazareth

Hier sind wir schon bei den ersten widersprüchlichen Texten, denn Matthäus und Lukas sprechen hier von einer Abstammung, die deutlich voneinander abweicht. Also gab es wohl zwei Quellen. Beginnen wir mit Matthäus 1, 1-17, wobei anzumerken ist, daß es für die Juden zwingend notwendig ist, daß ihr Messias vom Geschlecht Davids abstammt. Die folgende Texte erfordern beim Lesern etwas Geduld, zeigen aber deutlich, wie wichtig den Juden die Abstammung Jesu war:

„Buch des Geschlechtes Jesu Christi, des Sohnes Davids, des Sohnes Abrahams. Abraham zeugte Isaak; Isaak aber zeugte Jakob, Jakob aber zeugte Juda und seine Brüder; Juda aber zeugte Phares und Zara von der Thamar; Phares aber zeugte Esrom, Esrom aber zeugte Aram, Aram aber zeugte Aminadab, Aminadab aber zeugte Nahasson, Nahasson aber zeugte Salmon, Salmon aber zeugte Boas von der Rahab; Boas aber zeugte Obed von der Ruth; Obed aber zeugte Isai, Isai aber zeugte David, den König. David aber zeugte Salomon von der, die Urias Weib gewesen; Salomon aber zeugte Roboam, Roboam aber zeugte Abia, Abia aber zeugte Asa, Asa aber zeugte Josaphat, Josaphat aber zeugte Joram, Joram aber zeugte Osia, Osia aber zeugte Joatham, Joatham aber zeugte Achas, Achas aber zeugte Ezekia, Ezekia aber zeugte Manasse, Manasse aber zeugte Amon, Amon aber zeugte Josia, Josia aber zeugte Jechonia und seine Brüder um die Zeit der Wegführung nach Babylon. Nach der Wegführung nach Babylon aber zeugte

Jechonia Salathiel, Salathiel aber zeugte Zorobabel, Zorobabel aber zeugte Abiud, Abiud aber zeugte Eliakim, Eliakim aber zeugte Asor, Asor aber zeugte Zadok, Zadok aber zeugte Achim, Achim aber zeugte Eliud, Eliud aber zeugte Eleasar, Eleasar aber zeugte Matthan, Matthan aber zeugte Jakob, Jakob aber zeugte Joseph, den Mann der Maria, von welcher Jesus geboren wurde, der Christus genannt wird. So sind nun alle Geschlechter von Abraham bis auf David vierzehn Geschlechter, und von David bis zu der Wegführung nach Babylon vierzehn Geschlechter, und von der Wegführung von Babylon bis auf den Christus vierzehn Geschlechter."

Bei Lukas 3, 23-38 liest sich diese Abstammung völlig anders: „Und er selbst, Jesus, begann ungefähr dreißig Jahre alt zu werden, und war, *wie man meinte*, ein Sohn des Joseph, des Eli, des Matthat, des Levi, des Melchi, des Janna, des Joseph, des Mattathias, des Amos, des Nahum, des Esli, des Naggai, des Maath, des Mattathias, des Semei, des Joseph, des Juda, des Johannes, des Resa, des Zorobabel, des Salathiel, des Neri, des Melchi, des Addi, des Kosam, des Elmodam, des Er, des Joses, des Elieser, des Jorim, des Matthat, des Levi, des Simeon, des Juda, des Joseph, des Jonan, des Eliakim, des Melea, des Menna, des Mattatha, des Na-than, des David, des Isai, des Obed, des Boas, des Salomon, des Nahasson, des Aminadab, des Aram, des Esrom, des Phares, des Juda, des Jakob, des Isaak, des Abraham, des Thara, des Nachor, des Seruch, des Rhagau, des Phalek, des Eber, des Sala, des Kainan, des Arphaxad, des Sem, des Noah, des Lamech, des

Methusala, des Enoch, des Jared, des Maleleel, des Kainan, des Enos, des Seth, des Adam, des Gottes."

Bei Matthäus kommen insgesamt sechsundvierzig verschiedene Männer- und Frauennamen vor. Bei Lukas sind es fünfundsiebzig - Gott nicht mitgezählt. Bei Lukas kommen Frauennamen nicht vor. Warum das bei Matthäus anders ist, wissen wir nicht. Trotzdem ein deutlicher Unterschied, wie man feststellt. Der interessierte Leser kann die Namenslisten gerne selbst vergleichen. Wenn es sich also um Gottes Eingebung handelt, wie sind dann diese Unterschiede zu erklären? Eines scheint sicher, Lukas hat an dieser Stelle nicht von Matthäus abgeschrieben. Er ist anderen Berichten gefolgt. Er schien sich seiner Quelle auch nicht so sicher zu sein, sonst hätte er vermutlich zu Beginn nicht gesagt: „...wie man meinte..."!

Die Geburt des Herrn bei Matthäus und Lukas

Auch die Geburt Jesu wird ebenso wieder nur von Matthäus und Lukas geschildert. Die anderen Evangelien erwähnen sie mit keinem Wort! Der Text von Lukas, der uns auch die klassische Weihnachtsgeschichte verkündet - vermutlich eine fromm verklärte Erzählung der Geburt Jesu, ist deutlich nüchterner verfaßt als der Bericht von Matthäus. Matthäus erzählt uns in knappen Worten von dem Ereignis, bei denen wir uns hier nur auf die wesentlichen Passagen beschränken: „Die Geburt Jesu Christi war aber also: Als nämlich Maria, seine Mutter, dem Joseph verlobt war, wurde sie, *ehe sie zusammengekommen waren*, schwanger erfunden von dem heiligen Geiste. Joseph aber, *ihr Mann, indem er gerecht war und sie nicht öffentlich zur Schau stellen wollte, gedachte sie heimlich zu entlassen.* Indem er aber solches bei sich überlegte, siehe, da erschien ihm ein Engel des Herrn im Traum und sprach: Joseph, Sohn Davids, fürchte dich nicht, Maria, dein Weib, zu dir zu nehmen; denn das in ihr Gezeugte ist von dem Heiligen Geiste. Und sie wird einen Sohn gebären, und du sollst seinen Namen Jesus heißen; denn er wird sein Volk erretten von ihren Sünden (...) Als aber Jesus zu Bethlehem in Judäa geboren war, in den Tagen Herodes, des Königs, siehe, da kamen Magier vom Morgenlande nach Jerusalem, welche sprachen: Wo ist der König der Juden, der geboren worden ist? (...) Dann berief Herodes die Magier heimlich und erforschte genau von ihnen die Zeit der Erscheinung des Sternes; und er sandte sie nach Bethlehem und sprach: Ziehet hin und forschet genau nach dem Kindlein (...) Und siehe, der Stern, den sie im Morgenlande gesehen hatten, *ging vor ihnen her*, bis er kam und oben *über dem Orte stand*, wo das Kindlein war (...) und sie taten ihre Schätze auf und opferten ihm Gaben: Gold und Weihrauch und Myrrhe. Und als sie im Traum eine göttliche Weisung empfangen hatten, nicht wieder zu Herodes zurückzukehren, zogen sie auf einem anderen Wege hin in ihr Land. Als sie aber hingezogen waren, siehe, *da erscheint ein Engel des Herrn dem Joseph im Traum und spricht: Stehe auf, nimm das Kindlein und seine Mutter zu dir und fliehe nach Aegypten, und sei daselbst, bis ich es dir sage*; denn Herodes wird das Kindlein suchen, um es umzubringen (...) Da ergrimmte Herodes sehr, als er sah, daß er von den Magiern hintergangen worden war; und er sandte hin *und ließ alle Knaben töten, die in ganz Bethlehem und in allen seinen Grenzen waren, von zwei Jahren und darunter*, nach der Zeit, die er von den Magiern genau erforscht hatte." Eine grauenvolle Tat, die Gott selbst bei den Ägyptern vollzog!

Bevor wir auf diese Schilderung genauer eingehen, sollten wir zum direkten Vergleich Auszüge aus dem Text des Lukas lesen:

„Es geschah aber in jenen Tagen, daß eine Verordnung vom Kaiser Augustus ausging, den ganzen Erdkreis einzuschreiben... Es ging aber auch Joseph von Galiläa, aus der Stadt Nazareth, hinauf (...) um sich einschreiben zu lassen mit Maria, *seinem verlobten Weibe, welche schwanger war*. Und es geschah, als sie daselbst waren, wurden ihre Tage erfüllt, daß sie gebären sollte; und sie gebar ihren erstgeborenen Sohn und wickelte ihn in Windeln und legte ihn in eine Krippe, weil in der Herberge kein Raum für sie war. Und es waren Hirten in selbiger Gegend, die auf freiem Felde blieben und des Nachts Wache hielten über ihre Herde. Und siehe, ein Engel des Herrn stand bei ihnen, und die Herrlichkeit des Herrn umleuchtete sie, und sie fürchteten sich mit großer Furcht. Und der Engel sprach zu ihnen: Fürchtet euch nicht, denn siehe, ich verkündige euch große Freude, die für das ganze Volk sein wird; denn euch ist heute, in Davids Stadt, ein Erretter geboren, welcher ist Christus der Herr (...) *Und plötzlich war bei dem Engel eine Menge der himmlischen Heerscharen,* welche Gott lobten und sprachen: Herrlichkeit Gott in der Höhe, und Friede auf Erden, an den Menschen ein Wohlgefallen!" Kurze Zeit später lesen wir die *einzige* Stelle, wo über ein Kindheitserlebnis des kleinen Jesus geschildert wird: „Und es geschah, nach drei Tagen fanden sie ihn (Jesus) im Tempel, wie er inmitten der Lehrer saß und ihnen zuhörte und sie befragte. *Alle aber, die ihn hörten, gerieten außer sich über sein Verständnis und seine Antworten.* Und als sie ihn sahen, erstaunten sie; und seine Mutter sprach zu ihm: Kind, warum hast du uns also getan? siehe, dein Vater und ich haben dich mit Schmerzen gesucht. Und er sprach zu ihnen: Was ist es, daß ihr mich gesucht habt? Wußtet ihr nicht, daß ich in dem sein muß, was meines Vaters ist?"

Was sind die Unterschiede zwischen den Berichten von Matthäus und Lukas? Von Widersprüchen kann man durchaus sprechen. Bei Matthäus wird Jesus in einem Haus geboren, welches eventuell sogar Joseph gehört haben könnte.

173

Lukas behauptet jedoch, Jesus sei in einer Krippe in einem Stall geboren worden, der wohl hinter der besagten Herberge stand. Eine romantische, religiös verklärte Schilderung?

Bei Matthäus war Joseph von Marias Schwangerschaft scheinbar peinlich berührt, denn er dachte wohl, sie habe ihn betrogen: „...wurde sie, ehe sie zusammengekommen waren, schwanger erfunden..." Dann: „indem er gerecht war und sie nicht öffentlich zur Schau stellen wollte (was eine Steinigung bedeuten konnte - D.A.), gedachte sie heimlich zu entlassen..." Erst als der Engel Joseph im Traum erschien, kam der Gesinnungswandel - von einer Trennung war dann keine Rede mehr. Im Widerspruch dazu steht der Text des Lukas. Dort scheint es für Joseph durchaus selbstverständlich zu sein, daß seine Verlobte schwanger war: „...um sich einschreiben zu lassen mit Maria, seinem verlobten Weibe, welche schwanger war..." Es erschien Joseph auch kein Engel im Traum, der ihn über eine überirdische Art der Schwangerschaft in Kenntnis setzte.

Sonst gibt es keine weiteren Widersprüche, jedoch sehr deutliche Abweichungen, bzw. Unterlassungen. Bei Matthäus und Lukas lesen wir von Herodes. Nur bei Matthäus auch von Kaiser Augustus. Bei Matthäus folgen die Magier bzw. Sterndeuter einem leuchtenden Objekt, welches vor ihnen herflog und dann über dem Geburtshaus stehenblieb. Die Magier opferten ihre Schätze und verließen das Land auf Umwegen, damit der grausame Herodes nichts von dem geheimen Geburtsort erfuhr. Weiterhin erscheint ein Engel und drängt Joseph, mit seiner

Familie nach Ägypten zu fliehen - was er dann auch tat. Inzwischen ließ Herodes im Großraum Jerusalem sämtliche Knaben unter zwei Jahren ermorden. Warum war die Angst vor einem Kleinkind so groß?

Bei Lukas erfahren wir eine völlig andere Version, die offensichtlich deutlich das Geschehen verherrlichen soll. Hier wird Jesus fast »romantisch« in einer Krippe im Stall geboren. Die Hirten auf den Feldern hatten strahlende Engelsvisionen, die ihre frohe Botschaft verkündeten. Lukas spricht sogar von himmlischen Heerscharen, was ein atemberaubendes Schauspiel gewesen sein muß. Joseph erscheint auch *kein* Engel im Traum, wie bei Matthäus. Er war wohl sicher, der Vater des Kindes zu sein. Die Engel verkünden einen Retter, der gerade geboren wurde. Dieser Retter und Erlöser wurde von den Juden lange ersehnt. Vermutlich (falls es diese himmlischen Heerscharen zu diesem Zeitpunkt überhaupt gab) wurde dies von den Juden als die langersehnte Befreiung von der Knechtschaft der Römer gewertet. Bei Lukas gab es auch keinen Herodes, der alle Knaben unter zwei Jahren ermorden ließ. Man kann sich nur sehr wundern, daß ein solch einschneidendes Ereignis nicht auch bei anderen Autoren der Bibel Erwähnung findet.

Wie man sieht, gibt es nicht nur Widersprüche, sondern auch erhebliche Abweichungen, die man zur Kenntnis nehmen muß. Man kann hier auch nicht von zwei sich ergänzenden Berichten reden, was oftmals angeführt wird, denn dazu sind die Geschehnisse zu unterschiedlich - wie z.B. der furchtbare Kindesmord oder das helle Objekt über dem Geburtsort sowie die Heerscharen himmlischer Engel.

Davon hätten unzählige andere Menschen ebenfalls Kenntnis haben müssen Und diese Berichte hätte man mit Sicherheit immer wieder erzählt und letztlich auch aufgeschrieben, aber nur Lukas berichtet davon. Was ist wohl tatsächlich geschehen?

Sehr interessant ist allerdings der Hinweis bei Lukas über den kleinen Jesus im Tempel von Jerusalem. Sollte diese Episode auf Tatsachen beruhen, wobei kein Grund besteht, daran zu zweifeln, dann stellte uns Gottes Sohn schon in sehr jungen Jahren seine bereits erwähnten »überirdischen« Fähigkeiten unter Beweis.

Was in der Zeit bis zu seinem ersten öffentlichen Auftritt geschah, verrät uns die Bibel leider nicht. Aus späteren Aussagen Jesu läßt sich aber eindeutig ableiten, daß er mit den Texten und Prophetien des Alten Testaments bestens vertraut war. Er mußte vermutlich viele Jahre diese alten Manuskripte intensiv studiert haben - oder Gott hat sie ihm eingegeben. Manche Bibelforscher vermuten, daß Jesus in dieser Zeit bei der Sekte der Essener gewesen sein könnte. (Die Betonung des Namens Essener liegt auf dem zweiten »e« - D.A.). Die Essener waren in der Wüste lebende Asketen. Wie wir wissen, haben sie die alten Texte vervielfältigt und bewahrt. Zum Schluß haben sie ihre Manuskripte in Tonkrüge gesteckt und in den umliegenden Höhlen vor den Römern versteckt. Einer anderen Theorie zufolge, die wir noch erläutern werden, hielt sich Jesus im Ausland auf. Da die Essener in strahlend weiße Gewänder gekleidet waren, glauben einige Bibelforscher, daß sie oftmals mit Engeln verwechselt wurden, wenn man sie manchmal sah. Somit eventuell auch bei der Auferstehungsgeschichte, als dort von Männern in weißen Gewändern die Rede ist. Auch ob Jesus als gelernter Zimmermann oder Handwerker gearbeitet hat, bleibt uns verborgen, obwohl es sehr wahrscheinlich ist. Das erinnert mich an eine Episode aus dem grandiosen Monumentalfilm »Ben Hur«, der mit insgesamt elf Oscars ausgezeichnet wurde. Dort kommt ein Jude zu Joseph in die Werkstatt, um zu fragen, ob sein Tisch fertig sei. Da er dessen Sohn Jesus nicht bei der Arbeit sieht, fragt er Joseph, ob sich sein Sohn vor der Arbeit drücke, worauf Joseph vieldeutig antwortet: „...er arbeitet..." Gemeint war natürlich die Arbeit als Verkünder und Prediger der frohen Botschaft unter den Landsleuten. Darauf verließ der besagte Jude kopfschüttelnd und verwirrt Josephs Werkstätte. Eine der wunderbaren Szenen dieses Meisterwerkes der Filmgeschichte.

Aus der Bibel erfahren wir auch von seinen Geschwistern (Matthäus 13, 55-56): „Ist dieser nicht der Sohn des Zimmermanns? Heißt nicht seine Mutter Maria, und seine Brüder Jakobus und Joseph und Simon und Judas? Und seine Schwestern, sind sie nicht alle bei uns?" Jesus hatte also eine recht große Familie. Wie er allerdings zu seinen Geschwistern stand, bzw. diese zu ihm, bleibt uns weitestgehend verborgen. Jesus hatte seine Mission und kümmerte sich vermutlich nicht sonderlich um die Belange seiner Familie. In gewisser Hinsicht war er wohl auch ein etwas exzentrischer Einzelgänger. Er schien sich nur auf seine göttliche Mission zu konzentrieren.

Die Wunder Jesu in den Evangelien

Was aber ist ein Wunder? Oftmals sprechen wir in unserer Zeit von einem Wunder, meinen damit aber nur eine außergewöhnliche Begebenheit: „Ein Wunder, daß ich das Flugzeug noch in letzter Sekunde erwischt habe...", oder „Ein Wunder, daß ich dieses schon fast verlorene Tennis-Match noch rumreißen konnte..." usw. - Sie wissen, was ich meine. Biblische Wunder dagegen sind eindeutig übernatürlicher und überirdischer Natur und entziehen sich jedem Erklärungsversuch. Hier sind höhere Mächte mit im Spiel - entweder Gott oder Satan, der ja laut Bibel auch als Engel des Lichtes auftreten kann, um scheinbar Gutes zu tun. Von den unzähligen Wundern des Alten Testaments gibt es einen Unterschied zu den Wundern von denen, die Evangelien über Jesus Christus berichten. Jesus vollbrachte Wunder aus zwei Gründen. Er wollte dadurch seinen Anspruch als Gottes Sohn dokumentieren und auf der anderen Seite die Wunder als Symbol für die christliche Glaubensrichtung sehen. Bei Lukas (13, 10-14) heilt Jesus z.B. eine Frau, die offensichtlich nicht nur einen »schwachen Geist«, sondern auch einen »krummen Rücken« hatte und unfähig war, sich aufzurichten. Diese Heilung zeigt die außergewöhnlichen Fähigkeiten des Herrn, sagt uns aber gleichzeitig, daß wir in aufrechter Haltung im Glauben stehen sollten. Wenn Jesus Tote erweckte, was er mehrmals tat, so nimmt er uns nicht nur die Angst vor dem Tod, sondern sagt uns damit, daß alle, die an ihn glauben „den Tod nicht schmecken werden", wie es in der Bibel heißt. Es gibt natürlich noch weitere Wundertaten, die uns gleichzeitig eine christliche Haltung oder Botschaft verkünden.

Bei vielen der Wunder ist scheinbar außer der Übernatürlichkeit und des Gottessohn-Anspruchs keine sog. Botschaft damit verbunden. Die Jungfrauengeburt ist, wenn man so will, das erste Wunder, wird hier aber nicht zu den klassischen Wundern Jesu gezählt. Das Wunder aller Wunder war natürlich die Auferstehung Jesu nach drei Tagen von den Toten, die jedoch in diesem Buch noch ein gesondertes Kapitel einnehmen wird.

Jesus macht uns auch klar, daß nicht er selbst die Wunder vollbringt, sondern zusammen mit Hilfe seines Vaters im Himmel. In Johannes 14, 10-11 lesen wir:

„Die Worte, die ich zu euch rede, rede ich nicht von mir selbst; *der Vater aber, der in mir bleibt, er tut die Werke. Glaubet mir, daß ich in dem Vater bin und der Vater in mir ist; wenn aber nicht, so glaubet mir um der Werke selbst willen.*"

Ohne den himmlischen Vater also keine Wunder! Dann versucht Jesus seinen Gottesanspruch den Ungläubigen gegenüber zu beweisen, indem er auf die Werke, also Wundertaten, verweist. Es gibt in den Evangelien eine ganze Menge an Wundergeschichten. Es scheint aber laut Johannes noch wesentlich mehr gegeben zu haben, denn am Ende des Evangeliums sagt er:

„Es sind aber auch viele andere Dinge, die Jesus getan hat, und wenn diese alle einzeln niedergeschrieben würden, so würde, dünkt mich, selbst die Welt die geschriebenen Bücher nicht fassen."

An dieser Stelle übertreibt der gute Johannes sicher erheblich, um in gutgläubiger Absicht die ohnehin schon unglaublichen Taten seines Herrn noch zu vergrößern. Die *Himmelfahrt* Jesu ist sein letztes Wunder auf Erden gewesen, als er noch unter den Menschen weilte. Nur bei Markus und Lukas lesen wir es so. Bei Markus wird Jesus »in den Himmel aufgenommen«, bei Lukas wird er zum Schluß »hinaufgetragen in den Himmel«, was natürlich die jeweils gleiche Begebenheit beschreibt.

Das spektakulärste aller Wunder finden wir seltsamerweise *nur* im umstrittenen Johannes-Evangelium. Die Rede ist von der Auferweckung des Lazarus von den Toten, denn Lazarus lag schon vier Tage in der Gruft und »roch schon«. Da wir hier nicht alle Wunder im vollen Bibeltext wiedergeben können, sollten wir jedoch wenigstens diese Geschichte lesen, die selbst Jesus so bewegte, daß er weinte. Es ist auch noch immer eine Streitfrage unter Theologen, ob dieses Wunder real war oder Johannes die Taten seines Meisters vergrößern wollte. Ich möchte Sie bitten, zu den verschiedenen Themen dieses Buches - auch bei den Wunderberichten - *immer auch die Originaltexte in der Bibel zu lesen*, sofern sie hier nicht komplett abgedruckt sind. Nehmen Sie sich hierfür Zeit und eine möglichst *genaue* Bibelübersetzung. Doch zurück zu der Geschichte um Lazarus (Johannes 11, 11-44):

„Dies sprach er, und danach sagt er zu ihnen: Lazarus, unser Freund, ist eingeschlafen; aber ich gehe hin, auf daß ich ihn aufwecke. Da sprachen die Jünger zu ihm: Herr, wenn er eingeschlafen ist, so wird er geheilt werden. Jesus aber hatte von seinem Tod gesprochen; sie aber meinten, er rede von der Ruhe des Schlafes. Dann nun sagte ihnen Jesus gerade heraus: Lazarus ist gestorben; und ich bin froh um euretwillen, daß ich nicht dort war, auf daß ihr glaubet; aber laßt uns zu ihm gehen. Da sprach Thomas, der Zwilling genannt ist, zu den Mitjüngern: Laßt auch uns gehen, auf daß wir mit ihm sterben.

Als nun Jesus kam, fand er ihn schon vier Tage in der Gruft liegen. Bethanien aber war bei Jerusalem, etwa fünfzehn Stadien weit; und viele von den Juden waren zu Martha und Maria gekommen, auf daß sie dieselben über ihren Bruder trösteten. Martha nun, als sie hörte, daß Jesus komme, ging ihm entgegen. Maria aber saß im Hause. Da sprach Martha zu Jesu: Herr, wenn du hier gewesen wärest, so wäre mein Bruder nicht gestorben; auch jetzt weiß ich, daß, was irgend du von Gott bitten magst, Gott dir geben wird. Jesus spricht zu ihr: Dein Bruder wird auferstehen. Mar-tha spricht zu ihm: Ich weiß, daß er auferstehen wird in der Auferstehung am letzten Tage. Jesus sprach zu ihr: *Ich bin die Auferstehung und das Leben; wer an mich glaubt, wird leben, auch wenn er gestorben ist; und jeder, der da lebt und an mich glaubt, wird nicht sterben in Ewigkeit.* Glaubst du dies? Sie spricht zu ihm: Ja, Herr, ich glaube, daß du der Christus bist, der Sohn Gottes, der in die Welt kommen soll. Und als sie dies gesagt hatte, ging sie hin und rief ihre Schwester Maria heimlich und sagte: Der Lehrer ist da und ruft dich. Als jene es hörte, steht sie schnell auf und geht zu ihm. Jesus aber war noch nicht in das Dorf gekommen, sondern war an dem Orte, wo Maria ihm begegnet war. Als nun die Juden, die bei ihr im Hause waren und sie trösteten sahen, daß Maria schnell aufstand und hinausging, folgten sie ihr, indem sie sagten: Sie geht zur Gruft, auf daß sie daselbst weine. Als nun Maria dahin kam, wo Jesus war, und ihn sah, fiel sie ihm zu Füßen und sprach zu ihm: Herr, wenn du hier gewesen wärest, so wäre mein Bruder nicht gestorben. Als nun Jesus sie weinen sah, und die Juden weinen, die mit ihr gekommen waren, seufzte er tief im Geist und erschütterte sich und sprach: Wo habt ihr ihn hingelegt? Sie sagten zu ihm: Herr, komm und sieh! *Jesus vergoß Tränen.* Da sprachen die Juden: Siehe, wie lieb hat er ihn gehabt! Etliche von ihnen aber sagten: Konnte dieser, der die Augen des Blinden auftat, nicht machen, daß auch dieser nicht gestorben wäre? Jesus nun, wiederum tief in sich selbst seufzend, kommt zur Gruft. Es war aber eine Höhle, und ein Stein lag darauf. Jesus spricht: Nehmet den Stein weg. Die Schwester des Verstorbenen, Martha, spricht zu ihm: Herr, er riecht schon, denn er ist vier Tage hier. Jesus spricht zu ihr: Habe ich dir nicht gesagt, wenn du glauben würdest, so würdest du die Herrlichkeit Gottes sehen? Sie nahmen nun den Stein weg. Jesus aber hob die Augen empor und sprach: Vater, ich danke dir, daß du mich erhört hast. Ich aber wußte, daß du mich allezeit erhörst; doch um der Volksmenge willen, die umhersteht, habe ich es gesagt, auf daß sie glauben, daß du mich gesandt hast. Und als er dies gesagt hatte, rief er mit lauter Stimme: Lazarus, komm heraus! *Und der Verstorbene kam heraus*, an Füßen und Händen mit Grabtüchern gebunden, und sein Gesicht war mit einem

Schweißtuch umbunden. Jesus spricht zu ihnen: Löset ihn auf und laßt ihn gehen." Seltsam ist nur, daß Jesus nicht wußte, wo er lag.

Es geht hier nicht darum, die Wunder Jesu zu widerlegen, noch sie in Zweifel zu ziehen. Entweder man glaubt an diese Wunder, oder man hält sie für orientalische Märchenberichte. Für mich steht fest, daß sich die meisten dieser Wunder so oder ähnlich zugetragen haben, sonst hätten die Autoren nicht mit so viel Inbrunst und Liebe zum Detail diese phantastischen Vorgänge geschildert. Hinzu kommt, daß vermutlich noch die letzten Augenzeugen gelebt haben, als die ersten Berichte aufgeschrieben wurden - was allerdings nicht zu beweisen ist. Wenn man sich die Texte genau durchliest, spürt man, daß es sich hierbei um Tatsachenberichte handeln muß, auch wenn sie mit Sicherheit in vieler Hinsicht verklärt und ausgeschmückt dargestellt wurden, um die Einzigartigkeit der Wunder zu unterstreichen. Die gesamten Bibeltexte zeigen, daß die Juden zu Zeiten des Alten und Neuen Testaments keine Autoren waren, die sich mit knappen, sachlichen Fakten begnügten. Viele Texte und Begebenheiten wurden breit angelegt und recht redundant niedergeschrieben, aber das sind manche Geschichtsbücher der Neuzeit auch! Dennoch lassen die alten Berichte trotz vieler Ungereimtheiten und Widersprüche nie den Eindruck entstehen, daß es sich um Phantastereien handelt. Sicher konnten die alten Juden (vor allem im Alten Testament) manch unglaubliche Erscheinungen und Erlebnisse nur mit den ihnen damals zur Verfügung stehenden Worten *aus der Denkweise der damaligen Zeit* weitergeben. Das sollten wir nicht vergessen! Aber es gibt keinen Grund, die Geschehnisse des Neuen Testaments allesamt als Lügengeschichten hinzustellen.

Was den Bericht über die Auferweckung des Lazarus betrifft, so sind die zutiefst menschlichen Gefühlsregungen Jesu sehr beeindruckend. Man spürt, wie er mit den Freunden und Angehörigen mitleidet und Anteil nimmt. Gerade deshalb hat gerade dieses Wunder für viele Gläubige auch seinen besonderen Stellenwert.

Ein ganz anderer Aspekt der Wunder im Neuen Testament ist die Tatsache, daß »moderne« Theologen und Exegeten die Wunder Jesu leider völlig umdeuten. Für sie sind es symbolische Taten und Gleichnisse, die eine bestimmte Glaubensvorstellung verdeutlichen sollten. Demnach hat Jesus also keine Aussätzigen, Blinden oder Gelähmten geheilt, sondern ihre vielfältigen Gebrechen als Strafe Gottes für ihre Sünden erklärt. Die Wunder zu verwerfen ist absurd, da es einfach zu viele Zeugen gab. Unter Theologen befinden sich inzwischen auch Menschen, die Jesus lediglich als eine Art Kenner verschiedener Naturheilverfahren definieren. Deshalb zweifeln viele Theologen auch die Erweckung des Lazarus von den Toten an, da nur Johannes davon berichtet. Andere Wunder werden dann als reine Erfindung, Märchenerzählungen und psychosomatische Phänomene abgetan. Diese Ansicht macht wenig Sinn. Nur weil wir nicht in der Lage sind, übernatürliche Phänomene zu erklären, bedeutet dies noch lange nicht, daß es sie nicht tatsächlich gab und noch gibt.

Die Auferweckung des Lazarus,
von Rembrandt genial gemalt (Bildausschnitt).

Was allerdings seltsam erscheint, sind einige Details, die einem bei genauem Lesen der Texte über die Wunder auffallen. An einigen Stellen werden Menschen geheilt, indem sie lediglich das Gewand Jesu berührten. An anderer Stelle (wie oben bei dem Blinden) muß Jesus zu »Hilfsmitteln« greifen, um einen Patienten zu heilen. Bei anderen schwer Erkrankten oder sogar Verstorbenen reicht schon ein Wort von ihm, und die Person ist wieder lebendig. Das erscheint doch recht seltsam, läßt sich aber wohl kaum befriedigend erklären. Trotzdem drängt sich mir beim Lesen dieser Texte immer wieder die Frage auf, wie diese Sachverhalte zu erklären sind? Manches ergibt einfach keinen Sinn, aber ist das bei echten *Wundern* überhaupt relevant? Wir leben eben in einer Welt, wo wir auf alle Fragen eine Antwort suchen.

Jesus hat eine Menge Wunder vollbracht, und wie wir gelesen haben, sind noch nicht einmal alle Begebenheiten aufgeschrieben worden. Schauen wir uns die vier Evangelien genauer an. Die gesamten Wunder zu Lebzeiten sind hier chronologisch aufgelistet und können durch die angeführten Bibelstellen eingehender nachgelesen werden, was ich zum besseren Verständnis grundsätzlich empfehle.

Die Wunder bei Matthäus: Jesus heilt *viele Kranke* (4, 23-25), ein Aussätziger (8, 2), ein Gelähmter (8, 6), eine Fieberkranke (8, 14), mehrere Besessene und Leidende (8, 16), er beruhigt Sturm und Wasser (8, 26), zwei Besessene, wobei Dämone ausgetrieben wurden, die dann in Schweine fuhren (8, 32), ein Gelähmter (9, 6), ein zwölfjähriges Mädchen, die unter »Blutflüssigkeit« litt (9, 22), er erweckt eine Tote (9, 25-26), zwei Blinde (9, 29-30), ein Stummer / Besessener, der von einem Dämon befallen ist (9, 32-33), »er heilte jede Krankheit« (9, 35), er übergibt seinen Jüngern die Macht, unreine Geister auszutreiben (10, 1), er heilt eine verdorrte Hand am heiligen Sabbath, was stets zu Diskussionen mit der Priesterschaft führte (12, 13), er heilte »Schwache« (14, 14), er speist fünftausend Männer sowie deren Frauen und Kinder - alle wurden satt (14, 19-20), er wandelt auf dem Wasser, bzw. See (14, 25-26), eine besessene Frau (15, 28), er heilt »viele« Kranke (15, 30), er speist viertausend Männer, deren Frauen und Kinder (15, 36-37), er »zaubert« ein Geldstück (Stater) in das Maul eines Fisches (17, 24-27), und Jesus heilt zwei Blinde (20, 34).

Die Wunder bei Markus: Jesus befreit einen Menschen von einem »unreinen Geist« (1, 23-26), eine fieberkranke Frau (1, 30-31), er heilt »viele Leidende« (1, 32-34), ein Aussätziger (1, 40-42), ein Gelähmter (2, 3-12), er heilt eine verdorrte Hand - wie bei Matthäus ebenfalls am heiligen Sabbath mit den oben genannten Schwierigkeiten (3, 1-6), er erteilt auch hier den Jüngern die Macht zu heilen - es ist hier jedoch nicht die Rede vom Austreiben von Geistern (3, 13-16), er beruhigt Wind und See (4, 39-40), er befreit einen Menschen von einem »unreinen Geist« - die Dämone fahren in eine Schweineherde (5, 12-13), er heilt eine sterbende Tochter (5, 23-30), er heilt eine Frau von »einer Plage« (5, 34), er erweckt ein zwölf- jähriges Mädchen von den Toten (5, 39-42), er speist fünftausend Männer - von Frauen und Kindern ist hier nicht die Rede (6, 41-44), Jesus wandelt auf dem Wasser, bzw. See (6, 48), er heilt »viele« Kranke (6, 56), er treibt einem Töchterchen mit unreinem Geist einen Dämon aus (7, 25-30), an dieser Stelle wird das Wunder einer Speisung der Jünger nur angedeutet (8, 14-21), er heilt einen Blinden, indem er ihm in die Augen spuckt (8, 22-26), und Jesus heilt einen Sohn mit einem »stummen Geist«, indem er den unreinen Geist austreibt (9, 20-27).

Die Wunder bei Lukas: Jesus heilt einen Mann »mit einem Geist eines unreinen Dämons« - der Dämon fuhr aus (4, 33-35), er heilt eine Schwiegermutter mit Fieber (4, 38-39), Jesus heilte viele Menschen, »die man ihm brachte« (4, 40-41), er füllte die Netze der Fischer mit Fischen, »bis sie untergingen« (5, 4-8), er heilt einen Aussätzigen (5, 12-14), er heilt einen Knecht, der im Sterben lag (7, 2-10), er erweckt einen toten Jüngling (7, 12-15), er heilt »viele Kranke« (7, 21-22), er stillt Sturm und Wasser (8, 24), er treibt Dämonen aus einem Mann aus, die dann in Schweine fahren (8, 27-33), er heilt eine Zwölfjährige von »Blutfluß« (8, 43-48), Jesus erweckt eine Tochter von den Toten (8, 49-56), er speist fünftausend Mann - von Frauen und Kindern ist nicht die Rede (9, 11-17), Jesus treibt einen Dämon aus einem »von unreinen Geist« Besessenen aus (9, 38-42), er befähigt »siebenzig« dazu, Kranke zu heilen und Dämonen auszutreiben (10, 1-20), Jesus treibt einen Dämon aus einem Stummen aus (11, 14), Jesus heilt eine Frau mit »schwachem Geist«, die unfähig ist, sich aufzurichten - also offensichtlich einen krummen Rücken hat (13, 10-14), er heilt einen Wassersüchtigen

(14, 2-5), er heilt zehn aussätzige Männer (17, 12-15), er heilt einen Blinden (18, 35-43), und Jesus heilt das abgeschlagene Ohr eines Kriegers bei seiner Gefangennahme (22, 50-52).

Die Wunder bei Johannes: Jesus verwandelt auf der Hochzeit von Kana Wasser in Wein (2, 1-9), er heilt den Sohn eines Beamten, der im Sterben liegt (4, 46-52), Jesus heilt einen Kranken, der schon seit achtunddreißig Jahren bettlägerig ist (5, 5-9), er speist fünftausend Männer - von Frauen und Kindern ist keine Rede (6, 10-14), Jesus heilt einen Blinden mit einem Brei aus Spucke und Erde, den er ihm auf die Augen strich und sagte: „Gehe hin, wasche dich in dem Teiche Siloam." Darauf wurde der Blinde sehend (9, 1-7), Jesus weckt Lazarus von den Toten auf, nachdem dieser schon vier Tage in der Gruft lag und die Angehörigen sagten: „Herr, er riecht schon..." (11, 11-44), nach seiner Auferstehung betritt Jesus einen Raum, in dem die Jünger waren, ohne durch die Tür zu kommen. Er »materialisierte« sich scheinbar aus dem Nichts mitten in diesem Raum (20, 19-20), und Jesus sagt den Jüngern nach erfolglosem Fischfang, sie sollen ihre Netze auf der rechten Seite des Schiffes auswerfen. Darauf fingen sie so viele Fische, »daß sie nicht vermochten, sie zu ziehen«.

Anhand dieser Auflistung ergeben sich folgende Zahlen:

Matthäus: 17 einzeln definierte Wunder. 4 allgemein beschriebene« Wundertaten. Ein Übertrag der Heilfähigkeit an die Jünger.

Markus: 15 einzeln definierte Wunder. 2 allgemein beschriebene Wundertaten. Ein Übertrag der Heilfähigkeit an die Jünger.

Lukas: 18 einzeln definierte Wunder. 2 allgemein beschriebene Wundertaten. Ein Übertrag der Heilfähigkeit an die Jünger.

Johannes: 8 einzeln definierte Wunder. *Keine* allgemein beschriebenen Wundertaten. *Keine* Übertragung von Heilfähigkeiten an die Jünger.

Insgesamt gibt es viele »gemeinsame« Wunder die sich in ihrer Schilderung unterscheiden. Dann gibt es Wunder, die in anderen Evangelien nicht erscheinen. Das schon in voller Länge abgedruckte, und aus meiner Sicht interessanteste Wunder taucht *nur bei Johannes* auf - die Auferweckung des Lazarus. Eine fragwürdige Situation, da gerade dieses Wunder sehr viel über das Gefühlsleben und die unendlich große Nächstenliebe des Herrn offenbart. Aber wie wir schon angemerkt haben, nimmt das sog. Johannes-Evangelium eine sehr umstrittene Sonderstellung ein. Wir wollen hier jedoch davon ausgehen, daß alle vier Evangelien in ihren Grundaussagen auf vier Autoren und in den meisten Bereichen auf Tatsachen hinweisen.

Trotzdem wird bei der genauen Auflistung wie erwartet klar, daß die Autoren der Evangelien jeder seine eigene Auswahl und Reihenfolge der Wunder Jesu verfolgte oder eventuell von ungenügenden mündlichen Berichten oder unvollkommenen schriftlichen Quellen geleitet wurde. Ich halte dies nicht für dramatisch, denn insgesamt erhalten wir nicht nur einen anschaulichen Bericht über die Fähigkeiten, Vorstellungen und Taten Jesu durch die Wunderberichte, sondern wir werden uns darüber bewußt, daß eben nicht jedes einzelne Wort exakt von Gott vorgegeben war, bzw. die Verfasser eben ihre eigene Version von den wundersamen Vorgängen schrieben. Was auffällt, ist die Vielzahl der Dämonen. Warum gab es sie scheinbar primär zu Zeiten Jesu. Beim Lesen der Berichte über die Wunder Jesu fällt eine weitere Merkwürdigkeit auf. Zu einigen Geheilten sagt Jesus, sie sollen nicht darüber reden, sondern Gott danken. Anderen Geheilten sagt er aber, daß sie sich den Priestern zeigen und Gott opfern sollen. Interessant ist auch der Widerspruch bei den blinden Männern in Jericho. Matthäus berichtet uns, daß Jesus zwei Blinden begegnete. Markus und Lukas erwähnen jedoch nur einen Blinden.

Eines der wohl berühmtesten Wunder in der Bibel ist die Begebenheit, in der Jesus Christus die Naturgesetze außer Kraft setzt und zum Erstaunen seiner Jünger auf dem Wasser »wandelte«. Vorab sei erwähnt, daß Jesus unmittelbar zuvor mit fünf Broten und zwei Fischen fünftausend Männer (von Frauen und Kindern gar nicht zu reden) ausgiebig speiste. Wir haben dieses Wunder bereits erwähnt.

Genau dieses Wunder ist es, was viele Juden, die bei Jesus nicht an einen Messias glauben, erhebliche Zweifel aufkommen läßt. Aus diesem Grund ist es auch mal interessant und aufschlußreich, die »andere Seite« zu hören, die alten hebräischen Überlieferungen der Juden. Hier werfen sich gerade bei diesem Wunder doch einige zu recht bemerkenswerte Fragen der orthodoxen Juden auf.

Doch greifen wir zunächst zu unserer Bibelversion und lesen, was dort wirklich steht (Markus 6, 45-52): „Und alsbald *nötigte* er (Jesus - D.A.) seine Jünger, in das Schiff zu steigen und an das jenseitige Ufer nach Bethsaida vorauszufahren, während er die Volksmenge entläßt. Und als er sie verabschiedet hatte, ging er hin auf den Berg, um zu beten. Und als es Abend geworden, war das Schiff mitten auf dem See, und er allein auf dem Lande. Und als er sie beim Rudern Not leiden sah, denn der Wind war ihnen entgegen, kommt er um die vierte Nachtwache zu ihnen, wandelnd auf dem See; und er wollte an ihnen *vorübergehen*. Sie aber, als sie ihn auf dem See wandeln sahen, meinten, es sei ein Gespenst und schrien auf; denn *alle sahen ihn* und wurden bestürzt. Und alsbald redete er mit ihnen und spricht zu ihnen: Seid gutes Mutes, ich bin's; fürchtet euch nicht! Und er stieg zu ihnen in das Schiff, und der Wind legte sich. Und sie erstaunten sehr über die Maßen bei sich selbst und verwunderten sich; denn sie waren durch die Brote nicht verständig geworden, denn ihr Herz war verhärtet."

Zunächst fällt auf, daß Jesus seine Jünger »nötigt«, mit dem Schiff ans andere Ufer zu fahren. Was hat dies zu bedeuten, fragt man sich. Warum blieb er nicht mit ihnen zusammen? Er hätte, nachdem er die Volksmenge verabschiedet hatte, mit ihnen mitfahren können, falls er sich z. B. vor Verfolgern schützen wollte. Feinde hatte er ja schließlich genug, und es waren nicht nur die Römer, wie wir wissen.

Aber so eilig schien Jesus es nun doch nicht gehabt zu haben, denn er ging erst auf einen Berg, um zu beten. Warum ausgerechnet auf einem Berg, ist eine andere interessante Frage. Dann sah Jesus am Abend seine Jünger beim Rudern Not leiden. Der Wind blies ihnen entgegen. Das Schiff mußte inzwischen schon eine große Entfernung zum Ufer, an dem Jesus stand, erreicht haben. Trotzdem *sieht Jesus im Dunkeln*, daß die Jünger beim Rudern in Schwierigkeiten steckten und der Wind sich gegen sie verschworen hatte. Eigentlich ein Ding der Unmöglichkeit, aber was wissen wir über die Sehkraft von Gottes Sohn, könnte man hier sagen.

Was macht Jesus? Er wandelt über das Wasser, oder auf dem Wasser, um seine Jünger zu besuchen. So schien es zumindest. Aber nein, er ging nicht zum Schiff, sondern daran *vorüber*! Welchen Grund sollte diese Verhaltensweise haben? Jesus geht den weiten Weg über das Wasser, um das Schiff zu erreichen, und als er endlich am Ziel ist, läuft er dann daran vorbei? Eine seltsame Verhaltensweise, die wohl auch kaum zu erklären sein dürfte.

Dann lesen wir, daß die Jünger ihn alle sahen. Da sie mit ihrem Herrn und Meister nicht nur schon eine ganze Weile zusammen waren, sondern genau wußten, wie er aussah, und er auch in der Lage war, echte Wunder zu vollbringen, sahen sie in ihm ein Gespenst! Auch hier die Frage, wie kamen die Jünger auf den Gedanken, es könnte sich um ein Gespenst handeln. Sicher, zu jener Zeit herrschte gerade im Großraum Israel eine wahre Massenpanik vor unzähligen echten, oder auch nur eingebildeten Dämonen, die ja Jesus selbst austrieb. Aber Jesus sah wohl kaum wie ein Dämon aus. Dann plötzlich scheint es sich Jesus (aus welchem Grund auch immer) anders zu überlegen und spricht nicht nur beruhigend mit den Männern, sonder er besteigt sogar das Schiff, an dem er vorüberwandeln wollte. Da Jesus aber schon am Abend die Jünger in Seenot bemerkte, stellt sich die weitere Frage, warum er erst zur vierten Wache, also erst gegen Morgengrauen, zu den Jüngern auf das Schiff kam, um ihnen in der Not zu helfen. Daraus werde jemand schlau...

Dann könnte ein weiteres Wunder geschehen sein, denn der Wind legte sich plötzlich, was natürlich auch eine simple Naturerscheinung gewesen sein konnte. Es kommt dann allerdings noch der Hinweis, daß die Jünger mit ihren »verhärteten Herzen« noch immer nicht so recht an die Wunderkraft des Sohn Gottes glauben konnten, obwohl sie gerade erst gesehen hatten, wie er aus wenig Brot und zwei armseligen Fischen fünftausend Männer gespeist hatte, wie die Bibel berichtet, und es gibt keinen Grund anzunehmen, daß dieses Ereignis nicht den Tatsachen entsprach - immer davon ausgehend, daß wir vom Sohn Gottes sprechen.

Da in der hebräischen Bibel nur von einem »Gehen durch das Schilfmeer« und »durch den Jordan« die Rede ist (in beiden Fällen eher eine recht trockene Furt), könnte es sich nach jüdischer Ansicht lediglich um eine Sinnestäuschung der Jünger gehandelt haben, als sie Jesus auf dem Wasser wandeln sahen. Soweit zur rein jüdischen Sichtweise.

Umstrittenes und Widersprüchliches
in den alten Texten

Es ist seltsam, daß die Evangelisten in ihren Schilderungen doch teilweise so verschieden sind und auch wesentliche Fakten oftmals unterschlagen - gerade, wenn es bedeutsame Ereignisse, wie die Auferstehung des Lazarus oder den Suizid des Verräters Judas betrifft. Lediglich Matthäus berichtet uns z.B. von diesen Ereignissen. Manchmal fragt man sich insgeheim, was wohl Jesus Christus, der in der Lage war, die Naturgesetze aufzuheben, wie wir gerade wieder gelesen haben, über die Texte vor allem des Neuen Testaments heute sagen würde. Würde er manche Passage richtigstellen? Vermutlich wäre er zumindest über einige in diesem Buch angeführten Aspekte zumindest verblüfft - oder auch verärgert, wer weiß?

Die vielen Wunder (und es sollen laut Bibel ja noch weitaus mehr gewesen sein als in den Evangelien steht) sind sicher historische Tatsachen, sonst wäre Jesus ein armer Wanderprediger ohne Nachfolge gewesen, nicht als Sohn Gottes erkannt worden, und es hätte kein Christentum und natürlich auch keinen Vatikan gegeben. Das letztere wäre das geringste Übel gewesen, werden jetzt wohl viele Leute sagen.

Interessant ist auch die Reihenfolge der Evangelien. In der Bibel kommt zuerst Matthäus, dann Markus, Lukas und zuletzt Johannes - danach die Apostelgeschichte, und zum Schluß die apokalyptischen Visionen eines anderen Johannes. Zuerst wurde jedoch das Evangelium des Markus geschrieben. Es ist kürzer als die anderen Evangelien. Dann schrieb Jahre später Matthäus die Geschichte Jesu auf. Ihm folgten Lukas und Johannes. Hier kommt wieder die Autorität der Kirche ins Spiel, die festgelegt hat, was in welcher Form in die Bibel aufgenommen wurde.

Ein anderes Kapitel in den Evangelien ist auch bemerkenswert. Jesus zog lange mit seinen Jüngern durch das Land und sprach von Nächstenliebe, Barmherzigkeit und Friedfertigkeit. Als dann Jesus durch den verräterischen Kuß des Judas den Hohenpriestern ausgeliefert werden sollte, griff ein Jünger zum Schwert, um einem Knecht des Priesters ein Ohr abzuschlagen. Diese Szene taucht in allen Evangelien auf. *Nur Johannes* nennt den Namen des bewaffneten Jüngers: Simon Petrus - der Mann, auf dem Jesus seine Kirche bauen wollte. Gemeint war jedoch nicht die heutige Institution Kirche. Hier ergeben sich gleich mehrere Fragen. Waren alle Jünger bewaffnet, einschließlich Petrus? Zogen die Jünger die ganzen Jahre hindurch bewaffnet mit ihrem Meister durch die Lande? Wenn ja, warum schweigt die Bibel hier? Denn dieser Umstand paßt auch nicht zu den Berichten der Evangelien, obwohl dieses Land damals ein explosiver Krisenherd war - und ist es leider wohl auch in Zukunft noch. Eine Israelreise mußte ich leider absagen.

Der Partisanenkampf gegen die römischen Besatzer war an der Tagesordnung. Könnte es sein, daß die Jünger Jesu auch mit diesen kriegerischen Partisanen sympathisierten? Klar ist nur, daß Jesus zweifellos von der Bewaffnung der Jünger Kenntnis hatte, es aber verurteilte, als Petrus mit dem Schwert zuschlug. Wenn wir die Stelle bei Lukas nachlesen, dann wird klar, daß wohl in der Tat *alle Jünger Jesu be-*

waffnet waren (Lukas 22, 49-52): „Als aber die, welche um ihn waren, sahen, was es werden würde, sprachen *sie*: Herr, sollen *wir* (!) mit dem Schwerte dreinschlagen? Und einer aus ihnen schlug den Knecht des Hohenpriesters und hieb ihm das rechte Ohr ab. Jesus aber antwortete und sprach: Lasset es so weit; und er rührte sein Ohr an und heilte ihn." Bei Matthäus sagt Jesus einen Text, der dem des Lukas widerspricht (26, 52-54): „Da spricht Jesus zu ihm: Stecke dein Schwert wieder an seinen Ort; denn alle, die das Schwert nehmen, werden durchs Schwert umkommen. Oder meinst du, daß ich nicht jetzt meinen Vater bitten könnte, und er mir mehr als zwölf Legionen Engel stellen werde?" Bei Markus hören wir von Jesus einen noch anderen Text, und auch Johannes hat seine eigene Textversion.

Alle Evangelien legen Jesus also völlig *unterschiedliche* Texte in den Mund! Wie das geschehen konnte, ist rätselhaft. Nur bei Lukas lesen wir, daß Jesus als letztes Wunder vor seiner Auferstehung dem Knecht das abgeschlagene Ohr wieder heilt.

Die anderen Evangelien schweigen sich dazu aus. Waren die Jünger Jesu zum Teil kampfbereite Zeloten? Da Jesus kaum ein Zelot war, waren es seine Jünger wohl auch nicht. Dienten die Waffen lediglich der Selbstverteidigung für den Notfall? Wieder solch eine Frage, die unbeantwortet bleibt, zumal die Jünger wohl eher Feiglinge waren, wie es die Bibel berichtet. Dahinter verbirgt sich ein weiteres Rätsel.

Auch bei der Verleugnung Jesu durch Petrus widersprechen sich die Evangelien. Wieso liefert uns hier Markus eine andere Version als die restlichen Evangelien? Bei Matthäus steht (26, 34-35): „Jesus sprach zu ihm: Wahrlich, ich sage dir, daß du in dieser Nacht, *ehe der Hahn kräht*, mich dreimal verleugnen wirst. Petrus spricht zu ihm: Selbst wenn ich mit dir sterben müßte, werde ich dich nicht verleugnen."

Kurz darauf berichtet Matthäus von der Erfüllung der Vorhersage (26, 74-75): „Und alsbald krähte der Hahn. Und Petrus gedachte des Wortes Jesu, der gesagt hatte: Ehe der Hahn kräht, wirst du mich dreimal verleugnen. Und er ging hinaus und weinte bitterlich."

Schwierig wird es, wenn wir nun die Markus-Fassung lesen (14, 30-31): „Und Jesus spricht zu ihm: Wahrlich, ich sage dir, daß du heute, in dieser Nacht, ehe der Hahn *zweimal kräht*, mich dreimal verleugnen wirst." Die Erfüllung der Prophezeiung lautet bei Petrus (14, 68-69): „Und er ging hinaus in den Vorhof; und der Hahn krähte." Hat Petrus Jesus verleugnet, ehe der Hahn einmal oder zweimal krähte? In den Lukas- und Johannes-Evangelien lesen wir ungefähr den gleichen Bericht wie den von Matthäus. Somit steht der Bericht des Markus im Widerspruch zu den anderen Evangelien.

Ein weiterer Widerspruch betrifft den schon erwähnten Tod des Verräters Judas. Bei Matthäus (27, 5-6) lesen wir: „Und er warf die Silberlinge in den Tempel und machte sich davon und ging hin und *erhängte sich*." Wie wir inzwischen wissen, waren Silberlinge eine Währung, die es zu dieser Zeit nicht mehr gab - dies sei nochmals am Rande vermerkt. In der Apostelgeschichte (1, 18-20) steht ein völlig anderer Bericht über den Tod des Judas - lesen Sie bitte selbst: „Dieser (Judas - D.A.) nun hat zwar von dem Lohne der

Ungerechtigkeit einen Acker erworben und ist, kopfüber gestürzt, mitten entzwei (?) geborsten, und alle seine Eingeweide sind ausgeschüttet worden. Und es ist allen Bewohnern von Jerusalem kundgeworden, so daß jener Acker in ihrer Mundart Akeldama, das ist Blutacker, genannt worden ist."

Diese Schilderung klingt zwar etwas melodramatisch, steht aber trotzdem im Widerspruch zum Text des Matthäus. Aber selbst bei einer so eindeutig unterschiedlichen Schilderung gibt es noch gutgläubige Christen, die hier versuchen, den Widerspruch »wegzuerklären«. In einem rein christlichen Buch zu »kritischen« Fragen der Bibel behauptet der Autor doch ernsthaft, Matthäus sagt nicht, daß Judas nicht stürzte und Petrus (Apostelgeschichte) sagt nicht, daß Judas nicht auch erhängt wurde. Er meint ernsthaft, *beide Berichten können wahr sein und sich ergänzen.* Der Ast, an dem Judas hing, wäre zerbrochen, und dadurch stürzte Judas hinunter und »*brach mitten entzwei...*« Der Versuch dieses christlichen Autors mag ja gut gemeint sein, aber er klingt recht naiv. Das ist einer der Gründe, warum ich dieses Buch schrieb. Warum akzeptieren Christen einfach nicht die Fakten der Bibel und fabulieren sich ihre eigene Version zurecht? Viele Menschen haben damals Begebenheiten mündlich berichtet, dann wurde es Jahre später wieder von vielen Menschen in verschiedenen Versionen niedergeschrieben. Wo ist das Problem, wenn wir von menschlichen Fehlern sprechen? Zumal wir auch nicht genau wissen, was an den frühen Texten manipuliert wurde? Nehmen Sie einen Verkehrsunfall, bei dem es mehrere

Zeugen gibt. Später vor Gericht werden Sie in der Regel von den Details des Unfallablaufes auch verschiedene Versionen zu hören bekommen - das entspricht lediglich der menschlichen Natur und Beobachtungsgabe.

Deshalb muß man aber nicht gleich die ganze Bibel in Frage stellen, nur weil es einige Ungereimtheiten gibt. Wichtig ist, daß die von Gott gewollte Botschaft unser Herz erreicht, und das tut sie, wenn wir die Bibel ernsthaft lesen. Im Gegensatz zu den Berichten über den Tod des Judas klingt der Widerspruch bei Markus, wenn es um den Hahnenschrei bei der Verleugnung des Petrus geht, natürlich wie eine Lapalie. Das gestehe ich gerne zu.

Bleiben wir noch kurz bei Judas Ischariot. Im Evangelium des Matthäus wirft Judas das Blutgeld in den Tempel, um sich danach (wie auch immer) umzubringen. Dann lesen wir, daß die Priester mit genau diesem Blutgeld einen Töpferacker kauften. Bei Matthäus 27, 8-10 lesen wir dann folgenden Text:

„Deswegen ist jener Acker Blutacker genannt worden bis auf den heutigen Tag. Da wurde erfüllt, was durch den Propheten Jeremias geredet ist, welcher spricht: „Und sie nahmen die dreißig Silberlinge, den Preis des Geschätzten, welchen man geschätzt hatte seitens der Söhne Israels, und gaben sie für den Acker des Töpfers, wie mir der Herr befohlen hat'."

Matthäus schreibt diese Prophezeiung eindeutig Jeremias zu. Tatsache aber ist, daß diese Prophezeiung jedoch von *Sacharja* gemacht wurde - *nicht von Jeremias!* Bei Sacharja 11, 12-14 steht: „Und ich sprach zu ihnen: Wenn es gut ist in euren Augen, so gebet mir meinen Lohn, wenn aber nicht, so lasset es; und sie wogen meinen Lohn dar: dreißig Silbersekel. Da sprach Jehova zu mir: Wirf ihn dem Töpfer hin, den herrlichen Preis, dessen ich von ihnen wertgeachtet bin! Und ich nahm die dreißig Silbersekel und warf sie in das Haus Jehovas, dem Töpfer hin."

An diesem Beispiel sieht man übrigens auch den wortwörtlichen Unterschied zwischen Prophetien und den späteren Texten der Erfüllungen. Da gibt es auch eine Reihe von deutlichen Unterschieden. Manche Prophetien sind vom Wort her recht genau, andere eher vage, was allerdings nicht so wesentlich ist. Es ist schon erstaunlich genug, daß es diese Vorhersagen gibt, und noch erstaunlicher ist die Tatsache, daß sich die meisten auch erfüllt haben! Denken wir nur an die Tatsache, daß im Alten Testament steht, daß man Jesus am Kreuz nicht die Beine brechen würde, was damals üblich war, wenn man den Tod beschleunigen wollte. In der Tat wurden Jesus *nicht* die Beine gebrochen. Jesus konnte zwar einige Dinge so steuern, daß sich die Vorhersagen erfüllten, aber zu verhindern, daß man seine Schienbeine zertrümmert, lag vermutlich nicht mehr in seiner Macht. Ein Buch wie dieses, kann sich ohnehin nicht mit sämtlichen Texten und Prophetien der Bibel beschäftigen. Also beschränke ich mich lediglich auf die wichtigsten Passagen der Heiligen Schrift. Passagen, die Fragen aufwerfen und Lösungsansätze für die vielen Rätsel der Bibel liefern könnten. Die grundsätzlichen Lebensregeln durch Gottes Gebote für ein besseres Zusammenleben zwischen Menschen in aller Welt, bleiben natürlich unangetastet. Kommen wir zum

wichtigsten Kapitel der Evangelien, der Kreuzigung und Auferstehung Christi, so, wie sie die Bibel uns überliefert.

Die Wiederkunft Christi ist solch ein Thema, das auf völlig
unterschiedliche Art in der Bibel geschildert wird. Von den
vielen Versionen zitiere ich hier zum Vergleich zwei
Bibelstellen, die die Wiederkunft des Herrn auf unterschiedliche Art beschreiben: In 1. Thessalonicher 4, 16-18
und 5, 1-3 finden wir z.B. folgenden Text: „Denn der Herr
selbst wird mit gebietendem Zuruf, mit der Stimme eines
Erzengels und mit der Posaune Gottes hernniederkommen
vom Himmel, und die Toten in Christo werden zuerst auferstehen; danach werden wir, die Lebenden, die übrigblei-
ben, zugleich mit ihnen entrückt werden in Wolken dem
Herrn entgegen in die Luft; und also werden wir allezeit bei
dem Herrn sein. So ermuntert nun einander mit diesen
Worten. Was aber die Zeiten und Zeitpunkte betrifft,
Brüder, so habt ihr nicht nötig, daß euch geschrieben werde.
Denn ihr selbst wisset genau, daß der Tag des Herrn also
kommt *wie ein Dieb in der Nacht.* Wenn sie sagen: Friede
und Sicherheit! dann kommt ein plötzliches Verderben über
sie, gleichwie die Geburtswehen über die Schwangere; und
sie werden nicht entfliehen."

Hier erfahren wir eindeutig, daß Jesus Christus „wie ein
Dieb in der Nacht" plötzlich und unerwartet auf die Erde
kommen soll. Ohne das geringste Anzeichen von Vorboten
jeglicher Art. Wenn wir jedoch die Wiederkunft Jesu mit
dem entsprechenden Text von Lukas 21, 25-28 vergleichen,
dann ergibt sich ein völlig anderes Bild und somit ein weiterer
Widerspruch, denn nun ist plötzlich von konkreten

Vorboten in Form von Naturerscheinungen die Rede:

„...Und es werden Zeichen sein an Sonne und Mond und Sternen, und auf der Erde Bedrängnis der Nationen in Ratlosigkeit bei brausendem Meer und Wasserwogen; indem die Menschen verschmachten vor Furcht und Erwartung der Dinge, die über den Erdkreis kommen, denn die Kräfte der Himmel werden erschüttert werden. Und dann werden sie den Sohn des Menschen kommen sehen in einer Wolke mit Macht und großer Herrlichkeit."

Wir sehen also, daß wieder zwei Bibelstellen das gleiche Geschehen völlig unterschiedlich berichten. Warum nur, sei hier gestattet zu fragen? Einmal ist es die Ankunft des Herrn ohne große Begleiterscheinungen, dann gehen bei Lukas ungeheure Naturkatastrophen vor, die das Nahen des Herrn ankündigen. Ja, selbst die Kräfte des Himmels werden nun erschüttert. Ein grandioses Endzeitgemälde, das uns offenbar in Angst und Schrecken versetzen soll. Und erneut stellt sich die Frage, welcher Version sollen wir nun glauben?

Unter dem Strich denke ich, daß sich die meisten Berichte der Bibel im Grunde auf Tatsachen beziehen, die allerdings durch die *damalige* Betrachtungsweise aller Dinge unbeholfen aufgeschrieben und weitererzählt wurde. In der Tat kann es sein, daß man zum Beispiel ein Raumschiff fremdartiger Wesen gesehen hat, es sich aber weder erklären, noch beschreiben konnte.

Die Kreuzigung eines Unschuldigen

Alle vier Evangelien berichten davon. Die Berichte sind oberflächlich betrachtet ähnlich. Manches ist identisch. Beim genauer Betrachtung im Vergleich ergeben sich auch hier Widersprüche bei den verschiedenen Autoren.

Hier erfahren wir auch zum ersten Mal von dem geheimnisvollen »geheimen« Jünger Jesu: Joseph von Arimathia, der alles versuchte, Jesus vermutlich vom Kreuztod zu retten. Wer war dieser Joseph von Arimathia? Wenn er ein Jünger Jesu gewesen ist, warum findet er nicht zuvor Erwähnung in den Evangelien? Warum ließ er ein teures Felsengrab ganz in der Nähe der Schädelstätte anlegen - angeblich für sich, möglicherweise weit weg von seiner Heimat und auch von seiner Familie? Wir wissen, daß Joseph von Arimathia nicht nur reich und angesehen war, er hatte zudem noch äußerst wichtige Beziehungen zu den obersten Würdenträgern in Jerusalem - vor allem wohl auch zu Pontius Pilatus. Den konnte er wahrscheinlich durch Schmiergelder und seinen großen Einfluß dazu überreden, ihm Jesus' Leiche zu überlassen. Allerdings holte sich Pilatus zuvor vom römischen Hauptmann die Bestätigung, daß Jesus tot ist. Da dieser römische Krieger unter dem Kreuz deutlich seine Zuneigung zu Jesus Christus bekundete (der Hauptmann »verherrlichte Gott« und sagte: „Fürwahr, dieser Mensch war gerecht.") Bei Matthäus sagte er noch die Worte: „Wahrhaftig, dieser war Gottes Sohn!", deshalb besteht der Verdacht, daß auch er, wie Joseph von Arimathia, ein »geheimer« Jünger Jesu war. Vermutlich vollzog der Hauptmann auch den legendären

Lanzenstich - in welcher Absicht auch immer. Eventuell, um Jesus schnellstens von seinen Qualen zu erlösen, oder aber, wie Bibelkritiker spekulieren, Jesus vor dem Tode zu bewahren, indem er den Stich nicht zu tief ansetzte. Die Stärke der Blutung auf dem Grabtuch von Turin läßt jedoch eher auf einen tiefen, tödlichen Lanzenstoß schließen. Bei Betrachtung aller Aspekte, starb Jesus mit Sicherheit am Kreuz. Zum Vergleich die folgende Tabelle:

Matthäus	Markus	Lukas	Johannes

Der Zeitpunkt der Kreuzigung

Matthäus	Markus	Lukas	Johannes
Am Abend nahm Joseph von Arimatiha Jesus vom Kreuz. Am *folgenden* Tag, der nach dem Rüsttag ist, schickte Pilatus eine Wache zum Grab. Das geschah auf Anraten der Hohenpriester und Pharisäer	*Am Abend*, weil es Rüsttag war, welcher der Vorsabbath ist, nahm Joseph von Arimathia Jesus vom Kreuz	Es war Rüsttag, und der Sabbath brach an. (Also in der Nacht oder im Morgengrauen - D.A.)	Jesus vor Pilatus: Es war aber Rüsttag des Passah; es war um die sechste Stunde. Nikodemus kam *erst bei Nacht* und brachte eine Mischung von Myrrhe und Aloe

Die Finsternis bei der Kreuzigung

Matthäus	Markus	Lukas	Johannes
Zur sechsten bis neunten Stunde	Zur sechsten bis neunten Stunde	Zur sechsten bis neunten Stunde. *Die Sonne war verfinstert*	*Keine* Finsternis

Matthäus	Markus	Lukas	Johannes

Das Erdbeben und andere Begleitumstände

Matthäus	Markus	Lukas	Johannes
Und die Erde er-bebte, und *die Felsen zerrissen, und die Grüfte taten sich auf, und viele Leiber der Entschlafen-den Heiligen wurden aufer-weckt; und sie gingen nach seiner Auf-erweckung aus den Grüften und gingen in die heilige Stadt...*	*Kein* Erdbeben und keine Begleiter-scheinungen	*Kein* Erdbeben und keine Begleit-erscheinungen	*Kein* Erdbeben und keine Begleit-erscheinungen

Die Äußerungen der römischen Krieger

Matthäus	Markus	Lukas	Johannes
Alle Römer sprachen: „Wahrhaftig, die-ser war Gottes Sohn!"	Der römische Hauptmann sag-te: „Wahrhaftig, dieser Mensch war Gottes Sohn!"	Der Hauptmann *verherrlichte Gott* und sagte: „Fürwahr, dieser Mensch war gerecht!"	*Keine* Äußerungen der Römer

Der Vorhang im Tempel

Matthäus	Markus	Lukas	Johannes
Der Vorhang zerriß in zwei Stücke, von oben bis unten	Der Vorhang zerriß in zwei Stücke, von oben bis unten	Der Vorhang des Tempels riß mitten entzwei	*Keine* Erwähnung zum Vorhang

Matthäus	Markus	Lukas	Johannes

Die Worte des Pontius Pilatus

Matthäus	Markus	Lukas	Johannes
Kein Wort von Pilatus	Pontius Pilatus wunderte sich, „daß er (Jesus) schon gestorben sei"	Kein Wort von Pilatus	Kein Wort von Pilatus

Die Worte des Herrn am Kreuz

Matthäus	Markus	Lukas	Johannes
„Eli, Eli, lama sabachthani?" = „Mein Gott, mein Gott, warum hast du mich verlassen?" Die Römer reichten Jesus auf einem Rohr einen Schwamm mit Essig. Jesus aber schrie wieder mit lauter Stimme und gab den Geist auf	„Eli, Eli, lama sabachthani?" = „Mein Gott, mein Gott, warum hast du mich verlassen?" Die Römer reichten Jesus auf einem Rohr einen Schwamm mit Essig. Jesus aber gab einen lauten Schrei von sich und verschied	„Vater vergib ihnen, denn sie wissen nicht, was sie tun!" Einer der gekreuzigten Verbrecher sprach zu Jesus: „Gedenke meiner, wenn du in deinem Reiche kommst!" Jesus antwortete: „Wahrlich, ich sage dir: Heute wirst du mit mir im Paradiese sein." Jesus rief mit lauter Stimme: „Vater, in deine Hände übergebe ich meinen Geist!" ...und verschied	Zu seiner Mutter: „Weib, siehe, dein Sohn!" Zu dem Jünger »den er liebte«: „Siehe, Deine Mutter!" „Mich dürstet!" Die Römer reichten Jesus auf einem Rohr einen Schwamm mit Essig. Danach sagte Jesus: „Es ist vollbracht!" ...und er neigte das Haupt und übergab den Geist

Diese genaue Auflistung zeigt, daß sich die Evangelien zwar scheinbar ergänzt haben könnten, doch ist dies sehr unwahrscheinlich, wie uns z.B. die völlig unterschiedlichen Worte Jesu und die des römischen Hauptmannes zeigen. Hätte man sich abgesprochen, so wäre das eingetreten, was wir bereits erwähnt haben - die Berichte hätten alle den gleichen Wortlaut. Deutlich wird auch, daß sich der römische Hauptmann und Joseph von Arimathia tatsächlich nahegestanden haben könnten. Die Worte des Römers über Jesus sowie seine übrraschende Verherrlichung Gottes zeugen von Mut, da er sich als Krieger des Römischen Imperiums *inmitten seiner Krieger befand*, bei denen er damit rechnen mußte, daß diese ihn bei Pilatus als geheimen Jünger und Sympathisanten des als »König der Juden« verurteilten Jesus Christus verrieten. War er ein Jünger Jesu und eventuell auch gekaufter Helfer von Joseph von Arimathia? Wir werden darauf später genauer eingehen.

Bemerkenswert sind auch die Worte des Herrn, als er verzweifelt bei Matthäus und Markus laut schrie: „Mein Gott, mein Gott, warum hast du mich verlassen?" Nie hat er in seinem Leben an seinem Vater gezweifelt. Im Gegenteil. Hatten ihn nun der Schmerz, die unsäglichen Qualen und der nahe Tod zu diesem Ausspruch veranlaßt, obwohl er doch selbst gesagt hat, er würde am dritten Tage wieder von den Toten auferstehen? Oder haben ihn in höchster Not plötzlich doch Zweifel gepackt - was rein menschlich nur verständlich wäre. Was ist, wenn Matthäus von Markus »abgeschrieben« hat und Markus diesen Ausspruch Jesu falsch niedergeschrieben hat? Man fühlt sich mit ergriffen bei die-

Faszination Schöpfung. Ein Teil des sog. »Adlernebels«.
Das Foto stammt vom Hubble-Teleskop der NASA.

Das wohl berühmteste Beispiel für vorgeschichtliche
Fluggeräte ist die uralte Steinplatte von Palenque.

Zur Verdeutlichung, die Platte von Palenque nochmals als
Zeichnung, damit man den Feuerausstoß am Heck erkennt.

In einer georgischen Klosterkirche findet man ein sehr
außergewöhnliches Fresko aus dem 10. Jahrhundert. Man sieht
den leidenden Jesus wie so oft am Kreuz. Hier gibt es jedoch
einen deutlichen Unterschied, denn im Hintergrund sieht man
zu beiden Seiten ein Flugobjekt, das wir aus heutiger Sicht
schlicht als UFO bezeichnen würden, so unwahrscheinlich es
auch klingt. Zur besseren Erkennbarkeit sind die Flugobjekte in
den unteren Ecken nochmals vergrößert hervorgehoben.

Im 16. Jahrhundert beobachteten etliche Menschen ein
grandioses und zugleich beängstigendes Schauspiel am
Himmel. Sie sahen die verschiedensten Flugkörper, die in
einem Nürnberger Flugblatt dargestellt wurden. Das Ereignis
geschah 1561 und wenn man sich die rechte, untere Ecke des
Bildes ansieht, so bemerkt man, daß dort Feuer und Rauch
zu sehen ist, was darauf schließen läßt, daß entweder
mindestens ein Flugobjekt abgestürzt ist, oder Gebäude
von diesen Besuchern aus dem Irgendwo diese Häuser in
Schutt und Asche verwandelten. Wer genau hinsieht, bemerkt
sogar zwischen den Gebäuden noch Rauch und rechts einige
runde Objekte. Zu diesem Blatt gehört noch ein Begleittext, in
dem steht, wie die Kugeln oder Scheiben sich am Himmel
scheinbar »bekämpften«. Was immer dort am Himmel über
Nürnberg auch geschah, es muß die Menschen dieser Zeit
natürlich mächtig verängstigt und beeindruckt haben.

Dieses hochinteressante Fresko aus dem Kosovo
stellt eine Menschenmenge dar, die offenbar ein
bemanntes Flugobjekt beobachten, das über den Himmel
fliegt. Vermutlich hat der Maler dieses UFO so dargestellt,
daß man darin den »Piloten« sehen kann, der offenbar fast
unbekleidet in dem Objekt sitzt. Es besteht aber natürlich
auch die Möglichkeit, daß dieses Flugobjekt in der Tat
eine Art Fenster hatte, durch das man damals das Innere des
seltsamen Fluggerätes sehen konnte.
Dieses Fresko ist etwas jünger, als das Flugblatt von Nürnberg,
denn es stammt aus dem 14. Jahrhundert. Leider
besitzen wir nicht wie bei dem Nürnberger Flugblatt eine
Beschreibung der Ereignisse. Wenn man aber »himmlische
Flugwagen« und die Darstellung von Palenque betrachtet,
so scheint offensichtlich, daß wir bis zum heutigen Tag
weltweit von fliegenden Objekten observiert werden.

Eines der schönsten Kornpiktogramme aus England. Auf
dem Bild wirkt dieses Zeichen im Korn relativ klein, ist aber
größer, als ein Fußballstadium und mit einer faszinierenden
geometrischen Perfektion erstellt. Diese Zeichen entstehen an
verschiedenen Stellen urplötzlich über Nacht. Trotzdem konnte
die blitzartige Entstehung nie filmisch dokumentiert werden.
Von diesen Piktogrammen, die von Jahr zu Jahr komplexer
werden gibt es stets eine Vielzahl. Ein Betrug scheidet also
völlig aus, dafür sind die Zeichen zu groß, perfekt und zu geo-
metrisch. Amateure haben mehrfach kleine leuchtende
Flugobjekte gefilmt, die dicht über die Felder fliegen.

Eine Flugschrift aus dem 16. Jahrhundert stellt einen
Holzschnitt vom 7. August 1566 in Basel dar.
In dieser Flugschrift berichten viele Augenzeugen, daß
an diesem Tag „Viele große, schwarze Kugeln in der
Luft gesehen wurden, die sich *mit großer Geschwindigkeit*
vor der Sonne bewegten und aufeinander losfuhren, als
ob sie kämpften." (»Star Wars«?) „Einige von ihnen wurden
rotglühend, (wie bei heutigen UFOs - D. A.) verblaßten und
erloschen dann." Es scheint sich auch hier um eine
wirklich grandiose »UFO-Vorstellung« gehandelt haben.
Bei diesem Themenbereich UFOs oder in der Bibel
»Tausende und Abertausende Flugwagen« genannt, hat
man das ungute Gefühl, daß diese Wesen die Möglichkeit
besitzen, uns jeden Moment auch ausradieren zu können.

sem Verzweiflungsschrei, denn er zeigt, wie menschlich Jesus reagierte. Schon bei der Auferweckung des Lazarus haben wir einen zutiefst menschlich empfindenden Sohn Gottes erlebt. Jesus weinte sogar. Die Frage ist nur, warum Gott sich solch einen furchtbaren und komplizierten Weg ausgesucht hat, um uns zu »erlösen«? Wie gesagt, alles wegen einer Frucht im Paradies!

Sogar am Kreuz hat sich Jesus noch Sorgen um seine Mitmenschen gemacht. Er befreit einen mit ihm gekreuzigten Verbrecher kurz vor dessen Tod von seinen Sünden. Das sollte uns Menschen Hoffnung geben - es ist nie zu spät für eine Umkehr! Das will uns Jesus damit deutlich sagen. Auch vertraut Jesus seinem Lieblingsjünger seine Mutter an. Auch ein Akt der Liebe im Angesicht des Todes. Ja, er vergibt sogar seinen Henkern: *„Vater vergib ihnen, denn sie wissen nicht, was sie tun!"* Wie gerne würde man diesen großartigen Satz so manchem Menschen, der sich in der heutigen Zeit menschenverachtend verhält, mit auf den Weg geben.

Daß es sich hier um ein mehr als außergewöhnliches Ereignis gehandelt hat, sieht man an den Begleiterscheinungen. Außer Johannes berichten alle Evangelisten von einer mehrstündigen Finsternis, die das ganze Land überkam. Es muß unheimlich gewesen sein - beängstigend und bedrohlich. Wieder ist es nur Johannes, der nicht von dem Zerreißen des Tempelvorhangs in zwei Teile („von oben bis unten") berichtet. Ob ein Erdbeben stattfand, sich die Grüfte öffneten und Heilige von den Toten erweckt wurden, ist zweifelhaft, denn zunächst klingt diese Schilderung recht dramatisiert, und außerdem berichtet uns davon *nur* Matthäus.

Anders könnte es sich bei den Worten des Pilatus verhalten. Zwar schreibt nur Markus, daß Pilatus sagte, er wundere sich, „daß er (Jesus) schon gestorben sei", aber eventuell wollten die anderen Verfasser der Evangelien auch nicht den leisesten Verdacht aufkommen lassen, daß Jesus eventuell doch nicht am Kreuz gestorben ist. Wer weiß? Außer Lukas berichten die anderen Evangelisten übereinstimmend davon, daß die römischen Schergen Jesus einen mit Essig getränkten Schwamm an einem langen Rohr reichten. Auffallend ist, daß alle drei Autoren darin übereinstimmen, daß Jesus *unmittelbar danach* »*den Geist aufgab*«, nachdem er die Flüssigkeit bekam - falls er sie auch wirklich trank. Hatte dieses Gebräu eine Reaktion im Körper Jesu ausgelöst? Wenn ja, was war es? Reiner Essig vermutlich nicht.

Der Zeitpunkt der Kreuzigung wird durch die Texte nur ungenau definiert, aber sicher scheint zu sein, daß Jesus gegen Abend starb. Aber was verstehen die Evangelisten unter »Abend«? Es kann 18 Uhr oder aber auch schon 22 Uhr gewesen sein. Da Pilatus allerdings überrascht war, daß Jesus schon so schnell gestorben sein soll, können wir davon ausgehen, daß man Jesus am frühen Abend vom Kreuz nahm, also etwa gegen 19 Uhr. Nur Nikodemus hat sich seltsamerweise verspätet, denn er kam mit seiner »Kräutermischung« erst in der Dunkelheit. Nikodemus war laut den alten Texten auch ein geheimer Jünger Jesu mit einem angesehenen Posten.

Einig sind sich die Evangelien nur über die Tageszeit der Kreuzigung - bei allen Autoren wird Jesus am Abend vom Kreuz genommen. Bei der landesweiten Finsternis sind sich drei der Evangelisten einig, Johannes erwähnt sie *nicht*. Von dem Erdbeben erzählt uns nur Matthäus. Auch die Äußerungen des römischen Hauptmannes sind widersprüchlich. Nach Johannes hat der Römer nichts gesagt, oder er hielt dessen Äußerungen für unerheblich - zumal er ein »Feind« war. Auch beim zerrissenen Vorhang im Tempel ist wieder Johannes der einzige Berichterstatter, der diesen Vorfall *nicht* erwähnt. Nur Markus berichtet uns über die Aussage des Pilatus, daß Jesus scheinbar zu früh gestorben ist. Über die letzten Worte des Herrn am Kreuz sind sich nur Matthäus und Markus einig, Lukas und Johannes geben einen völlig anderen Text wieder - also auch ein widersprüchlicher Vorgang in der Bibel.

Erwähnt sei hier noch die archäologische Erkenntnis, daß ein Kreuz in der Regel aus *rundem* Holz und nicht wie meist dargestellt, aus rechteckigen Balken bestand.

Der »Menschensohn« kehrt
aus dem Reich der Toten zurück

Es steht wohl außer Zweifel, daß die Auferstehung Christi von den Toten die Jünger, die Menschheit und die Geschichte so entscheidend beeinflußt hat wie kein anderes Ereignis. *Mit der Wahrheit über dieses Wunder steht oder fällt das gesamte Christentum und natürlich auch die Kirche.* Die Auferstehung Jesu ist ein Ereignis von unvorstellbarer Tragweite. Aus diesem Grund werden wir uns zunächst sorgfältig mit den Berichten von Matthäus, Markus, Lukas und Johannes über dieses Wunder beschäftigen. Es ist zweifellos auch das wichtigste Kapitel in diesem Buch, denn wir werden diese Texte sehr gewissenhaft betrachten.

Jesus wurde also von Joseph von Arimathia und einigen Helfern in ein Grabtuch gelegt und dann in die nahe Steingruft des Mannes aus Arimathia gebracht. Joseph, seine namenlosen Helfer und ein Mann mit Namen Nikodemus betteten dann den Leib Christi zur vermeintlich letzten Ruhe. Nikodemus, ein Ratsherr, hatte eine Mischung aus Myrrhe und Aloe bei sich. Was sich an diesem Abend und in der Nacht wirklich im Grab abgespielt hat, weiß heute niemand. Laut Matthäus ging Joseph allerdings weg, nachdem er den schweren Stein vor das Grab gewälzt hatte. Bei Markus lesen wir, daß Joseph von Arimathia die Grabstätte *nicht* verließ, sondern einen Stein »*an*« die Tür der Gruft rollte. Da dieser Stein sehr schwer war, hat Joseph wohl Helfer gehabt. Interessant ist, daß Joseph den Stein scheinbar nicht *vor* die Gruft, sondern nur *an* die Öffnung wälzte. Bei Lukas ist jedoch zunächst von *keinem* Stein die Rede. Hier legte Joseph Jesus nur hinein. Bei Johannes klingt es mal wieder völlig anders. Joseph und Nikodemus wickeln Jesus in feine Leinwand - von einem Stein ist allerdings vorerst auch nicht die Rede. *Nach* der Wiederauf-erstehung sprechen jedoch alle vier Evangelisten von dem Stein! Wir gehen also davon aus, daß er da war, zumal es damals obligatorisch war. Meist war es ein sehr schwerer Rollstein, der neben der Grabesöffnung in einer Rinne verkeilt war. Zog man den Keil weg, rollte der Brocken von selbst vor den Grabzugang. Der Stein war meist ein scheibenförmiger, behauener Fels. Die Talmudisten haben ihn häufig erwähnt. Normalerweise war der Stein so gigantisch, daß man mehrere kräftige Männer brauchte, um ihn wegzuwälzen. Da man bei Jesus davon ausgehen konnte, daß sein Leib gestohlen würde, war dieser Fels der Beschreibung nach vermutlich ein besonders schweres »Prachtexemplar«.

Aber wenden wir uns einem der Evangelisten zu, um zu lesen, wie er diese Ereignisse schildert. *Nur* Matthäus berichtet von einer römischen Wache, die *erst am nächsten Tag* (!) das bereits verschlossene Grab versiegelte und dann bewachte. Welch ein Unsinn, denn es war der ganze späte Abend und vor allem die ganze Nacht Zeit genug, um Jesus im Dunkeln aus dem Grab zu schaffen - falls man es wollte. Die Wache versiegelte das schon geschlossene Grab! Warum sollte also eine Wache vor dem Felsblock stehen? Die Römer waren einfache Soldaten und führten einen Befehl aus. Ihnen war es gleich, wer oder was sich hinter dem

Rollstein befand. Matthäus schrieb also (Matthäus 27, 57-66):

„Als es aber Abend geworden war, kam ein *reicher* Mann von Arimathia, namens Joseph, der auch selbst ein Jünger Jesu war. Dieser ging hin zu Pilatus und bat um den Leib Jesu. Da befahl Pilatus, daß ihm der Leib übergeben würde. Und Joseph nahm den Leib und wickelte ihn in reine, feine Leinwand, und legte ihn in *seine* neue Gruft, die er in dem Felsen ausgehauen hatte; und *er wälzte* einen großen Stein *an* die Tür der Gruft und ging hinweg. Es waren aber daselbst Maria Magdalene und die andere Maria, die dem Grabe gegenüber saßen. *Des folgenden Tages* (!) aber, der nach dem Rüsttage ist, versammelten sich die Hohenpriester und Pharisäer bei Pilatus und sprachen: Herr, wir haben uns erinnert, daß jener Verführer sagte, als er noch lebte: Nach drei Tagen stehe ich wieder auf. So befiehl nun, daß das Grab gesichert werde bis zum dritten Tage, damit nicht etwa seine Jünger kommen, ihn stehlen und dem Volke sagen: Er ist von den Toten auferstanden...“ Matthäus berichtet weiter: „Pilatus sprach zu ihnen: Ihr habt eine Wache; gehet hin, sichert es, so gut ihr es wisset. Sie aber gingen hin und sicherten, nachdem sie den Stein versiegelt hatten, das Grab mit einer Wache.“

Zunächst scheint offensichtlich, daß der reiche Joseph von Arimathia wohl mit Geld etwas nachgeholfen hat, damit Pilatus ihm Jesus sofort überläßt. Natürlich eine Spekulation, aber eben durchaus naheliegend, da Pilatus offensichtlich auch keinen Moment zögerte, um die Freigabe zu erlauben. An anderer Stelle steht jedoch, daß sich Pilatus über den schnellen Tod wunderte... Der Text des Matthäus sagt uns, daß Joseph allein den Körper in Leinwand wickelte und allein den schweren Stein *an* die Tür der Gruft wälzte. Gehen wir davon aus, daß er sicherlich Helfer hatte. Ob er den Stein wirklich nur *an* die Tür wuchtete, oder ob damit gemeint war, daß er ihn *vor* den Eingang schob, ist unklar, aber auch nicht sonderlich wichtig - außer er verschloß das Grab noch nicht völlig, weil er nochmals hineingehen wollte. Wir wissen es nicht, sollten uns diesen Sachverhalt jedoch für ein folgendes Kapitel merken! Eindeutig wird das Grab von den Soldaten versiegelt und bewacht, als der Stein schon das Grab verschloß. Die Wache konnte also nicht wissen, ob jemand im Grab lag, oder auch nicht. Das geht auch aus den anderen Berichten der Bibel klar hervor. Ob es wirklich eine Wache gab, oder ob Matthäus sie nur erfand, um dem Ereignis mehr Bedeutung zukommen zu lassen, bleibt auch unklar, da die anderen Evangelien eben kein Wort von einer Wache erwähnen. *Matthäus ist also der einzige Autor, der auch nach der Auferstehung von einer Wache spricht* - nur nennt er sie dort »Hüter«, was immer diese Bezeichnung bedeuten mag.

Um zu wissen, was nach der wundersamen Auferstehung geschah, sollten wir die vier Berichte der Evangelien so miteinander vergleichen, wie es in der Bibel steht:

Die Auferstehung bei Matthäus (28, 1-10):

„Aber spät am Sabbath, in der Dämmerung des ersten Wochentages, kam Maria Magdalene und die andere Maria, um das Grab zu besehen. Und siehe, da geschah ein großes Erdbeben; denn ein Engel des Herrn kam aus dem Himmel hernieder, trat hinzu, wälzte den Stein weg und setzte sich darauf. Sein Ansehen aber war wie der Blitz, und sein Kleid weiß wie Schnee. Aber aus Furcht vor ihm bebten die Hüter und wurden wie Tote. (Warum nur die »Hüter«? - D.A.) Der Engel aber hob an und sprach zu den Weibern: Fürchtet ihr euch nicht, denn ich weiß, daß ihr Jesum, den Gekreuzigten, suchet. Er ist nicht hier, denn er ist auferstanden, wie er gesagt hat. Kommet her, sehet die Stätte, wo der Herr gelegen hat, und gehet eilends hin und saget seinen Jüngern, daß er von den Toten auferstanden ist; und siehe, er geht vor euch hin nach Galiläa, daselbst werdet ihr ihn sehen. Siehe, ich habe es euch gesagt. Und sie gingen eilends von der Gruft hinweg mit Furcht, und großer Freude, und liefen, es seinen Jüngern zu verkünden. Als sie aber hingingen, es seinen Jüngern zu verkünden, siehe, da kam Jesus ihnen entgegen und sprach: Seid gegrüßt! Sie aber traten herzu, umfaßten seine Füße und huldigten ihm. Da spricht Jesus zu ihnen: Fürchtet euch nicht; gehet hin, verkündet meinen Brüdern, daß sie hingehen nach Galiläa, und daselbst werden sie mich sehen.“

Die Auferstehung bei Markus (16, 1-11):

„Und als der Sabbath vergangen war, kauften Maria Magdalene und Maria, die Mutter des Jakobus, und Salome wohlriechende Spezereien, auf daß sie kämen und ihn salbten. Und sehr früh am ersten Wochentage kommen sie zu der Gruft, als die Sonne aufgegangen war. Und sie sprachen zueinander: Wer wird uns den Stein von der Tür der Gruft wälzen? Und als sie aufblickten, sehen sie, daß der

Stein weggewälzt ist; denn er war sehr groß. Und als sie in die Gruft eintraten, sahen sie einen Jüngling zur Rechten sitzen, angetan mit einem weißen Gewande, und sie entsetzten sich. Er aber spricht zu ihnen: Entsetzet euch nicht; ihr suchet Jesum, den Nazarener, den Gekreuzigten. Er ist auferstanden, er ist nicht hier. Siehe da die Stätte, wo sie ihn hingelegt hatten. Aber gehet hin, saget seinen Jüngern und Petrus, daß er vor euch hingeht nach Galiläa; daselbst werdet ihr ihn sehen, wie er euch gesagt hat. Und sie gingen hinaus und flohen von der Gruft. Denn Zittern und Bestürzung hatte sie ergriffen, und sie sagten niemand etwas, denn sie fürchteten sich. Als er aber früh am ersten Wochentage auferstanden war, erschien er zuerst der Maria Magdalene, von welcher er sieben Dämonen ausgetrieben hatte (hier wieder die unglaubliche Vielzahl der Dämonen, von denen man bis in die heutige Zeit kaum noch etwas hört - ein seltsames Phänomen - D.A.). Diese ging hin und verkündete es denen, die mit ihm gewesen waren, welche trauerten und weinten."

Die Auferstehung bei Lukas (24, 1-12):

„An dem ersten Wochentage aber, ganz in der Frühe, kamen sie (Frauen, die nicht näher definiert werden und wie Jesus aus Galiläa kamen. - D.A.) zu der Gruft und brachten die Spezereien, die sie bereitet hatten. Sie fanden aber den Stein von der Gruft weggewälzt; und als sie hineingingen, fanden sie den Leib des Herrn Jesus nicht. Und es geschah, als sie darüber in Verlegenheit waren, siehe, da standen *zwei Männer* in strahlenden Kleidern bei ihnen.

Als sie aber von Furcht erfüllt wurden und das Angesicht zur Erde neigten, sprachen sie zu ihnen: Was suchet ihr den Lebendigen unter den Toten? Er ist nicht hier, sondern ist auferstanden. Gedenket daran, wie er zu euch geredet hat, als er noch in Galiläa war, indem er sagte: Der Sohn des Menschen muß in die Hände sündiger Menschen überliefert und gekreuzigt werden und am dritten Tag auferstehen. Und sie gedachten an seine Worte; und sie kehrten von der Gruft zurück und verkündigten dies alles den Elfen und den übrigen allen. Es waren aber die Maria Magdalene und Johanna und Maria, des Jakobus Mutter, und die übrigen mit ihnen, welche dies zu den Aposteln sagten. Und ihre Reden schienen vor ihnen wie ein Märchen, und sie glaubten ihnen nicht. Petrus aber stand auf und lief zu der Gruft; und sich hineinbückend, sieht er die leinenen Tücher allein liegen, und er ging weg nach Hause und verwunderte sich über das, was geschehen war."

Die Auferstehung bei Johannes (20, 1-18):

„An dem ersten Wochentage aber kommt Maria Magdalene früh, als es noch finster war, zur Gruft und sieht den Stein von der Gruft weggenommen. Sie läuft nun und kommt zu Simon Petrus und zu dem anderen Jünger, den Jesus lieb hatte, und spricht zu ihnen: Sie haben den Herrn aus der Gruft weggenommen, und wir wissen nicht, wo sie ihn hingelegt haben. Da ging Petrus hinaus und der andere Jünger, und sie gingen zu der Gruft. Die beiden liefen aber zusammen, und der andere Jünger lief voraus, schneller als Petrus, und kam zuerst zu der Gruft; und sich vorn- überbückend, sieht er die leinenen Tücher liegen, *und das Schweißtuch, welches auf seinem Haupte war, nicht bei den leinenen Tüchern liegen, sondern besonders zusammengewickelt an einem anderen Orte.* Dann ging auch der andere Jünger hinein, der zuerst zu der Gruft kam, und er sah und glaubte. Denn sie kannten die Schrift noch nicht, daß er aus den Toten auferstehen mußte. Es gingen nun die Jünger wieder heim. Maria aber stand bei der Gruft, draußen, und weinte. Als sie nun weinte, bückte sie sich vornüber in die Gruft und *sieht zwei Engel in weißen Kleidern* sitzen, einen zu dem Haupte und einen zu den Füßen, wo der Leib Jesu gelegen hatte. Und jene sagen zu ihr: Weib, was weinst du? Sie spricht zu ihnen: Weil sie meinen Herrn weggenommen haben, und ich nicht weiß, wo sie ihn hingelegt haben. Als sie dies gesagt hatte, wandte sie sich zurück und sieht Jesum stehen; und sie wußte nicht, daß es Jesus sei. Jesus spricht zu ihr: Weib, was weinst du? Wen suchst du? Sie, in der Meinung, es sei der Gärtner, spricht zu ihm: Herr, wenn du ihn weggetragen, so sage mir, wo du ihn hingelegt hast, und ich werde ihn wegholen. Jesus spricht zu ihr: Maria! Sie wendet sich um und spricht zu ihm auf hebräisch: Rabbuni! das heißt Lehrer. Jesus spricht zu ihr: Rühre mich nicht an, denn ich bin noch nicht aufgefahren zu meinem Vater. Geh aber hin zu meinen Brüdern und sprich zu ihnen: Ich fahre auf zu meinem Vater und eurem Vater, und zu meinem Gott und euren Gott. Maria Magdalene kommt und verkündet den Jüngern, daß sie den Herrn gesehen, und er dies zu ihr gesagt habe."

Wenn von Widersprüchen in der Bibel die Rede ist, dann

wird das gerade bei der so wichtigen Auferstehungsgeschichte deutlich. Kein Bericht gleicht dem anderen. Die Berichte werfen eher viele Fragen auf. Markus und Lukas sind die einzigen, die davon sprechen, daß Frauen zu dem Grab Jesu kamen, um ihn zu salben. Nun wissen wir aber, daß das Grab von einem schweren Stein verschlossen, und eventuell sogar streng bewacht war. Auch die Frauen werden das gewußt haben. Wie wollten sie ohne männliche Helfer den Stein wegwälzen, um den Toten zu salben? Waren sie lediglich etwas debil? Bei Matthäus kommen Frauen zum Grab, um »es zu besehen« - mehr nicht. Der Engel, der plötzlich erscheint, sagt aber „...ich weiß, daß ihr Jesum, den Gekreuzigten suchet." Das lag jedoch nicht in der Absicht der Frauen. Warum auch, da sie ja dem Grab nur einen Besuch abstatten wollten. Sie konnten auch nicht wissen, daß das Grab leer ist. *Der Engel hat sich also geirrt* - ein bemerkenswerter Umstand. Oder hat sich Matthäus bei seiner Niederschrift geirrt? Sehen wir uns zunächst die Fakten in den Evangelien im unmittelbaren Vergleich an:

Matthäus	Markus	Lukas	Johannes

Der Zeitpunkt, an dem die Frauen zum Grab kamen

Matthäus	Markus	Lukas	Johannes
Spät am Abend, in der Dämmerung des ersten Wochentages	*Sehr früh* am ersten Wochentage, *als die Sonne aufgegangen war*	*Ganz in der Frühe,* am ersten Wochentage	*Früh, als es noch finster war,* am ersten Wochentage

Das Erdbeben

Matthäus	Markus	Lukas	Johannes
Es geschah ein »großes Erdbeben«	*Kein* Erdbeben	*Kein* Erdbeben	*Kein* Erdbeben

Ein Engel kam aus dem Himmel hernieder

Matthäus	Markus	Lukas	Johannes
Ein Engel des Herrn kam aus dem Himmel hernieder. (Das Erdbeben wurde durch das Erscheinen des Engels ausgelöst)	*Kein* Engel des Herrn kam vom Himmel	*Kein* Engel des Herrn kam vom Himmel	*Kein* Engel des Herrn kam vom Himmel

Welche Frauen erschienen am Grab?

Matthäus	Markus	Lukas	Johannes
Maria Magdalene und »die andere« Maria	Maria Magdalene, Maria, die Mutter des Jakobus und	Maria Magdalene, Maria, die Mutter des Jakobus und Johanna	*Nur* Maria Magdalene kommt zum Grab

Matthäus	Markus	Lukas	Johannes

Welche Männer erschienen am Grab?

Matthäus	Markus	Lukas	Johannes
Keine Männer am Grab	*Keine* Männer am Grab	Zuerst kommen *nur* Frauen an das Grab. Erst *später*, als Petrus von dem offenen Grab erfuhr, *lief er zur Gruft*, und ging dann wieder gleich nach Hause	Zuerst kommt nur Maria Magdalene zum Grab und unterrichtet sofort die Jünger von dem leeren Grab. Dann laufen Petrus und ein anderer Jünger (»den Jesus lieb hatte«) zum Grab. Dann kam Maria Magdalene zurück zum Grab

Welche Engel waren noch am Grab?

Matthäus	Markus	Lukas	Johannes
Außer dem Engel, der »vom Himmel kam«, waren *keine anderen Engel* am Grab	Ein *Jüngling in weißem Gewand* saß zur »Rechten« im Grab	Es standen *zwei Männer in strahlenden Kleidern* am Grab. Kein eindeutiger Hinweis, daß es Engel waren	*Zwei* Engel *in weißen Kleidern* sitzen in der Gruft dort, wo Jesus gelegen hat

Waren römische Wachen am Grab?

Matthäus	Markus	Lukas	Johannes
Die Hüter (Wache) bebten vor Furcht und waren »wie Tote«	*Keine* Wache am Grab	*Keine* Wache am Grab	*Keine* Wache am Grab

Matthäus	Markus	Lukas	Johannes

Worte der Engel, des Jünglings und der Männer

Matthäus	Markus	Lukas	Johannes
Ein himmlischer Engel sagt: „Fürchtet ihr euch nicht, denn ich weiß, daß ihr Jesum, den Gekreuzigten, suchet. Er ist nicht hier, denn er ist auferstanden, wie er gesagt hat. Kommet her, sehet die Stätte, wo der Herr gelegen hat, und gehet eilends hin und saget seinen Jüngern, daß er von den Toten auferstanden ist; und siehe, er geht vor euch hin nach Galiläa, daselbst werdet ihr ihn sehen. Siehe, ich habe es euch gesagt."	Der *Jüngling in weißem Gewand* sagt: „Entsetzet euch nicht; ihr suchet Jesum, den Nazarener, den Gekreuzigten. Er ist auferstanden, er ist nicht hier. Siehe da die Stätte, wo sie ihn hingelegt hatten. Aber gehet hin, saget seinen Jüngern und Petrus, daß er vor euch hingeht nach Galiläa; daselbst werdet ihr ihn sehen, wie er euch gesagt hat."	Zwei Männer *in strahlenden Gewändern* sagen: „Was suchet ihr den Lebendigen unter den Toten? Er ist nicht hier, sondern ist auferstanden. Gedenket daran, wie er zu euch geredet hat, als er noch in Galiläa war, indem er sagte: Der Sohn des Menschen muß in die Hände sündiger Menschen überliefert und gekreuzigt werden und am dritten Tag auferstehen."	Zwei *Engel* in weißen Kleidern sagen: „Weib, was weinest du?"

Matthäus	Markus	Lukas	Johannes

Die Worte Jesu nach der Auferstehung am Grab

Matthäus	Markus	Lukas	Johannes
Als die Frauen vom Grab kamen, um den Jüngern die Worte des Engels zu verkünden, begenet ihnen Jesus und sagt:	Jesus begegnet früh am ersten Wochentage Maria Magdalene. Markus liefert uns *keine* Aussage	*Kein* Wort von Jesus und *keine* Begegnung mit dem Herrn	Maria Magdalene verwechselt Jesus am Grab mit dem Gärtner. Jesus sagt: „Weib, was weinest du? Wen suchst du?"
„Seid gegrüßt!"			
Nachdem die Frauen *seine Füße umfaßten* sagt Jesus fast *den gleichen Text*, den der Engel sagte:			Jesus wendet sich nochmals Maria zu und sagt: „Maria!"
„Fürchtet euch nicht; gehet hin, verkündet meinen Brüdern, daß sie hingehen nach Galiläa, und daselbst werden sie mich sehen."			Sie erkennt nun Jesus, der sagt: *„Rühre mich nicht an*, denn ich bin noch nicht aufgefahren zu meinem Vater. Geh aber hin zu meinen Brüdern und sprich zu ihnen: Ich fahre auf zu meinem Vater und eurem Vater, und zu meinem Gott und euren Gott."

In 1. Korinther, 15, 17 steht: „Wenn aber Christus nicht auferweckt ist, so ist euer Glaube eitel; ihr seid noch in euren Sünden. Also sind auch die, welche in Christo entschlafen sind, verloren gegangen." H. P. Liddon sagte: „Der Glaube an die Auferstehung ist der wahre Schlußstein im Bogen des christlichen Glaubens; nimmt man ihn weg, *bricht alles andere zusammen.*" B. B. Warfield meinte: „Christus machte seinen ganzen Anspruch auf die Anerkennung seitens der Menschen von seiner Auferstehung abhängig. Als man ihn um ein Zeichen bat, wies er auf dieses Zeichen als einzige und ausreichende Beglaubigung hin." W. J. Sparrow-Simpson erklärt: „Ist die Auferstehung keine historische Tatsache, *so bleibt die Macht des Todes und damit die Auswirkung der Sünde ungebrochen;* die Bedeutung des Todes Christi bleibt unbestätigt, und demnach sind die Gläubigen noch in ihren Sünden, genau da, wo sie sich befanden, ehe sie den Namen Jesus hörten."

Das sind nur einige von vielen Aussagen bibelkundiger Menschen, wenn es sich um die enorme Bedeutung dieses Geschehens dreht. Wenn nicht Jesus selbst in der Bibel seine Auferstehung von den Toten mehrfach prophezeit, und somit zugleich seinen Anspruch auf seine göttliche Abstammung geltend gemacht hätte, wäre dieses Thema auch nicht von so herausragender Bedeutung. Was Christen betrifft, so nehmen sie Jesus wegen seiner Wundertaten (die ihn als Sohn Gottes ausweisen), seiner Philosophie und Weltanschauung sowie seiner Vergebung der Sünden durch die Hingabe seines Blutes an und glauben an ihn - trotz aller Widersprüche. Man stelle sich vor, was geschehen würde wenn herauskäme, daß die Auferstehungsgeschichte unwahr und reine Erfindung ist. Rund zweitausend Jahre Christentum, in denen viel Blut vergossen wurde, würden mit einem Schlag wie ein Kartenhaus zusammenfallen und die gesamte Kirche mitreißen!

Warum gibt es aber gerade in der Bibel, dem Bollwerk des Christentums, so auffallend viele Widersprüche und Ungereimtheiten, wie aus der vorliegenden Auflistung der verschiedenen Versionen zu ersehen ist? Offensichtlich kann auch hier Gottes Wort mal wieder von den Autoren des Neuen Testaments nicht genau niedergeschrieben worden sein. Oder die Überlieferungen waren schon mit Widersprüchen und Fehlern durchsetzt. Es ist fast schon ein Wunder, daß uns diese Texte so erhalten geblieben sind, denn gerade hier hätte die frühe Kirche tatsächlich die Möglichkeit gehabt, die alten Texte zu »überarbeiten«, um nicht ihre eigene Existenzberechtigung zu gefährden und den Kritikern keine Angriffsfläche zu bieten.

Die Kirche hat häufig die alten Texte manipuliert. Es ist schon erstaunlich, daß sie die oben angeführten Widersprüche nicht weiter »überarbeitet« hat. Hat es sich in allen Fällen überhaupt um Engel gehandelt? Bei Matthäus wird außer dem Engel »der vom Himmel kam« keine weitere Engelvision angeführt. Markus spricht lediglich von einem »Jüngling« in einem weißen Gewand am Grab. Hier scheint es sich um einen normalen Menschen gehandelt zu haben. Eventuell ein Mitglied der Essener-Sekte, von der man weiß, daß sie weiße Gewänder trugen. Oder auch einer der Helfer des Joseph von Arimathia, ein geheimer Jünger Jesu.

Lukas berichtet dagegen von *zwei Männern* am Grab. Er behauptet nicht, daß es Engel waren. Auch sie trugen »strahlende Kleider«, was man durchaus mit der Farbe Weiß interpretieren kann. Man spricht ja z.B. heute noch von einem »strahlend weißen« Gewand, um den Unterschied zu einem gedeckten, etwas dunkleren oder vergilbten Weiß zu verdeutlichen. Wir haben keinen Anhaltspunkt, um welche Männer es sich gehandelt haben könnte. Auch hier besteht die Möglichkeit, daß es Essener gewesen sind.

Die Jesusforschung hat zwar keinen Beweis, daß Jesus Kontakt zu den Essenern hatte, aber da sie den damaligen Juden bestens bekannt waren und eine ähnliche Philosophie wie Jesus hatten, wäre eine Verbindung nicht nur denkbar, sondern sogar wahrscheinlich. Im Johannes-Evangelium ist dann eindeutig von zwei Engeln »in weißen Kleidern« die Rede, die sich *im* Grab aufhielten. Welche der vier Varianten soll der Christ nun glauben? Man könnte beim besten Willen noch nicht einmal eine Empfehlung abgeben.

Selbst bei den Worten, die der eine Engel, der eine Jüngling, die zwei Männer und die zwei Engel an die verschiedenen Besucher am Grab richteten, gibt es keine Übereinstimmung, obwohl sich der Inhalt der Worte bei Matthäus, Markus und Lukas zumindest ähnelt. Bei Johannes sagen die zwei Engel nur „Weib, was weinest du?" - lediglich eine kurze rhetorische Frage, denn warum die Frauen geweint haben, liegt wohl auf der Hand.

Bei den Worten Jesu am Grab gibt es ebenfalls keine Einigkeit. Bei Matthäus begrüßt er die Frauen recht fröhlich („Seid gegrüßt!") und weist sie dann an, den Jüngern zu sagen, daß sie nach Galiläa gehen sollen, um ihn dort zu treffen. Markus erwähnt zwar Jesus der Maria Magdalene begegnet, aber Markus überliefert uns kein einziges Wort des Herrn. Der Text von Lukas erwähnt Jesus *gar nicht!* Bei Johannes redet Jesus nur mit Maria Magdalene, die ihn zunächst für einen Gärtner hält. Ein seltsamer Umstand, der nur damit zu erlären ist, daß Jesus nach den Torturen entstellt aussah - das Grabtuch von Turin zeigt im Gesicht deutliche Schwellungen, die Abschürfung an der Stirn sowie das offenbar gebrochene Nasenbein Jesu. Verwirrend ist auch, daß bei Matthäus die Frauen »seine Füße umfaßten«, aber Jesus im Johannes-Evangelium der geschätzten Maria Magdalene verbietet, ihn zu berühren...

Welche der bekannten Auferstehungsversionen der Apostel nun den historischen Tatsachen entspricht, wissen wir leider nicht. Wir wissen noch nicht einmal, zu welcher Zeit Jesus das Grab verließ. Sicher ist nur, daß das Grab leer war - und der schwere Stein abseits lag. Was den Stein betrifft, so verkennen viele Menschen die eigentliche Bedeutung seiner Entfernung. Der Stein wurde nicht zur Seite gewuchtet, damit Jesus das Grab verlassen konnte. Das hatte er nicht nötig, denn er erschien den Jüngern nach seiner Auferstehung, indem er trotz einer verschlossenen Tür plötzlich mitten im Raum stand. Sein letztes Wunder. Nein, der Stein wurde entfernt, damit die Menschen *in das Grab sehen und gehen konnten*, um an das Wunder zu glauben!

Als die Frauen zum Grab kamen, war es vermutlich sehr früh in der Morgendämmerung am »ersten Wochentage«. *Nur der Matthäusbericht liefert wieder mal eine andere*

236

Version. Danach kamen zwei Frauen erst »spät am Abend in der Dämmerung« zum Grab. Einig sind sich die Evangelisten über den Tag - es war der erste Wochentag. *Auch was das Erdbeben betrifft, ist Matthäus wieder der einzige, der davon berichtet.* Überhaupt scheint Matthäus eine auffällige Neigung gehabt zu haben, die Sachverhalte zu glorifizieren und zu dramatisieren. Wir erinnern uns - *auch bei der Kreuzigung war Matthäus der einzige Evangelist, der von einem Erdbeben und von der römischen Wache am Grab berichtet!* Es scheint ratsam, daß wir die Berichte des Matthäus mit einer gewissen Distanz und Vorsicht betrachten. Ebenso *spricht Matthäus wieder als einzige Person* von dem Engel, der nach der Auferstehung Jesu »aus dem Himmel hernieder kam«. Markus, Lukas und Johannes wissen offensichtlich nichts davon - ein recht bemerkenswerter Umstand.

Zu der Frage, welche Frauen zuerst am Grab erschienen, sind *alle* Evangelisten *unterschiedlicher* Meinung. Bei Matthäus ist es Maria Magdalene und »die andere Maria« - wer immer sie auch gewesen sein könnte. Markus erwähnt dagegen Maria Magdalene, Maria, die Mutter des Jakobus und Salome. Lukas spricht von Maria Magdalene, Maria, der Mutter des Jakobus und Johanna. Bei Johannes kommt nur Maria Magdalene zum Grab. Uneinig sind sich die Autoren der Heiligen Schrift auch über die Männer, die am Grab auftauchten. Matthäus und Markus erwähnen *keine* Männer. Bei Lukas trifft Petrus später, nach den Frauen, am Grab ein, um nach kurzer Zeit „wieder gleich nach Hause zu gehen". Eigenartig ist, daß er nicht sofort seine Mitjünger und besten Freunde von diesem Ereignis in Kenntnis setzte! Johannes erwähnt zunächst auch die Frauen, die dann Petrus und einen anderen Jünger, »den Jesus sehr lieb hatte«, informierten. Darauf rannten die beiden Jünger zum Grab.

Noch interessanter wird es bei den verschiedenen Engelerscheinungen. Kann man sich bei Betrachtung aller Varianten und Widersprüche ein einheitliches, sich ergänzendes Bild von den Geschehnissen rund ums Grab machen? Sicher könnte man eine Auferstehungsversion rekonstruieren, die ein einigermaßen sinnvolles Ganzes ergibt. Es wäre nicht sonderlich schwer, denn man braucht lediglich die zu jedem Bereich meisten Übereinstimmungen zu nehmen, zu einer Einheit zu verbinden und schon hat man einen »neuen« Auferstehungsbericht, der den Tatsachen eventuell recht nahe käme. Diesen Versuch werde ich aber nicht unternehmen, da ich denke, es steht uns nach zweitausend Jahren nicht zu, Teile der Bibel neu zu schreiben! Also praktizieren wir Glaubensfreiheit und überlassen es jedem Christen selbst, an seine »eigene« Auferstehungsversion zu glauben.

Damit kein Mißverständnis entsteht, ich bin der Überzeugung, daß Jesus, der Wunder vollbringen und sogar im Beisein vieler Zeugen Tote zum Leben erwecken konnte, auch selbst (mit Hilfe seines himmlischen Vaters) von den Toten auferstand, zumal er es auch zuvor mehrfach angekündigt hat. Wäre er nicht sicher gewesen, hätte er diese Vorhersagen wohl kaum gemacht, denn ein Scheitern hätte mit einem Schlag sein gesamtes Wirken zerstört und ihn zu einem Größenwahnsinnigen abgestepelt! Er wäre für Lügen gekreuzigt worden, und es hätte kein Christentum gegeben. Ebenso halte ich die Kreuzigung für eine historische Tatsache. Akzeptieren wir doch einfach, daß die widersprüchlichen Texte nun mal durch unterschiedliche Überlieferungen und menschliche Unzulänglichkeiten entstanden sind. Das Hauptproblem ist nach wie vor die oft bekundete Eingebung der biblischen Texte durch Gott selbst. Ich denke, daß in diesem Buch inzwischen mehrfach deutlich belegt wurde, daß Gottes Wort von den biblischen Autoren unterschiedlich interpretiert, verstanden und niedergeschrieben wurde. Vermutlich hat auch die frühe Kirche ihren Beitrag zu dieser Verwirrung geleistet. Wer weiß, welche geheimen Dokumente noch heute im Vatikan verborgen sind und nie das Licht der Öffentlichkeit sehen werden.

Es wäre auch völlig absurd, zu denken, Gott hätte den damaligen Menschen vier verschiedene Kreuzigungsversionen und vier verschiedene Auferstehungsvarianten »eingegeben«. Überhaupt stellt sich die Frage, ob Gott zu dieser Zeit der »eigentliche« Autor der Evangelien war. Vieles spricht dafür, daß es wahrscheinlicher ist, daß die Evangelisten ihre Informationen durch mündliche Überlieferungen verschiedener Personen und eventuell in Ausnahmefällen auch von Augenzeugen erhalten hatten. Aber wir können hier leider nur vermuten, spekulieren und Spuren suchen. Vieles erscheint mir wie ein großes Puzzle, bei dem allerdings mehrere Steine fehlen. Ich betone hier nochmals: Ziel dieses Buches ist nicht, Ihren Glauben zu zerstören, sondern durch möglichst genaue Analyse der Fakten zu eruieren, *was* wir glauben.

Versuche, die Auferstehung Jesu
von den Toten zu widerlegen

Seit langer Zeit versuchen Bibelkritiker die Auferstehung Jesu durch verschiedene Theorien zu widerlegen. Wir wollen diesen Umstand hier nicht verschweigen, sondern versuchen, objektiv die einzelnen Theorien zu durchleuchten. Exegeten, Bibelforscher, Theologen und Jesusforscher kennen sicher einige dieser Theorien, von denen wir hier nur die »sinnvollen« Versionen vorstellen. Da dieses Buch nicht nur für Christen, sondern für jeden Menschen, den diese Thematik interessiert, geschrieben wurde, wollen wir uns auch diesem etwas »delikaten« Bereich widmen. Auch wenn manches abwegig klingt, so stehen die folgenden Theorien trotzdem noch immer im Raum:

1. Die Diebstahltheorie

Im Bericht der Bibel versuchten die Hohenpriester und Ältesten die römischen Soldaten mit Schmiergeldern zu einer Notlüge zu bewegen, damit die Wahrheit nicht an den Tag kam. Hatten sie solche Angst vor einem leibhaftig auferstandenen Jesus? Lesen wir bei Matthäus 28, 11-15, der die Wache *überhaupt* erwähnt:

„Während sie aber hingingen, siehe, da kamen *etliche* (es war also eine starke Wache - D.A.) von der Wache in die Stadt und verkündigten den Hohenpriestern alles was geschehen war. Und sie versammelten sich mit den Aeltesten und hielten Rat; und sie gaben den Soldaten Geld genug und sagten: Sprechet: Seine Jünger kamen bei Nacht und stahlen ihn, während wir schliefen. Und wenn dies dem Landpfleger zu Ohren kommen sollte, so werden wir ihn zufriedenstellen und machen, daß ihr ohne Sorge seid. Sie aber nahmen das Geld und taten, wie sie unterrichtet worden waren."

Zweifellos wollten die Hohenpriester und Ältesten *auch* den Landpfleger bestechen, damit die Soldaten nicht bestraft wurden. Das war nötig, denn wenn ein Soldat die Wache verließ oder einschlief, wurde er gnadenlos mit dem Tode bestraft, was zu einer vorbildlichen Disziplin bei dieser erstklassigen Kampftruppe führte. Bestechung war eben auch schon bei den alten Römern ein beliebtes Mittel, um ein Ziel zu erreichen. Warum aber akzeptierten die Hohenpriester den Bericht der Wachen nicht einfach? Was hatten sie zu befürchten? Warum erzählte die Wache *überhaupt* von den Vorgängen am Grab, denn sie konnten zunächst ja nicht mit der Unterstützung der Hohenpriester und Ältesten rechnen? Hätten sie die unglaubwürdigen Vorgänge am Grab geleugnet, wer hätte es gewagt, an den Aussagen römischer Elite-Soldaten und deren Hauptmann unter Pontius Pilatus zu zweifeln? Sie hätten nur den Stein wieder vor das Grab wälzen müssen, um dann nach Ablauf der Wachzeit bedenkenlos den Schauplatz zu verlassen - unter dem Motto »nach mir die Sintflut«. Diese Diebstahltheorie war bei den Juden durchaus populär, wie uns z.B. die Schriften des Justins (ein Märtyrer), Tertullians sowie anderer Kirchenväter berichten. Auf jeden Fall ist es eine unsinnige Theorie, daß die Jünger Jesu den Leib Christi gestohlen haben sollen. Wie wir wissen, waren die Jünger keine mutigen Männer - eher Angsthasen. Sie hielten sich versteckt, als die Situation um Jesus sich ihrem Ende neigte. Wenn wir davon ausgehen, daß vor dem Grab noch eine stark bewaffnete römische Wache stand, dann wird das Ganze noch unwahrscheinlicher. Jeder einzelne Römer war bestens für jeden Angriff gewappnet. Jeder einzelne Soldat hätte es wohl spielend mit fünf Jüngern aufnehmen können. Da Schlaf bei der Wache, wie wir wissen, mit dem Tode bestraft wurde, scheidet auch diese Möglichkeit aus. Selbst wenn die Wache geschlafen hätte, wären sie durch den Lärm der Jünger schon durch das Wegwälzen des schweren Steins geweckt worden. Die Jünger als Diebe? Völlig ausgeschlossen! Ich denke, sie hockten verängstigt, ratlos, niedergeschlagen und enttäuscht in ihren Behausungen, um später wieder ihrer gewohnten Arbeit nachzugehen, denn sie mußten sich auch um ihre lange vernachlässigten Familien kümmern!

An eine wahrhaftige Auferstehung Jesu von den Toten hat wohl keiner ernsthaft geglaubt, zumal Jesus teilweise auch sehr verschlüsselt von diesem Geschehen sprach („...dieser Tempel wird abgerissen und in drei Tagen wieder aufgebaut werden..."). Nein, die Jünger konnten es nicht gewesen sein. Petrus hat aus Feigheit sogar seinen Herrn verleugnet, obwohl er bei der Ergreifung des Herrn sein Schwert einsetzte. Er hatte wohl zwei Seelen in seiner Brust. Selbst wenn die Jünger mutig und waghalsig genug gewesen wären, wie hätten sie eine solche Aktion anstellen sollen? Da die Jünger Sinn und Zweck der Kreuzigung und Auferstehung offenbar nicht begriffen, hatten sie erst recht keinen triftigen Grund die Leiche zu stehlen, auch wenn sie ihrem Lehrer drei Jahre gefolgt sind. Die Bibel bestätigt diesen Gedanken (Johannes 20, 9): „Denn sie (die Jünger) kannten die Schrift noch nicht, daß er aus den Toten auferstehen mußte."

Andere Diebe, wie z.B. ungläubige Juden hätten auch keinen Grund gehabt, die Leiche zu entfernen. Hätten sie es getan, so wäre der tote Christus wahrscheinlich für alle Leute sichtbar durch Jerusalem getragen worden, um zu beweisen, daß es keine Auferstehung von den Toten gegeben hat, zumal der lang ersehnte Messias, der sie von der Unterjochung der Römer erlösen sollte, für sie kläglich durch seinen Tod am Kreuz gescheitert war. Das gleiche gilt auch für die Römer. Hätten sie den Leichnam Jesu aus dem Grab genommen, dann hätten auch sie den toten Körper öffentlich zur Schau gestellt, um den Anhängern des Herrn ihre Illusionen zu nehmen.

Wer auch immer versuchen wollte, Jesus aus dem Grab zu holen, hätte allerdings eine gute Chance gehabt - in der Nacht nach dem Rüsttag, denn da wurde das Grab noch nicht gesichert. Diesen Umstand muß man akzeptieren. Eigentlich käme nur Joseph von Arimathia in Frage, wenn man ihm unterstellt, daß er die Auferstehung des Herrn vortäuschen wollte. Auch für Joseph muß der Tod am Kreuz als »geheimer« Jünger Jesu ebenso wie für die anderen Jünger eine Enttäuschung und ein Schlußstrich gewesen sein. Ich denke, die Diebstahlstheorie ergibt keinen Sinn. Niemand hätte ein echtes Interesse an einer solchen Aktion haben können.

2. Die Halluzinationstheorie

Hier gehen einige wenige Skeptiker davon aus, daß die gesamte Auferstehungsgeschichte reine Einbildung, bzw. Wunschdenken gewesen ist. Die Tatsachen des Neuen Testaments sprechen allerdings eine deutliche Sprache *gegen* solche Theorien und stehen im Widerspruch zu dieser Theorie, die keinerlei Sinn macht. Was ist eine Halluzination? Der Betroffene sieht keine realen Dinge, sondern seine Psyche gaukelt ihm eine Scheinwahrheit vor, die der Betreffende als Realität akzeptiert. Also eher ein fast krankhaftes Phänomen der Psyche.

Es gab einfach zu viele Personen, die über konkrete Dinge berichteten. Da waren Joseph von Arimathia, die Berichte der Frauen am Grab, die römische Wache, und die Erfahrungen der Jünger am Grab. Hinzu kommt, daß Jesus nach der Kreuzigung und seiner Auferstehung von den Toten nicht nur von seinen Jüngern vierzig Tage gesehen wurde, sondern ebenso von sehr vielen anderen Menschen. Es ist ähnlich wie bei dem bekannten UFO-Phänomen oder bei dem angeblichen Wunder von Fatima - es können einfach nicht Tausende Zeugen Halluzinationen oder Visionen gehabt haben. Es mag eventuell einige geistig verwirrte Zeugen gegeben haben, aber dies trifft mit Sicherheit nicht auf alle zu. So viele »Psychopathen« kann es gar nicht gegeben haben. Die Jünger wären auch kaum wie ausgewechselt, zu überzeugten und urplötzlich mutigen Verfechtern der Lehren Jesu geworden, wenn alles nur Lüge und Halluzination gewesen wäre. Einige sind später sogar für ihre Überzeugung in den Tod gegangen. Wie schon gesagt, läßt sich ein Mensch höchst selten für eine Lüge oder Vision ermorden. Diese Theorie ist schlichtweg absurd und unhaltbar. Diese Version würde sofort als lächerlicher Unsinn abgetan werden, wenn man sie auf verschiedene andere Ereignisse der Geschichte anwenden würde.

Die Ohnmachts- oder Scheintodtheorie

Diese Theorie ist wohl die am meisten diskutierte und auch umstrittenste Version. Warum? Weil es einige Hinweise dafür gibt, die zwar nicht den Tatsachen entsprechen müssen, aber durchaus einen gewissen Sinn ergeben - *wenn man halt die Dinge so sehen will.* Diese Theorie geht davon aus, daß Jesus noch gelebt hat, als Joseph von Arimathia ihn vom Kreuz nahm - also scheintot war, was medizinisch gesehen denkbar war. Durch die erfrischende, im wahrsten Sinne des Wortes belebende Kühle des Grabes, sowie durch die ebenfalls belebende Wirkung der Spezereien mit denen man Jesus angeblich umgeben hat, kam Jesus wieder zu Bewußtsein und verließ das Grab, nachdem er körperlich wieder einigermaßen in Ordnung war. Das ist die »alte« Theorie, inzwischen gibt es eine aktuellere Version, die wesentlich plausibler und damit auch brisanter ist. Zunächst wollen wir aber die klassische Ohnmachtstheorie durchleuchten:

Ein Aspekt, der dagegen spricht, sind die furchtbaren Torturen, denen Jesus zuvor ausgesetzt war: Todesangst im Garten, die Verhaftung, die Mißhandlung und Verspottung in der Halle des Palastes sowie im Prätorium des Pilatus, die grausame Geißelung durch die Römer, der beschwerliche Weg nach Golgatha, bei dem Jesus einen Schwächeanfall erlitt, wodurch ein anderer Mann den Querbalken tragen mußte, die unvorstellbaren Qualen der Kreuzigung - ständig mit der schmerzhaften Dornenhaube auf dem Kopf - sowie weitere psychische Belastungen, auf die auch der Körper reagiert. Dies alles läßt nur schwer auf eine todesähnliche Ohnmacht schließen, zumal eine Kreuzigung in praktisch allen Fällen tödlich endete.

Geschichtlich belegt ist der besagte Fall, wo ein Gekreuzigter überlebte, nachdem man ihn *vor* Ablauf der Prozedur vom Kreuze nahm, was bei Jesus theoretisch auch der Fall gewesen sein könnte. Erinnern wir uns nochmals an die verwunderten Worte des Pilatus, der kaum glauben konnte, daß Jesus schon tot gewesen sein soll. Die Römer, die für die Kreuzigung verantwortlich waren, bestätigten Pilatus jedoch den Tod, zumal Jesus auch noch eine Lanze zwischen die Rippen gestoßen wurde. Ausgehen kann man auch davon, daß die römischen Schergen durch ihre große Erfahrung mit dem Tod wohl recht genau abschätzen konnten, ob ein Mensch tatsächlich tot war oder eben nicht. Aber auch in unserer Zeit gibt es in der Medizin immer wieder Fälle von Patienten, welche die Ärzte schon für klinisch tot hielten, die dann aber doch noch »zurückgeholt« werden konnten. Ich verweise hier auf die Erfahrungen von Dr. med. R. A. Moody, der in dem Buch »Leben nach dem Tod« ausführlich von solchen Fällen berichtet. Allerdings waren diese Patienten nie endgültig tot.

Vor allem der Stich mit der Lanze spricht für einen vorzeitigen Tod Jesu, denn die Bibel berichtet, daß Blut *und* Wasser aus der Wunde flossen. Das kann unter Umständen auf eine tiefgehende Zersetzung der Lebenssäfte hindeuten, wobei es sich natürlich nicht um reines Wasser, sondern um ein wasserähnliches Serum handelte. Nicht zu belegen ist, ob der Lanzenstich, der durch die fünfte und sechste Rippe (sichtbar am Grabtuch von Turin) in den Brustkorb drang, auch den Herzmuskel bzw. den Herzbeutel durchstoßen hat. Man kann aber vermuten, daß dies der Fall gewesen ist. Der Körper hat auf den Stoß *nicht* reagiert, was stark auf den Tod hindeutet.

Nehmen wir trotzdem einmal an, diese Theorie entspräche den Tatsachen, dann muß man sich folgende Situation vorstellen: Jesus kam schwer verwundet und dem Tode nah in das Grab. Er hatte viel Blut verloren, der Rücken war zerfetzt, Adern und Sehnen durchtrennt, Wundbrand und Entzündungen stellten sich ein - mit anderen Worten, wäre er nicht am Kreuz gestorben, dann mit an Sicherheit grenzender Wahrscheinlichkeit an den Folgen aller Martern, zumal ihn (soweit wir wissen) kein fachkundiger Arzt behandelte. In einem heutigen Krankenhaus hätte man Jesus eventuell noch retten können, aber kaum in dieser Gruft. Ob die Kühle des Grabes und die angeblich heilende Wirkung der Spezereien Jesus wieder aufrichteten, ist mehr als fraglich. Er hatte auch keine Zeit, denn er mußte das Grab spätestens noch in derselben Nacht wieder verlassen, da sonst nicht nur der schwere Rollstein, sondern auch die römische Wache ein Verlassen der Gruft unmöglich gemacht hätten. Die »Auferstehung« wäre prompt gescheitert. Nun gut. Man könnte an dieser Stelle natürlich auch darüber spekulieren, ob ein Gottessohn der schwerste Krankheiten geheilt und sogar Tote zum Leben erweckt hat, sich nicht auch selbst geheilt haben könnte - und sei es mit Hilfe seines himmlischen Vaters. Auch hätte er dann durch seine überirdischen Fähigkeiten sowohl den Stein wegstoßen und die römische Wache in Ohnmacht versinken lassen können. Wer an die in der Bibel geschilderten Wunder und an die Gottessohnschaft Jesu glaubt, der muß auch eine solche Möglichkeit, wenn wir nur von den Fähigkeiten Jesu sprechen, akzeptieren. Jedoch machen einige dieser Vermutungen wenig Sinn, *da Jesus ja nicht leben, sondern unbedingt am Kreuz für unsere Sünden sterben wollte.* Wahn oder Barmherzigkeit? Das sollten wir nicht vergessen! Was wir aber eben nicht genau wissen, ist, wie und in welchem körperlichen Zustand Jesus aus dem Grab kam.

Sicher ist nur, daß er sich bald darauf seinen Jüngern als der strahlende Heiland, der den Tod überwunden hat, präsentierte. Für einen Mann aber, der gerade nach furchtbaren Torturen kurz vor dem Tode stand, wäre ein solches Erscheinen sicherlich nicht möglich gewesen. Das steht fest. Ein Mensch, der aus der Ohnmacht erwacht ist, hätte wohl kaum kurz darauf erschöpft und mit seinen durchstochenen Füßen den ca. zwölf Kilometer langen Weg von Jerusalem nach Emmaus bewältigen können. Ein christlicher Autor, der in einem Buch auch die Ohnmachtstheorie erwähnt, um natürlich zu dem Schluß zu kommen, sie sei falsch, führt noch ein weiteres Argument gegen diese Theorie ins Feld.

Er zitiert eine Quelle, die davon ausgeht, daß die Grabtücher, in die Jesus gewickelt war, nach der Auferstehung noch so im Grab gelegen hätten, als würde sich ein Körper darin befinden - „die Form des Körpers ließ sich noch erkennen" sagt ein alter Text. Was soll uns dieser Hinweis sagen? Ist Jesus aus seiner Umhüllung einfach entschwunden? Warum nicht, er war schließlich Gottes Sohn. Das beste aller Argumente, das zumindest gegen *diese* Version spricht, ist die Tatsache, daß Jesus vorbildlich in jeder Hinsicht war, die Sünde für sich nicht akzeptierte, und weil er vor allem stets die Wahrheit sagte - er log nie. Also wird er auch seine geliebten Jünger, die er nach seiner Auferstehung traf, nicht angelogen haben. Das entspricht einfach *nicht* dem Jesus der Evangelien.

Die Verschwörungstheorie

Diese Theorie von der Auferstehung, bzw. Auf*erweckung* Jesu ist deshalb brisant, da sie in der Tat zunächst recht schlüssig klingt, und einige ungeklärte Fragen, die sich bei der Kreuzigung und Auferstehung ergeben, beantworten könnten. Die Geschichte ist folgende: Jesus war stets bemüht, die alten Prophezeiungen der Bibel, was seine Person betraf, zu erfüllen. Also auch die Kreuzigung. Dann gab es einen gefährlichen, aber schlau durchdachten Plan, den sich vermutlich Joseph von Arimathia ausgedacht hat. Ob bei dieser Theorie Jesus in diesen Plan eingeweiht war weiß man nicht. Vermutlich wohl nicht, da er den Tod am Kreuz wollte.

Joseph von Arimathia wird in der ganzen Bibel nicht erwähnt. Erst als Jesus gekreuzigt wurde, tritt er urplötzlich als weiterer sog. »geheimer« Jünger Jesu in Erscheinung. Joseph war Ratsherr in Jerusalem und kam vermutlich aus Arimathia. Er war wie gesagt reich, angesehen und hatte dadurch auch den entsprechenden Einfluß bei wichtigen Persönlichkeiten. Und er hatte eine starke Zuneigung zur Person Jesus Christus. Die Bibel erzählt uns nicht, ob Jesus jemals zuvor mit ihm Kontakt hatte. Wie wir aber wissen, hatte dieser Joseph eventuell in weiser Vorraussicht ein Felsengrab in der Nähe des Golgathafelsens rechtzeitig anlegen lassen. In der Bibel steht, daß es eigentlich sein eigenes Grab sein sollte. Also bleibt die Frage, warum sollte Joseph sein eigenes Grab, eventuell weit entfernt von seiner wahren Heimat anlegen lassen? Als Jesus gekreuzigt wurde, war Joseph auch anwesend, davon kann man ausgehen. Laut Plan hat Joseph eventuell Longinos, den Hauptmann der römischen Wache aus *fünf* Gründen bestochen: 1. Um Jesus mit einem an ein Rohr befestigten Schwamm nicht Essig, sondern ein starkes, schnell wirkendes Opiat zu reichen (wir erinnern uns an die Berichte der Evangelien, *daß Jesus sofort den Geist aufgab, nachdem er den Trank schluckte*), was zu einem todesähnlichen Zustand führte, worauf wir noch zurückkommen werden. 2. Um den Lanzenstich selbst auszuführen, so daß Jesus *nicht tödlich* verwundet wurde. 3. Damit er bei Pilatus den Tod Jesu bestätigte. 4. Um Sorge dafür zu tragen, daß Jesus die Beine nicht gebrochen werden - auch nicht von seinen Schergen. 5. Um die wenigen römischen Krieger bei der Kreuzigung zum

Schweigen zu bringen, falls einer der Soldaten etwas merken sollte. Was natürlich hätte fatal werden können.

Möglich ist auch, daß Joseph von Arimathia an den Hauptmann kein Geld zahlen mußte. Eventuell hat er ihn sogar gekannt, und der Römer war freiwilliger Bestandteil des Komplotts, denn aus der Bibel geht hervor, daß dieser Hauptmann »Gott verherrlichte« und sagte, das Jesus Gottes Sohn sei. Also kann auch dieser Römer ein weiterer »geheimer« Jünger Jesu gewesen sein. Das klingt logisch, denn warum sollte ein normaler römischer Krieger, der mit Sicherheit schon viele Menschen gekreuzigt hatte und gewohnt war, wie eine Maschine nur Befehle auszuführen, plötzlich einen jüdischen Aufrührer, also einen feindlichen Zeloten, verehren und dessen himmlischen Vater auch noch verherrlichen?

Zurück zu dem Schwamm mit Essig. Ob es tatsächlich Essig war, weiß niemand. Es war zu dieser Zeit durchaus nicht ungewöhnlich, daß man einem Gekreuzigten einen mit Myrrhe oder Weihrauch gewürzten Wein reichte, um eine leicht narkotische Wirkung zu erzeugen. Das entsprach auch der jüdischen Sitte. Im jüdischen Talmud liest man eine Stelle, wo steht: „Dem, der hinausging, um hingerichtet zu werden, gab man ein Stückchen Weihrauch in einem Weinbecher, um ihm das Bewußtsein zu nehmen." In der Bibel ist aber von gewürztem Wein keine Rede. Wir lesen von Essig, bzw. von einem sauer schmeckenden Getränk. Essig heißt im Lateinischen »acetum« und kommt von »acidus«, was »sauer« bedeutet.

Wie schon spekuliert, wurde der betäubende Trank vom römischen Hauptmann selbst Jesus gereicht, damit seine Schergen nicht merkten, daß es kein Essig ist. Es könnte theoretisch also auch Opium gewesen sein, welches den Juden schon lange zuvor bekannt war. Opium ist der an der Luft getrocknete milchige Saft der angeritzten, unreifen Fruchtkapseln einer besonderen Mohnart (»Papaver somniferum«). Diese Opiumart war in Palästina weit verbreitet und problemlos zu erwerben. Der Hauptmann bestätigte also den Tod Jesu vor Pontius Pilatus, nachdem dieser allerdings seine Verwunderung darüber geäußert hatte, daß Jesus schon *so schnell gestorben sein soll.* Alles mußte jetzt nach Plan gehen - *jede Sekunde zählte.* Joseph nahm - vermutlich mit seinen Helfern - den Herrn vom Kreuz, um ihn in ein neues Leinentuch (das Grabtuch von Turin) zu legen. Durch die Bewegung begannen einige Wunden wieder zu bluten, was man deutlich auf dem Grabtuch von Turin sehen kann.

Ein Argument einiger Bibelkritiker ist an dieser Stelle, daß die Kapillaren (kleinste Blutgefäße), die durch die Dornenhaube am Kopf - also am höchsten Punkt des Körpers, bei einem Toten nicht mehr hätten bluten können. Das ist zwar im Prinzip richtig, doch wer sich eingehender mit dem Grabtuch von Turin befaßt, bekommt den Eindruck, daß Jesus nicht nur durch die spitzen Dornen, die tief unter die Haut gingen, am Kopf verletzt wurde, sondern auch durch Schläge und mindestens einen Sturz, wobei durchaus stärkere Wunden aufgetreten sind. Auch die Bibel bestätigt diese Annahme (Matthäus 27, 30-31): „Und sie spieen ihn an, *nahmen das Rohr und schlugen ihn auf das Haupt.*" Das untermauert meinen Hinweis auf mindestens eine größere Wunde am Kopf. Dann trugen Joseph von Arimathia und seine Helfer den Körper Jesu entweder zum

Schein für die noch Anwesenden in das Grab, um »Erste Hilfe« zu leisten und brachten Jesus dann später an einen sicheren Ort, um ihn eventuell mit ärztlicher Unterstützung so schnell wie möglich zu versorgen. Zuvor verschlossen sie die Gruft mit dem schweren Stein. Oder sie brachten Jesus direkt in ein sicheres Versteck, um ihn zu behandeln, falls keiner der Anwesenden der Kreuzigung ihnen zum Grab folgte, während Helfer den Stein vor den Grabeingang wälzten. Wie wir bereits dargelegt haben, war für eine solche Aktion ausreichen Zeit. An dieser Stelle wollen wir kurz auf das apokryphe Petrus-Evangelium zu sprechen kommen, denn darin findet sich eine bemerkenswerte Stelle zu diesem Thema. Demnach sah die Grabwache *drei* Männer aus der besagten Gruft kommen *„und die zwei den einen stützten"*(!). Kein Wunder, daß die frühe Kirche solche Textstellen nicht in die Bibel mit aufgenommen hat.

Halbwegs »genesen« erscheint Jesus dann am Grab den Frauen, bzw. der Maria Magdalene, um sich dann auf den Weg zu seinen Jüngern zu machen. Maria erkennt ihren Meister zunächst nicht und verwechselt ihn mit dem Gärtner, als der er sich getarnt haben könnte. Zumal er sich dabei noch auf einen Stock stützte oder auf ein Gartenwerkzeug gestützt haben könnte. Zudem, so spekuliert man weiter, war sein Gesicht von der Aloe-Myrrhe-Mischung stärker gebräunt, was bei einem Gärtner, der ständig der Sonne ausgesetzt ist, normal erscheint. Der Umstand, daß Jesus nicht berührt werden wollte, schreiben Kritiker den noch frischen und stark schmerzenden Wunden am ganzen Körper zu. Die Engel waren entweder weiß gekleidete

Helfer des Joseph von Arimathia, oder die schon erwähnten Essener, die sich ebenfalls stets durch strahlend weiße Gewänder der Öffentlichkeit präsentierten. Inzwischen hat man übrigens herausgefunden, daß die Lehre der Essener, der von Jesus Christus nicht unähnlich war. Doch zurück zu dieser Theorie, die zumindest nicht ganz so abwegig klingt. Sein vorletztes Wunder bewirkte Jesus, als er nach der Auferstehung durch die geschlossene Tür zu den Jüngern kam. Deshalb wohl auch der »ungläubige Thomas«, der wohl wieder an ein Gespenst dachte, wie auf dem See.

Nachdem Jesus sich mit all seinen Wundmalen den Jüngern zeigte, glaubten sie zunächst an ein Gespenst. Auch der ungläubige Thomas mußte erst die Wundmale berühren, ehe er glaubte. Nun war ihnen klar, ihr Herr und Meister mußte tatsächlich von den Toten auferstanden sein. Sie speisten und tranken zusammen wie in »alten Zeiten«, und Jesus begann, sie für die Zukunft zu unterrichten. Schließlich verließ Jesus auf geheimnisvolle Weise seine Anhängerschaft. *Die Jünger glorifizierten aus dem Verständnis jener Zeit sein Verschwinden als göttliche Himmelfahrt.*

Diese geschilderte Verschwörungstheorie klingt zwar spektakulär, aber ebenso phantasiereich. *Es mußten einfach zu viele Details nahtlos zusammenspielen und auch vor allem funktionieren, um zum Erfolg zu führen.* Es gab eine Menge Zuschauer bei dem Geschehen, die man nicht einfach verschweigen kann. Konnte man wirklich die gesamte römische Wache bestechen? Schließlich wäre es für die Soldaten äußerst verhängnisvoll gewesen, wenn bei ihren Vorgesetzten die Wahrheit zutage käme. Was, wenn ein Söldner doch Jesus zur Sicherheit die Beine gebrochen hätte, was die Regel war, denn die erfahrenen Soldaten kannten sich mit solchen Aufträgen bestens aus. Was ist aus Joseph von Arimathia nach dieser hypothetischen Aktion geschehen? Die Bibel hüllt sich diesbezüglich in Schweigen - er spielte in den Evangelien nur eine kurze, aber bemerkenswerte Rolle. Hätte es ihn nicht gegeben, wäre Jesus von den Soldaten vermutlich in einem Massengrab verscharrt worden - aus dem der Christus der Bibel natürlich auch hätte auferstehen können.

Es gibt natürlich unzählige Zweifler an diesen Auferstehungstheorien, obwohl man zugeben muß, daß gerade die Verschwörungstheorie zunächst recht schlüssig klingt. Die zuletzt beschriebene Theorie ist in gewisser Hinsicht nachvollziehbar, aber insgesamt recht unwahrscheinlich. Sie ist sehr konstruiert! Zu viele Dinge hätten perfekt funktionieren müssen, um eine solche Möglichkeit in Erwägung zu ziehen. Man muß immer wieder betonen, daß Jesus am Kreuz sterben wollte und mußte. In letzter und höchster Instanz hat Gott selbst es so gewollt - für uns. Natürlich kann sich jeder seine eigene Version »zusammenbasteln«, aber die Argumente bleiben. Sein Tod war die Vollendung der alten Vorhersagen und Jesus von Nazareth wollte sie erfüllen, was ebenso für die mehrfach vorhergesagte Auferstehung von den Toten gilt. Jesus war als Wunderheiler, Messias und Sohn Gottes mit allen Vollmachten ausgestattet. Ebenso ist es undenkbar, daß gerade in der damaligen Zeit mit ihrem geschichtlichen Hintergrund, ein normaler

Mensch die außergewöhnlichen und innovativen Worte und Lehren eines Jesus entwickelt haben könnte - abgesehen von seiner asketisch wirkenden Art zu leben und auf alles, was wir als schön und angenehm finden, fast gänzlich zu verzichten! Und in der heutigen Zeit wäre es eher noch undenkbarer, daß ein Erdenbürger so vorbildlich und sündlos leben könnte. Geschweige, daß er solche Wunder vollbrächte oder die angesprochenen Gedanken, welche die ganze Welt verändert haben, verkünden würde. Man denke nur an die umwälzenden Worte der Bergpredigt. Eines ist bei der Betrachtung der Geschehnisse jedoch immer ein Argument für Skeptiker. Es war tatsächlich am Abend und in der Nacht nach der Kreuzigung laut Bibel ausreichend Zeit, den Körper Jesu an einen anderen Ort zu bringen. Auch darum ist für viele Zweifler diese zuletzt erwähnte *Auferweckungs*version, zumindest denkbar.

Eine Stelle zur Auferstehung sei hier noch erwähnt. In Korinther 15, 4-6 steht: „...und daß er begraben wurde, und daß er auferweckt worden ist am dritten Tage, nach den Schriften; und daß er Kephas erschienen ist, dann den »Zwölfen«. Auch hier unterläuft einem Bibelautor ein Fehler, denn Jesus konnte den »Zwölfen« gar nicht erscheinen, da sich Judas ja schon umgebracht hatte, obwohl wir nicht genau wissen, auf welche Art dies geschah, da auch hier ein völliger Widerspruch vorliegt.

Trotz der vielen Ungereimtheiten, die nun mal da sind, halte ich die Berichte der Evangelien insgesamt für glaubwürdiger. Vor allem muß man sich die alten Texten immer wieder als Beschreibungen der damaligen Zeit mit ihren historischen Gegebenheiten vor Augen führen, was zu einer anderen Sichtweise führt. Wer hat unter welchen Umständen was gehört, gesehen, erlebt und später niedergeschrieben? Dieser Aspekt ist enorm wichtig für die Beurteilung der Texte des Alten- wie des Neuen Testaments der Bibel, die wir hier versuchen zu durchleuchten. Eine andere Beurteilungsmöglichkeit ist vor dem geschichtlichen Hintergrund nicht denkbar. Man muß die Berichte nur - jeden für sich - richtig zu deuten wissen. Erst wenn man die verschiedenen Versionen miteinander verknüpft, entsteht ein deutlich klareres Gesamtbild von den Geschehnissen jener Zeit. Warum das so ist, ist wieder ein Rätsel.

Zu jener Zeit haben sich sehr außergewöhnliche Dinge ereignet, das ist sicher. Und wer sich eine Auferstehung von den Toten nicht vorstellen kann, der lebt in einer kleinen, sehr engstirnigen und armseligen Welt. Er ist weder offen, noch läßt er Gedanken zu und das kann einen Menschen zu einem schwierigen Einzelgänger werden, der auch nicht kreativ arbeiten kann, denn wir *brauchen* neue Gedanken - überall! Und Probleme, die kreative Gedanken benötigen, haben wir genug!

Auch an dieser Stelle möchte ich nochmals darauf hinweisen, daß es hier nicht um dumme Rechthaberei oder Glaubensverlust geht. Es geht um Fakten und Theorien. Glauben müssen Sie nicht ein Wort dieses Buches - wenn Sie nicht wollen... Nur, wenn Sie zu den Leuten gehören, die um jeden Buchstaben ihrer Bibel kämpfen, dann sollten Sie anfangen, Ihren Glauben wenigstens zu analysieren.

Erstaunliches aus dem Petrus-Evangelium

Wenn wir uns sehr genau mit der Kreuzigung und Auferstehung Jesu befassen, dann sollten wir uns auch einen kleinen Einblick in die »verworfenen« Berichte, die nicht in der Bibel aufgenommen wurden, gewähren. Ich rede von den Apokryphen, den Evangelien, die keinen Eingang in die Bibel fanden. Da wir im letzten Kapitel einige Wörter aus dem »Petrus-Evangelium« zitiert haben, ist es durchaus interessant, an dieser Stelle mehr über die Aussagen des Petrus zur Kreuzigung und Auferstehung Jesu zu erfahren. Ob diese Aussagen stimmen, kann man schwer sagen. Sie klingen deutlich anders als die Evangelienberichte, die wir kennen, woraus wir nicht vorschnell schließen sollten, daß sie nicht wahr sind.

Ehe wir uns jedoch mit den Berichten des Petrus beschäftigen, erlaube ich mir, einen kurzen Ausflug in die Kindheitsberichte Jesu zu unternehmen, da diese bis auf eine Ausnahme auch nur in den Apokryphen zu finden ist.

Die Berichte über die Kinheit Jesu werden auch als »Thomas-Evangelium« bezeichnet. In einer Episode lesen wir z.B., daß der fünfjährige Jesus aus Lehmteig zwölf Sperlinge erschuf. An anderer Stelle ließ der kleine Jesus einen anderen Jungen durch die Kraft seines Wortes verdorren, nur weil er Jesus geärgert hatte! Eines Tages spielte Jesus mit einem anderen Knaben namens Zenon auf einem Dach. Zenon fiel vom Dach herunter und war tot. Als man Jesus beschuldigte, den Jungen vom Dach gestoßen zu haben, schrie Jesus mit lauter Stimme zu dem toten Kind: „Zenon! steh auf und sag mir: Habe ich dich hinuntergeworfen?" Zenon wurde lebendig und sagte: „Nein, Herr, du hast mich nicht hinuntergeworfen, vielmehr auferweckt."

So gehen die Berichte über zahlreiche Wundertaten des jungen Jesus in den Apokryphen weiter. Sie sollen dokumentieren, daß Jesus schon in jungen Jahren durch außergewöhnliche Taten bei den Juden Aufsehen erregte. Wer will sagen, ob diese Texte auf Tatsachen beruhen? Vieles scheint zumindest zweifelhaft.

Ich persönlich denke, sie sind wohl zum Teil eher fromme »Halbwahrheiten«. Lassen wir sie so stehen und wenden uns nun dem Petrus-Evangelium zu. Ich denke, daß wir uns diesen Einblick gewähren sollten, da er durchaus interessant ist.

Wir lesen hier den Text um Kreuzigung und Auferstehung in einer deutlich anderen Version, als wie sie bislang kennen. So sah Petrus die Geschehnisse: »Sie nahmen den Herrn und stießen ihn hinaus und sprachen: „Lasset uns den Sohn Gottes schleifen, da wir Gewalt über ihn bekommen haben." Sie legten ihm ein Purpurgewand um und setzten ihn auf den Richterstuhl und sprachen: „Richte gerecht, o König Israels!" Einer von ihnen brachte einen Dornenkranz und setzte ihn auf das Haupt des Herrn. Andere aber, die dabei standen, spieen ihm ins Angesicht, andere schlugen ihm auf die Wangen, andere stießen ihn mit einem Rohr, und etliche geißelten ihn und sprachen: „Mit solcher Ehre wollen wir den Sohn Gottes ehren." Und sie brachten zwei Übeltäter und kreuzigten den Herrn zwischen ihnen. Er aber schwieg, wie wenn er keinen Schmerz empfände...

»Einer aber von den Übeltätern schalt sie und sprach: „Wir leiden um der Freveltaten willen, die wir begangen haben. Dieser aber, der der Heiland der Menschen geworden ist, was hat er euch zu Leide getan?" Sie aber wurden zornig über ihn und befahlen, daß ihm die *Schenkel* nicht gebrochen würden, damit er unter Qualen sterbe.

Es war Mittag und eine Finsternis bedeckte ganz Judäa. Sie gerieten in Angst und Unruhe darüber, daß die Sonne schon untergegangen sei, obwohl er noch am Leben war... Einer unter ihnen sprach: „Gebt ihm Galle mit Essig zu trinken."... Und der Herr schrie auf und rief: „Meine Kraft, o Kraft, du hast mich verlassen!" Indem er dies sagte, wurde er aufgenommen. Zu derselben Stunde riß der Vorhang des Tempels zu Jerusalem entzwei.

Da zogen *die Juden* die Nägel aus den Händen des Herrn und legten ihn auf die Erde. Die ganze Erde erbebte und große Furcht entstand... Die Juden freuten sich und gaben seinen Leib dem Joseph, damit er ihn beerdige, *da er ja all das Gute geschaut hatte, was Jesus getan hatte.* Er nahm den Herrn, wusch ihn, *hüllte ihn in eine Leinwand* und brachte ihn in sein eigenes Grab, genannt Josephs Garten... Als sich aber die Schriftgelehrten und Pharisäer und Ältesten miteinander versammelten und hörten, daß das ganze Volk murre... Da fürchteten sie sich und kamen zu Pilatus, baten ihn und sprachen: „Gib uns Soldaten, damit wir sein Grab drei Tage lang bewachen, damit nicht seine Jünger kommen und ihn stehlen, und das Volk glaube, er sei von den Toten auferstanden, und uns Böses antue." Pilatus gab ihnen den Hauptmann *Petronius* mit Soldaten, um das

Grab zu bewachen. Mit diesen kamen Älteste und Schriftgelehrte zum Grabe. *Alle*, die dort waren, wälzten zusammen mit dem Hauptmann und den Soldaten einen großen Stein herbei und legten ihn vor den Eingang des Grabes und legten sieben Siegel an, schlugen ein Zelt auf und hielten Wache... In der Nacht aber, in welcher der Herrntag aufleuchtete, als die Soldaten, jede Ablösung zu zweit, Wache standen, erscholl eine laute Stimme am Himmel, und sie sahen die Himmel geöffnet und zwei Männer in einem großen Lichtglanz von dort hinabsteigen und sich dem Grab nähern. Jener Stein, der vor dem Eingang des Grabes gelegt war, geriet von selbst ins Rollen und wich zur Seite, und das Grab öffnete sich, und beide Jünglinge traten ein.

Als nun jene Soldaten dies sahen, weckten sie den Hauptmann und die Ältesten... Und während sie erzählten, was sie gesehen hatten, sehen sie wiederum drei Männer aus dem Grabe herauskommen *und die zwei den einen stützten* und ein Kreuz ihnen folgen und das Haupt der zwei den bis zum Himmel reichen, dasjenige des von ihnen an der Hand geführten aber die Himmel überragen. Und sie hörten eine Stimme aus den Himmeln rufen: „Du hast den Entschlafenen gepredigt", und es wurde *vom Kreuz her* die Antwort laut: „Ja".

Jene erwogen nun miteinander, hinzugehen und dies dem Pilatus zu melden. Während sie noch beratschlagten, sieht man wieder, wie die Himmel sich öffnen und ein Mensch heruntersteigt und ins Grab hineingeht. Als die Leute um den Hauptmann dies sahen, eilten sie in der

Nacht zu Pilatus und verließen das Grab, das sie bewachten..."

Es fällt auf, daß manche Schilderungen Dinge beschreiben, die offensichtlich religiös überhöht klingen. Wenn man hört, daß das Kreuz spricht, so kommt man natürlich ins Zweifeln. Pilatus erfährt nun von dem Vorfall und man bittet darum, über die Vorkommnisse zu schweigen, damit die Juden sie nicht steinigen. In der Frühe des »Herrntages« kam Maria Magdalena mit Freundinnen zum Grab, um zu beten und trauern. Lesen wir weiter:

„...Und als sie hingingen, fanden sie das Grab geöffnet. Und sie traten herzu, bückten sich nieder und sahen dort einen *Jüngling* sitzen mitten im Grabe, anmutig und bekleidet mit einem *hell leuchtenden Gewande*, welcher zu ihnen sprach: „Wozu seid ihr gekommen? Wen suchet ihr? Doch nicht den Gekreuzigten? Er ist auferstanden und weggegangen. Wenn ihr aber nicht glaubt, so bückt euch hierher und sehet den Ort, wo er gelegen hat, denn er ist nicht da. Denn er ist auferstanden und dorthin gegangen, von woher er gesandt worden ist." Da flohen die Frauen voller Entsetzen...

...Ich aber, Simon Petrus, und mein Bruder Andreas nahmen unsere Netze und gingen ans Meer..."

Beim Lesen dieser Texte wird Ihnen sicher klar, warum ich hier das apokryphe Petrus-Evangelium zitiere. Da gibt es eine Reihe von Textpassagen, die uns erneut in Erstaunen versetzen, bzw. neue Widersprüche enthalten. Aber dieses Evangelium ist auch sehr aufschlußreich, wenn man zunächst davon ausgeht, daß es sich hier nicht um ein komplettes Lügenmärchen handelt. Ich halte diese Version einerseits für eine niedergeschriebene mündliche Überlieferung, andererseits mit einigen entsprechenden Stellen eindeutig religiös verklärt, und verherrlicht.

Doch zunächst die auffallenden Unterschiede zu den anderen Evangelien. Hier wird nicht von einer Dornenhaube, sondern von einem Dornenkranz berichtet. Dies kann sich durch die Übersetzung ergeben haben und ist auch nicht wesentlich. Die Geißelung wird hier nur beiläufig angedeutet und hat nicht den Stellenwert der »klassischen« Evangelien. Die meisten gesprochenen Worte unterscheiden sich ebenfalls stark von den vier Evangelien. Wie kommt Petrus auf den Gedanken, daß man Jesus die Schenkel nicht brechen wollte? Das klingt nach Oberschenkel, denn es war üblich, daß man dem Verurteilten die Schienbeine mit einem Knüppel zerschmetterte, was auch wesentlich einfacher war. Vermutlich meinte er die Unterschenkel.

Interessant ist der Wortlaut: „...Da zogen ihm die Juden die Nägel aus den Händen..."(hier sind wohl die Handwurzeln gemeint - D.A.). Sollte Jesus tatsächlich entgegen allen Regeln *nur an den Händen* am Kreuz befestigt worden sein, *dann ist der zu schnelle Tod des Herrn, der Pilatus verwundert hat, klar.* Jesus hätte sich dann nicht an dem Fußnagel zum Luft holen hochstemmen können und wäre recht bald erstickt. Das entspräche der Aussage der Bibel über den frühen Tod. Möglich ist allerdings auch, daß Petrus den Fußnagel einfach für nicht erwähnenswert hielt, weil er selbstverständlich war.

Joseph von Arimathia taucht hier ohne Nikodemus auf, bettet Jesus aber auch in ein Linnen. Der Hauptmann hat hier einen anderen Namen als in der Bibel. Der Stein war mächtig groß, denn alle mußten ihn zusammen in Bewegung bringen. Hier ist an eine Diebstahltheorie, Ohnmachtstheorie oder gar Verschwörungstheorie kaum zu denken, denn das Grab war noch offen, als man den Stein vor den Eingang wälzte - man konnte also durchaus darin noch den Leichnam sehen. Es wird auch erstmals gesagt, daß Joseph von Arimathia Jesus länger begleitet hatte („...da er ja all das Gute geschaut hatte, was Jesus getan hatte."). Das spricht wieder für einen gewissen Wahrheitsgehalt der Erzählung.

Was dann alles passierte, klingt verklärt, ausgeschmückt und übertrieben und steht in deutlichem Gegensatz zu den vier Evangelien der Bibel. Seltsam ist auch, daß den ominösen Männern ein Kreuz aus dem Grab folgte, das sprechen konnte. Auch der Text „...dasjenige des von ihnen an der Hand geführten aber die Himmel überragen..." scheint sehr verwirrend. Wollte man hier die himmlische Größe des Christus deutlich machen? Lediglich die umstrittene Stelle „...und die zwei den einen stützten...", die wir in der Verschwörungstheorie erwähnten, zeigt, daß eine Person (wer sollte es außer dem gepeinigten Jesus sein?) offenbar nicht in der Lage war, ohne entsprechende Hilfe das Grab zu verlassen. Vergessen wir nicht, es ist eine apokryphe Erzählung, was *nicht* bedeutet, daß *alles* eine einzige Lüge sein muß.

Das Ende der Geschichte mit den Frauen und dem Jüngling in hell leuchtendem Gewand am Grab entspricht durchaus der Version des Markus, wo auch ein Jüngling den Frauen erschien. Die Frauen waren verängstigt, was nur normal ist. Es gibt nicht wie in den anderen Evangelien den

Hinweis, daß die Jünger Jesus nach der Auferstehung treffen würden, also geht Petrus mit seinem Bruder Andreas einfach zum Meer zurück, um Fische zu fangen. Eine mehr als seltsame Reaktion auf die vorhergegangenen Ereignisse.

Mehrere Textstellen gehen jedoch konform mit den Evangelien des Matthäus, Markus, Lukas und Johannes. Jesus bekommt das Purpurgewand, die Dornenhaube, wird ebenso mißhandelt und verhöhnt etc. Auch wird er mit zwei Verbrechern gekreuzigt, scheint keinen Schmerz zu empfinden und die Knochen werden ihm auch nicht gebrochen. Auch in dieser Version stirbt Jesus unmittelbar nachdem man ihm ein bitteres Getränk reichte. Ebenso erscheint Joseph von Arimathia und bettet Jesus in Linnen, um ihn in sein eigenes Grab zu legen. Allerdings wird Jesus von Joseph zunächst gewaschen. Auch die Finsternis und das Zerreißen des Tempelvorhangs werden nicht erwähnt. Die eigentliche Auferstehung wird hier entgegen den vier Evangelien *überhaupt* beschrieben - wenn auch mit merkwürdigen Worten, aus denen man sich nur schwer seinen Reim machen kann.

Bleiben zwei Hauptfragen. Wer waren die drei Männer (kein Wort von Engeln), die aus dem Grab kamen *und den einen stützten*? Der »eine« konnte nur der totkranke Jesus sein. Und ist dieses apokryphe Petrus-Evangelium ein Bericht, den man ernst nehmen oder ins Reich der Legenden verbannen sollte? Vor dieser Entscheidung stand die frühe Kirche sicherlich auch. Aber schon wegen der Stelle mit den drei besagten Männern konnte die Kirche es nicht wagen, diesen Text in die Bibel einfließen zu lassen.

Ich für meinen Teil denke, daß es sich hier *teilweise* um einen Tatsachenbericht handeln könnte. Die Auferstehung ist mir jedoch zu irreal. Vermutlich hat sich der Autor an verschiedene Texte der anderen Evangelien sowie an anderen Berichten orientiert. Wenn sein Bericht zum größten Teil wahr wäre, dann hätte die Verschwörungstheorie eine Berechtigung. Aber wie konnte Petrus das alles überhaupt gesehen haben? Er war doch mit großer Wahrscheinlichkeit als Anhänger Jesu nicht in der Nähe. Er hatte Jesus verleugnet und hielt sich versteckt. Hatte es es sich eventuell dann anders überlegt und Mut gefaßt? Nach der Verleugnung »weinte er bitterlich«, außerdem war er es, der seinen Meister mit dem Schwert beschützen wollte. Eine Umkehr? Später starb er mutig für Gottes Wort freiwillig den Märtyrertod - falls es sich hier um den Jünger Petrus gehandelt hat.

Trotzdem denke ich, dieser kleine Ausflug in die Welt der Apokryphen ist durchaus interessant. Sie sollten sie ruhig einmal lesen, denn einige Dinge dürften auch auf Wahrheit beruhen. Z. B., kommen die Namen der »Drei Magier aus dem Morgenland« nicht in der Bibel vor, sondern in den Apokryphen.

Lebte und starb Jesus in Indien?

Wenn man sich mit einer der alten Auferweckungstheorien auseinandersetzt, so ist das schon eine heikle Angelegenheit. Kommt dann aber auch noch die Theorie hinzu, daß Jesus in Indien gelebt und dort auch noch angeblich gestorben sein soll, so bin ich mir bewußt, daß man sich hier an die Grenzen der Spekulationen begibt!

Ich weiß, viele Leute sehen einen völlig entgeistert an, wenn man sie mit dieser ausgefallenen Theorie konfrontiert. Um es gleich zu sagen, viele Experten melden hier ihre Zweifel an. Da es aber von allen Theorien um Leben und Tod von Jesus von Nazareth das letzte noch fehlende Glied ist, sollten wir uns auch mit diesem Gedanken beschäftigen. Selbst wenn diese Theorie von vielen Menschen (vor allem natürlich von Christen und den Kirchen) angezweifelt oder verworfen wird. Trotzdem gibt es auch hier eine Reihe bemerkenswerter Anhaltspunkte, die man zumindest nicht einfach achtlos unter den Tisch fallen lassen sollte. Bleiben wir also offen. Hier werden lediglich die wesentlichen Fakten zu diesem Thema angeführt, wobei dies das einzige Kapitel dieses Buches ist, wo ich mich nicht ausschließlich auf meine eigenen Gedanken und Recherchen verlasse, sondern zum großen Teil vertrauensvoll auf die Seriosität des Holger Kersten, dem Autor des Buches »Jesus lebte in Indien« setze. Feststellen muß man jedoch, daß sich nur ein relativ kleiner Teil seines Buches mit den diversen »Beweisstücken« für den Tod Jesu in Indien beschäftigt. Andererseits kann man natürlich nicht mehr schreiben, als es die Fakten hergeben - wenn man seriös forscht, wovon ich hier ausgehe. Hier also die wichtigsten Punkte:

Die Bibel erzählt uns fast nichts über das Leben Jesu bis zu seinem ersten öffentlichen Auftreten. Lediglich eine kurze Notiz lesen wir von dem etwa zwölfjährigen Jesus, der durch schlaue Fragen und Antworten im Tempel auffiel. Auch nach dem Verbleib Jesu nach dem Abschied von seinen Jüngern und Anhängern wissen wir so gut wie nichts Konkretes. Wenn wir darüber spekulieren, ob Jesus lange Zeit in Indien lebte, so gibt es zumindest eine gewisse Ähnlichkeit der Lehren Buddhas und den Lehren des Jesus von Nazareth. Beide lebten übrigens auch als Asketen und verfügten offensichtlich über außergewöhnliche Fähigkeiten. Im Lalitavistara sagt Buddha: „Das Erkennen der Wahrheit, das Erlangen des Nirvanas, dies ist der größte Segen. Durch Liebe allein läßt der Haß sich besiegen, durch rechte Liebe wird das Böse überwunden... Sprich keine harten Worte zu deinem Nächsten, dann wird er dir mit gleicher Stimme antworten." Die Worte Jesu klangen ähnlich, aber entschiedener: „Liebe deinen Nächsten!" und „Liebet eure Feinde!"

Nach Holger Kersten paßte Jesus seinen Namen den jeweiligen Örtlichkeiten der Region an. Ca. sechzehn Jahre nach der Kreuzigung traf Jesus in Begleitung in Kaschmir ein. In Parthien kannte man Jesus angeblich unter den Namen »Yuz Asaf«, dessen Bedeutung in einem alten persischen Geschichtsbuch mit dem Namen »Farhang-i-Asafia« überliefert wurde. Interessant ist, daß dieser Mann - wie der Jesus der Bibel - offenbar auch Aussätzige heilte. Jesus hieß dort »Yuz«. Das bedeutet soviel wie Führer, oder Anführer -

es könnte auch im übertragenen Sinne »Meister« gemeint sein. Der Legende zufolge kam Jesus als Prophet »Yuz Asaf« aus dem Westen. Was er lehrte und verkündete, soll sich nicht sonderlich von der Lehre des Jesus von Nazareth unterschieden haben, was natürlich in keiner Weise beweisbar ist. Offenbar bekehrte dieser Yuz Asaf viele Menschen, wie es auch Jesus im Neuen Testament vielfach tat, aber das machten andere »Auserwählte« und Propheten auch.

Ein weiterer Hinweis des Jesu auf dem Weg gen Osten liefert ein Städtchen namens Mari. Bei diesem Dorf, an der Grenze zu Kaschmir gelegen, verehren Menschen seit langer Zeit ein Grabmal, daß »Mai Mari da Asthan« genannt wird. Kersten mutmaßt, es wäre eventuell die Ruhestätte der »Mutter Maria«... Ein Hinweis, der einen schon etwas skeptisch stimmt. Was um alles in der Welt hätte die Mutter Jesu aus Israel in einem Dorf in der Nähe von Kaschmir zu suchen, frage ich mich?

Kersten führt an, daß Dokumente die Anwesenheit von Christen in Indien belegen. Ein Tertullian spricht Indien sogar einem von Christen »beherrschten« Land zu. Selbst der Apostel Thomas wird immer wieder im Zusammenhang mit Indien und Jesus erwähnt. Das Grab des angeblichen Thomas soll bis in die heutige Zeit im südindischen Mylapore verehrt werden, obwohl seine sterblichen Überreste schon zu Beginn des vierten Jahrhunderts in den Ort Edessa (Türkei) überführt sein sollen, wo sich auch das Grabtuch von Turin wahrscheinlich zeitweise befunden hat.

An der Moschee von Akbar findet man an einem Torbogen, neben dem Datum der Anbringung und Erwähnung des Anlasses, den Text: „Jesus (Friede sei mit ihm) hat gesagt: Die Welt ist eine Brücke. Geht über sie hinüber - aber laßt euch nicht auf ihr nieder!" Solche Formulierungen hat Jesus in Israel nicht gebraucht. Von dieser Inschrift gibt es auch keine deutliche Fotografie, geschweige eine Altersbestimmung!

Wenn Jesus schon lange in Indien, noch vor dem Koran, bekannt war, so bekommt die Aussage des Koran laut Kersten eine andere Bedeutung. Nach dem Koran *starb Jesus nicht am Kreuz*, sondern lebte danach in einem »glücklichen Tal«...

Wenn Jesus sich tatsächlich vor und nach seinem Auftreten in Galiläa in Indien aufgehalten haben soll, so könnte es unter Umständen darauf Hinweise geben. Den Überlieferungen zufolge starb er mit über achtzig Jahren in Srinagar. Wie steht es also mit der historischen indischen Literatur über die ca. vierzig verbleibenden Jahre des Jesus der Bibel? Die frühen Texte geben wenig brauchbares Material her. In den sog. alten »Puranas«, einer Sammlung von insgesamt achtzehn Bänden, findet man in dem im 3. und 7. Jahrhundert verfaßten neunten Band einen Hinweis auf eine Person, die möglicherweise auf Jesus hindeutet. Dort steht eine Schilderung, wie Jesus angeblich nach Indien kam. Laut Kersten ist diese Beschreibung so deutlich, daß es sich nur um den uns bekannten Jesus gehandelt haben kann. Warum sollte sich Jesus, eigentlich nicht eine Weile in Indien aufgehalten haben? Eine Episode ist jedoch interessant, obwohl ich sie hier nur gekürzt zitiere. Ein mächtiger König sah einen weißgekleideten Mann auf einem Berg sitzen. Der andere antwortete: „Wisse, ich bin der *Sohn Gottes, geboren von einer Jungfrau,* Prediger der Lehre der *Barbaren,* deren Inhalt die Wahrheit ist." Dieser Mann hielt sich für den Lehrer der Ungläubigen. Im Sanskrit bedeutet sein Name übersetzt »Herr« und steht für Gott und Messias. Eine bemerkenswerte Schilderung - wenn sie den Tatsachen entspricht. Aber „...Prediger der Lehre der Barbaren..."? Eine mehr als seltsame Bezeichnung.

Dieser Mann namens Yuz Asaf, der hier als Jesus dargestellt wird, verbrachte sein Leben in einem Tal. Nach seinem Weggang legte man ihn im Mohalla Anzimarah zur Ruhe. Es wird behauptet, daß ein »Licht der Prophetie« vom Grab dieses Mannes ausging. Ein Zeichen, oder mal wieder eine religiöse Verherrlichung?

Heute befindet sich das Grab des Propheten Yuz Asaf mitten in der Altstadt von Srinagar im Stadtteil Khanyar. Das Gebäude, das später um das steinerne Grab errichtet wurde, heißt »Rozabal« oder auch »Rauza Bal«. Ein rechteckiges Gebäude mit einer kleinen Eingangshalle. Auf dem Boden der Grabkammer befinden sich zwei Grabsteine, von einem hölzernen Gitter umgeben, das mit einem schweren Tuch bedeckt und zusätzlich mit massivem Holz umbaut ist. In diesem Grab liegt vermutlich noch eine weitere Person - der islamische Heilige Syed Nasîr-ud-Dîn, der dort erst im 15. Jahrhundert beerdigt wurde.

Die Grabsteine selbst sind lediglich Attrappen. Die eigentlichen Gräber befinden sich in einer Krypta unter dem Boden des Gebäudes. Kersten berichtet, daß eine winzige Öffnung einen Blick in die darunter liegende Grabkammer gestattet. Der Sarkophag, in dem Jesus »Yuz Asaf« liegt, steht nach jüdischer Sitte in Ost-West-Richtung. Ein Hinweis, daß Yuz Asaf kein islamischer Heiliger gewesen sein konnte. Kersten führt dies als klaren Beweis an. Trotzdem bleibt es Spekulation.

Seit langer Zeit wurden die Grabsteine von Gläubigen mit unzähligen Kerzen bestückt. Als man diese Wachsreste entfernte, machte man eine laut Kersten sensationelle Entdeckung. Neben einem Kruzifix und einem Rosenkranz waren in den Stein Fußabdrücke eingemeißelt, eine in Asien an Gedenkstätten von Heiligen verbreitete Sitte. Die Fußabdrücke des angeblichen Jesus Yuz Asaf enthalten »unverwechselbare« Kennzeichen. Kersten schreibt: „Ganz deutlich hat der Schöpfer des Reliefs Narben von Kreuzigungswundmalen dargestellt. An der Anordnung der Narben kann man sogar erkennen, daß der linke Fuß über den rechten genagelt worden war, ein Faktum, das durch die Blutspuren auf dem Turiner Grabtuch bestätigt wird. Da die Kreuzigungsstrafe als Todesstrafe in Indien unbekannt war, ist es nicht nur möglich, daß hier Jesus begraben liegt, es ist sogar in hohem Maße wahrscheinlich!"

Spätestens hier wird es problematisch, Kerstens Beweisführung zu folgen. Die Abbildungen der Füße sind sehr simpel dargestellt. Sie sind grobschlächtig und deutlich stilisiert. Sie haben mit einer realistischen Darstellung von Wundmalen wenig zu tun, obwohl es natürlich legitim ist, eine solche Vermutung in diesem Zusammenhang zu äußern. Gipsabdrücke dieser Fußsohlen erwecken in keiner Weise den Eindruck, daß die Füße übereinandergenagelt waren, denn die Wunde des rechten Fußes sitzt eindeutig zu nah an den Zehen. Der Nagel wurde mit Sicherheit höher eingeschlagen, um einen beseren Halt zu geben. Hinzu kommt, daß es sich nicht um lochartige Vertiefungen handelt, sondern um zwei sehr breite, horizontal verlaufende Kerben, die alles mögliche bedeuten können, zumal Ornamentik auf solchen »Stein-Fußsohlen« in Indien keine Seltenheit ist. Dieser Gedanke von Kersten ist auch *keineswegs neu*. Schon 1971, also ca. dreiundzwanzig Jahre zuvor, hat Peter Kolosimo in seinem auch im deutschsprachigen Raum verlegten Buch »Unbekanntes Universum« eine Fotografie abgebildet, auf der man deutlicher als bei den Gipsabdrücken die steinernen Fußsohlen Buddhas mit »wundmalähnlichen« Kreisen, die allerdings *keine* Wundmale darstellen sollten, dokumentierte. Diese »Zeichen« hatten zu jener Zeit eine bestimmte religiöse Bedeutung, wie Kolosimo ausführt.

Natürlich bemühte sich Kersten mit allen ihm zur Verfügung stehenden Mitteln, eine Öffnung der Grabstätten bei den Behörden zu erreichen. Das ist verständlich, wenn man Sicherheit erlangen will. Am Vorabend der geplanten Graböffnung gab es in der Altstadt von Srinagar eine Schießerei, die sieben Menschen das Leben kostete. Darum riet der Polizeichef von dieser geplanten Aktion leider ab. Aber wie Holger Kersten richtig bemerkte, wäre von einer Exhumierung nach etwa zweitausend Jahren auch nicht viel zu erwarten gewesen. Es wäre interessant, wenn Holger Kersten es doch erreichen würde, das Grab zu öffnen.

Insgesamt ist diese Theorie interessant, aber dem Tod Jesu in Indien ist recht schwer zu folgen. Namen, Daten und Fakten reichen kaum aus, um hier eine lupenreine Beweiskette zu erstellen, obwohl die ganze Nachforschung recht spektakulär klingt, wie man zugeben muß. Trotzdem sind die Angaben und Berichte aus uralten Zeiten, sowie verschiedene vage Textzitate nicht ausreichend genug, um dieser Geschichte blindlings Glauben zu schenken.

Warum hätte Jesus mit seiner Mutter seine Heimat Palästina verlassen sollen? Es ergibt einfach keinen Sinn. Jesus ist mit Sicherheit, wie schon die kleine Episode als Kind im Tempel belegt, im Großraum Israel aufgewachsen. Dort hat er gelernt, gearbeitet und später sein Wissen und seine Philosophie verkündet. Er ist in der strengen Tradition der Juden aufgewachsen. Diese Tradition und das gesamte historische, religiöse und politische Umfeld müssen diesen Mann aus Nazareth geprägt haben. Es gibt keinen triftigen Grund, samt Mutter und dem ungläubigen Thomas (falls es *der* Thomas war), ins weit entfernte Indien, mit einer völlig anderen Tradition und Religion auszuwandern, obwohl der Vergleich zu Buddha nicht so fremd erscheint. Allerdings war Buddha lediglich ein außergewöhnlicher Mensch und *kein* Gott, der allerdings nach buddhistischem Glauben auch Kranke heilen konnte. Hinzu kommt, daß Jesus, wie schon erwähnt, zeitlebens von dem Gedanken besessen war, unter seinen Landsleuten eine alles umwälzende Lehre zu verkünden sowie die Prophezeiungen des Alten Testaments zu erfüllen - bis zur Kreuzigung. Dazu gehörte auch die Auferstehung von den Toten, die er nicht mehrfach vorhergesagt hätte, wenn er sich seiner Sache nicht sicher gewesen wäre. Er hätte sich nur unglaubwürdig gemacht und sein ganzes Lebenswerk zerstört, um es letztendlich der Lächerlichkeit des Pöbels preiszugeben. Vergessen wir wieder nicht, Jesus *wollte* in Jerusalem am Kreuz sterben! Schon an diesem Umstand scheitern die meisten Theorien. Man kann es wirklich nicht oft genug betonen.

Holger Kersten liegt richtig, wenn er am Anfang seines Buches sagt: „Manche Aussagen klingen kühn und andere sogar unwahrscheinlich." Trotzdem ist es richtig, wie auch in diesem Buch, jeder Spur zu folgen und Rätsel aufzudecken - sofern es der Wahrheitsfindung dient. Nur so können wir uns aus einem erstarrten, von Kirchen, Gemeinden, Sekten und Versammlungen geprägten Christentum befreien, um auf die eigentliche, nicht fromm verklärte Wahrheit zu stoßen. Also hat das Buch von Holger Kersten durchaus seine Berechtigung.

Sollte man doch jemals dieses ominöse Grab in Indien öffnen, so wird man wohl eine Ernüchterung erfahren. Eventuell wären noch einige Knochenreste vorhanden, an denen man aber kaum jene Wundmale Jesu entdecken würde, die auf seine Person schließen lassen. Selbst die Nägel haben die Knochen vermutlich kaum verletzt, da sie durch das Fleisch geschlagen wurden. Lassen wir diesen geheimnisvollen »Yuz Asaf« also ruhig weiter ruhen, und wenden wir uns wieder der Bibel zu.

Den wahren christlichen Glauben kann natürlich auch die Theorie, daß Jesus in Indien lebte und dort angeblich sogar starb, nicht ins Wanken bringen. Da müssen schon stärkere

Geschütze aufgefahren werden. Wie einige Themen in diesem Buch, sind manche Umstände oftmals eine Frage des Glaubens. Auch die Archäologie kommt uns in den seltensten Fällen zur Hilfe, trotz Bestsellern wie »Und die Bibel hat doch recht«. Ein Klassiker, den ich Ihnen empfehlen kann, zumal er nichts an Aktualität verloren hat.

Abschließend sei zu diesem Thema noch anzumerken, daß sich zu Zeiten Jesu eine Menge Inder im Heiligen Land aufgehalten haben. Das war nicht sehr ungewöhnlich. Folglich fand sicher auch ein kultureller und religiöser Austausch statt. Man kann sich durchaus vorstellen, daß Jesus an dieser Kultur interessiert war. Ein »Abstecher« zum fernen Indien ist zumindest denkbar. Gestorben ist Jesus mit an Sicherheit grenzender Wahrscheinlichkeit in Israel, denn dafür spricht einfach die Vielzahl der Indizien, vor allem aber sein fester Vorsatz, die vielen alten Prophetien auch bezüglich seines Todes zu erfüllen - und dazu gehörte u.a. seine Auferstehung von den Toten. Dann entschwand er in vermutlich himmlische Gefilde...

Die Frage, ob man es als Mensch schaffen könnte, in rund drei Jahren sämtliche Prophetien des Alten Testaments, die sich ausschließlich auf den kommenden Messias beziehen, bis ans Kreuz und darüber hinaus zu erfüllen, kann man nur mit einem klaren NEIN beantworten. Ein normaler Mensch hätte das nicht geschafft.

Wie ich bereits am Anfang des Buches erklärt habe, halte ich nichts von dem gerne benutzten Begriff »Zufall«. Es hätte schon eine unglaubliche Kette von sog. »Zufällen«

gebraucht, um die Mission Jesu auf Erden zu erfüllen - wenn man davon ausgehen will, daß Jesus doch nur ein »normaler« Mensch war - was sicherlich nicht zutrifft.

Alttestamentarische Prophetien
bezüglich der Person Jesu

Man kann bei all diesen Theorien einfach nicht den Aspekt verdrängen, daß Jesus Christus alle über dreihundert (!) alttestamentarische Prophetien erfüllt hat, die auf sein Leben auf der Erde Bezug nehmen. Will man an diesen Prophetien Zweifel anmelden, so gibt es ein gutes Argument. Wer nicht an das Jahr 450 v. Chr. als historisches Datum der Beendigung des Alten Testaments glauben will, sollte sich die folgende Fakten vor Augen führen. Die Septuaginta, die griechische Übersetzung der hebräischen Schrift, wurde während der Regierungszeit Ptolemäus II. (285-246 v. Chr.) fertiggestellt! Es ist klar, daß man für die griechische Übersetzung im Jahre 250 v. Chr. natürlich auch den hebräischen Text im gleichen Jahr benötigte. Das sollte als Beweis genügen, daß ein Zeitabschnitt von mindestens zweihundertfünfzig Jahren zwischen der Niederschrift der Prophetien und ihrer lückenlosen Erfüllung durch die Person Jesu liegt. So unglaublich es klingen mag, aber es erfüllten sich z.B. sage und schreibe achtundzwanzig (!) Prophezeiungen des Alten Testaments *an einem Tag!* Es sind Prophethien, die vom Verrat, Prozeß, Tod und der Grablegung Jesu sprechen.

Diese Prophetien sind ein nicht zu wiederlegender Beweis für die Wahrheit der Bibel. Kein anderes Buch der Weltgeschichte kann damit auch nur annähernd aufwarten. Von diesen, oben genannten achtundzwanzig Prophethien möchte ich Ihnen stellvertretend sieben Beispiele aufzeigen:

Prophetie: Psalm 22, 16 (Kreuzigung):
„...Sie haben meine Hände und Füße durchgraben."
Erfüllung: Lukas 23, 33.
„Und als sie an den Ort kamen, der Schädelstätte genannt wird, kreuzigten sie daselbst ihn und die Uebeltäter, den einen zur Rechten, den anderen zur Linken."

Prophetie: Psalm 69, 21 (Durst):
„Und sie gaben in meine Speise Galle, und in meinem Durst tränkten sie mich mit Essig."
Erfüllung: Matthäus 27, 34-35:
„...gaben sie ihm Essig mit Galle vermischt zu trinken."
Oder Johannes 19, 29-30:
„Mich dürstet! Es stand nun daselbst ein Gefäß voll Essig. Sie aber füllten einen Schwamm mit Essig und legten ihn um einen Ysop und brachten ihn an seinen Mund."

Prophetie: Psalm 22, 2 (Schrei):
„Mein Gott, mein Gott, warum hast du mich verlassen..."
Erfüllung: Matthäus 27, 46:
„...um die neunte Stunde aber schrie Jesus mit lauter Stimme und sagte: Eli, Eli, lama sabachthani? das ist: Mein Gott, mein Gott, warum hast du mich verlassen?"

Prophetie: Psalm 34, 20 (Beine nicht gebrochen, was damals oftmals üblich war):
„Er bewahrte alle seine Gebeine, nicht eines von ihnen wird zerbrochen."

Erfüllung: Johannes 19, 33-34:

„Als sie aber zu Jesu kamen und sahen, daß er schon gestorben war, brachen sie ihm die Beine nicht..."

Prophetie: Sacharja 12, 10 (Die durchbohrte Seite):

„..und sie werden auf mich blicken, den sie durchbohrt haben..."

Erfüllung: Johannes 19, 34:

„...sondern einer der Kriegsknechte durchbohrte mit einem
Speer seine Seite..."

Prophetie: Amos 8, 9-10 (Die Finsternis):

„...da werde ich die Sonne untergehen lassen am Mittag und
Finsternis über die Erde bringen am lichten Tage."

Erfüllung: Matthäus 27, 45:

„Aber von der sechsten Stunde an kam eine Finsternis über
das ganze Land bis zur neunten Stunde..."

Prophetie: Jesaja 53, 9 (Das Grab eines Reichen):

„Und man hat sein Grab bei Gesetzlosen bestimmt; aber
bei einem Reichen ist er gewesen in seinem Tode..."

Erfüllung: Matthäus 27, 57-60:

„Als es aber Abend geworden war, kam ein reicher Mann von
Arimathia, namens Joseph (...) Und Joseph nahm den Leib
und wickelte ihn in reine, feine Leinwand, und legte ihn in
seine neue Gruft, die er in den Felsen ausgehauen hatte..."

Ich denke, daß schon diese Auflistung deutlich macht, wie
genau sich die gesamten Prophetien in den Evangelien erfüllt haben. Das Alte Testament enthält insgesamt 332 (!)

deutliche Hinweise, die sich *nur* auf Jesus Christus beziehen. Wer meint, daß diese Erfüllungen nachträglich von den Prophetien »abgeschrieben« wurden, der sollte bedenken, daß sämtliche Texte des Neuen Testaments von den verschiedensten Menschen an unterschiedlichsten Orten und zu verschiedensten Zeiten verfaßt wurden. Ein völlig abwegiger Gedanke - warum sollten auch sämtliche Autoren lügen? Abschließend zitiere ich einen recht seltsamen Text aus dem Alten Testament, der sich auch auf den erwarteten Messias beziehen *könnte*. In 1. Mose 49, 10-12 lesen wir: „...bis Schilo (Übersetzung: »Friedenstifter« - D.A.) kommt, und ihm werden die Völker gehorchen. (...) ...die Augen sind *trübe von Wein*, und weiß die Zähne von Milch." Wenn diese Textpassage tatsächlich auch eine Prophetie ist, wie soll man dann den letzten Teil des Textes bewerten? Ich möchte nicht voreilig spekulieren, sondern hier nur anhand der Originaltexte Fakten präsentieren. Fest steht, daß in der Bibel Jesus mit seinen Jüngern oft Wein trank, der allerdings nicht so stark war, wie unser heutige Wein.

VI

ZEICHEN UND PHÄNOMENE DER BIBEL UND DER GEGENWART

In den vorhergehenden Kapiteln haben wir uns eingehend mit den Rätseln des Alten Testaments und mit den Phänomenen im Neuen Testament befaßt. Es gab sie jedoch nicht nur zu biblischen Zeiten, sondern auch in unserer *heutigen* Zeit existieren eine Reihe von Wundern und Zeichen, im Zusammenhang mit dem Christentum und dem Glauben. Begleiten Sie mich jedoch zunächst auf eine Exkursion durch beeindruckende Gotteserscheinungen und andere phantastische Begebenheiten im Alten Testament, die ebenfalls Stoff für Diskussionen liefern:

Wunder und Gottesvisionen im Alten Testament

Wenn Sie meinen, eine sprechende Schlange im gar nicht so ungefährlichen Garten Eden wäre das einzige Tier der Bibel, das sprechen konnte, so täuschen Sie sich. Lesen wir einen Ausschnitt aus 4. Mose, 22, 27-34:

„...und er schlug die Eselin mit dem Stabe. *Da tat Jehova den Mund der Eselin auf, und sie sprach* zu Bileam: Was habe ich dir getan, daß du mich nun dreimal geschlagen hast? Und Bileam sprach zu der Eselin: Weil du Spott mit mir getrieben hast; wäre doch ein Schwert in meiner Hand, so hätte ich dich jetzt totgeschlagen! Und die Eselin sprach zu Bileam: Bin ich nicht deine Eselin, auf der du geritten bist seit jeher bis auf diesen Tag? War ich je gewohnt, dir also zu tun? Und er sprach: Nein. Da enthüllte Jehova die

Augen Bileams, und er sah den Engel Jehovas auf dem Weg stehen, mit seinem gezückten Schwert in seiner Hand; und er neigte sich und warf sich nieder auf sein Angesicht. Und der Engel Jehovas sprach zu ihm: Warum hast du deine Eselin nun dreimal geschlagen? Siehe, ich bin ausgegangen, dir zu widerstehen, denn der Weg ist verderblich vor mir. Und die Eselin sah mich und bog vor mir aus nun dreimal; wenn sie nicht vor mir ausgebogen wäre, so hätte ich dich jetzt auch erschlagen, sie aber am Leben gelassen."

Ich finde diesen Text in vieler Hinsicht bemerkenswert. Zunächst muß jedem Tierfreund an dieser Stelle das Herz aufgehen, denn leider werden Tiere in unserer Welt noch immer vorsätzlich gequält (z.B. bei der Massentierhaltung) und als vermeintlich schmerzunempfindliche, seelenlose »Gebrauchsgüter« behandelt. In diesen Zeilen kommen Gott, sein Engel, eine sprechende Eselin und ein einfacher Mann vor. War das tatsächlich Realität, oder eine nacherzählte Fabel, um den Menschen den äußerst grausamen Umgang mit den Geschöpfen Gottes zu verdeutlichen? Das ist hier schwer zu beurteilen - auch Jesus sprach oft in Gleichnissen, um einen Sachverhalt anschaulich zu vermitteln. Natürlich könnte ein Gott eine Eselin sprechen lassen, aber scheinbar war dieser Tierquäler *keineswegs überrascht*, als dies dann wirklich geschah! Also doch eine Fabel, denn jeder normale Mensch hätte mit ungläubigem Entsetzen reagiert - gerade die verängstigten Juden dieser Epoche. Und was bedeutet die Bemerkung „Da enthüllte Jehova die Augen Bileams...“? Es kommt mir vor, als wenn uns hier eindringlich gesagt werden soll, daß Gott uns die

Augen für den vernünftigen Umgang mit seiner Schöpfung, also auch den Tieren, öffnen möchte. Eine wirklich schöne Fabel. Wir sagen ja bis heute im Angesicht des schrecklichen Umgangs mit Tieren „wenn Tiere reden könnten", oder „wenn Tiere sich wehren könnten..." Historische Realität, Mythos oder Fabel? Das ist nicht nur hier, sondern in vielen Überlieferungen im Alten Testament die Frage.

In dem Kapitel über die Schöpfung erwähnte ich die »Söhne Gottes«, die sich die hübschesten Erdenmädchen nahmen, um mit ihnen zu schlafen. Wer aber waren diese Söhne, denn wir hören an vielen anderen Stellen, daß Jesus Christus sein einziger Sohn war. In einem der ältesten Bücher der Bibel, dem Buch Hiob sind sie wieder da, diese geheimnisvollen Wesen - samt Satan, wie wir gelesen haben (Hiob 2, 1-3). Hier stellt sich überhaupt die Frage, warum der allmächtige Gott Wesen wie die sog. Gottessöhne, Engel und sogar Satan samt seinen Dämonen braucht und duldet. Also das Böse. Ich kann mir gut vorstellen, daß Gott inmitten der Ewigkeit und Endlosigkeit ohne solche Wesen sehr einsam wäre. Ich vermute, daß selbst Gott ein »Spiel« braucht und in diesem kosmischen Spiel sind wir lediglich die Schachfiguren. Arthur C. Clarke sagte einmal: „Sollte es irgendwelche Götter geben, deren Hauptanliegen der Mensch ist, so können es keine sehr bedeutenden Götter sein." Hier streift der berühmte Clarke wohl ein wenig die Wahrheit. Es ist schon schwer vorstellbar, daß wir sonderlich wichtig sind. Sicher ist nur, daß sich viele Menschen wichtig fühlen, vor allem, wenn sie versuchen, Macht durch Unterdrückung auszuüben.

Auffallend ist auch der Umstand, daß Gott mit dem schlimmsten Geschöpf, dem Satan selbst, offenbar in einer recht vertrauten Atmosphäre spricht und umgeht. Auch die Frage an Satan im Buch Hiob, von wo er kommt, scheint widersprüchlich, wenn man an vielen Stellen der Bibel liest, daß Gott allwissend ist. Vorsicht ist somit bei jenen Stellen der Bibel geboten, wo es um das Erscheinen eines nicht näher definierten Engels geht, denn die Bibel sagt uns, daß Satan bis in die Gegenwart jederzeit in der Lage ist, die Gestalt eines »Engels des Lichts« anzunehmen. Das würde wohl auch bedeuten, daß er durchaus in die Rolle der verschiedensten Menschen und wohl auch Tiere, wie z.B. Drachen, schlüpfen kann. War also ein Mann wie Adolf Hitler gar der Satan in Person? Vieles scheint möglich - was den Umgang mit den Texten der Bibel oft sehr spannend macht. Auch das ist eine der Absichten dieses Buches, Sie von der Einzigartigkeit und Faszination des phantastischsten aller Bücher der Weltgeschichte zu überzeugen. Allein schon beim Umgang mit dem Alten Testament wird einem erst so richtig bewußt, wie beeindruckend manche Bibelstellen sind. Wie wir aber noch sehen werden, hat auch die Gegenwart äußerst spannende Aspekte zu bieten. Bemerkenswert sind vor allem die verschiedenen Wunder, Gottes- und Engelserscheinungen im Alten Testament, zumal, wenn auch noch ein scheinbar technologischer Aspekt mit ins Spiel kommt. Vergessen wir jedoch nie, daß es sich hier um die Bibel handelt und nicht um Fantasy! Wir sollten also diesen Berichten den nötigen Respekt zollen, zumal durch die archäologischen Ausgrabungen und Funde der letzten Jahre immer mehr Beweise ans Licht kommen, welche die Bibel deutlich als Geschichtsbuch bestätigen.

Wir begeben uns hier auf eine recht abenteuerliche Reise durch die Welt der Rätsel des Christentums und der Bibel - dabei wage ich mich natürlich oftmals bewußt auf sehr dünnes Eis. Beeindruckend ist z. B. auch das Ringen des Mose mit dem Pharao und die Taten des Gottes der Israeliten sowie der damit verbundene Auszug der Kinder Israel aus der Versklavung Ägyptens. Eine der ersten verwirrenden Begebenheiten ist eine Machtprobe zwischen dem Gott des Mose und den »Zauberern« des Pharao. Betrachten wir uns folgenden Text bei 2. Mose 7, 8-13:

„Und Jehova redete zu Mose und zu Aaron und sprach: Wenn der Pharao zu euch reden und sagen wird: Tut ein Wunder für euch! so sollst du zu Aaron sagen: Nimm deinen Stab und wirf ihn hin vor den Pharao; er soll zur Schlange werden. Und Mose und Aaron gingen zu dem Pharao hinein und taten also, wie Jehova geboten hatte; und Aaron warf seinen Stab hin vor den Pharao und vor seinen Knechten, und er wurde zur Schlange. Da berief auch der Pharao die Weisen und die Zauberer; und auch sie, die Schriftgelehrten Aegyptens, taten also mit ihren Zauberkünsten und warfen ein jeder seinen Stab hin, und und sie wurden zu Schlangen; aber Aarons Stab verschlang ihre Stäbe. Und das Herz des Pharaos verhärtete sich, und er hörte nicht auf sie, so wie Jehova geredet hatte."

War das so die Realität, oder handelt es sich wieder um eine Art Parabel? Wenn Gott seine Kinder aus der Knechtschaft der Ägypter befreien wollte, warum wirkte er nicht gleich unmittelbar auf den Pharao ein? Zumal Gott noch eine Reihe Schrecknisse über das Land kommen ließ, wie wir gleich sehen werden. Warum diese Umstände? Sonderbar ist vor allem bei dem gerade geschilderten Wunder, daß die »Zauberer« des Pharao *auch* Stäbe auf Zuruf in reale, lebendige (!) Schlangen verwandeln konnten. Wir wissen, daß dies ein Ding der Unmöglichkeit ist! Kann es wirklich ein Zaubertrick gewesen sein, zumal die Weisen des Pharao auch noch Zauberer genannt wurden? Wohl kaum, denn es geschah unvorbereitet und unmittelbar vor den Augen vieler Zeugen. Selbst der König aller Zauberkünstler David Copperfield hätte das selbst zu seinen besten Zeiten nicht bewerkstelligen können.

Nachdem also dieser Versuch, den Pharao durch ein Zeichen Gottes zu beeinflussen, mißlungen war, fuhr der Gott der Kinder Israel weitaus stärkere Geschütze auf. Gott ließ zehn furchtbare Plagen über das *gesamte* Land der Ägypter kommen, wobei die Israeliten und ihr Vieh stets verschont blieben. Auffallend ist dabei, daß zwar Mose die Anweisungen Gottes erhielt, aber Aaron sie meist ausführen sollte, indem er z.B. seinen Stab in das Wasser oder in den »Staub der Erde« stieß, um eine neue Plage auszulösen. Warum tat Mose dies nicht selbst? Sehen wir uns das ganze grauenvolle Ausmaß der Katastrophen in Ägypten an:

Die erste Plage: Gott verwandelte alles Wasser Ägyptens in Blut - sieben Tage und Nächte lang. Eine äußerst wirksame Idee Gottes, aber es war nur die Ouvertüre.

Die zweite Plage: Frösche in unvorstellbaren Mengen überfielen Ägypten. Sie waren überall, sogar im Schlafgemach des Pharao („...bis in dein Bett"). Dann ließ Jehova die Frösche nach einiger Zeit sterben: „...und das Land stank".

Die dritte Plage: Aaron „schlug den Staub der Erde" und er verwandelte sich in Myriaden von Stechmücken. Da uns schon eine einzige Stechmücke das Leben schwer machen kann, wie mag sich dann diese unermeßliche Anzahl dieser Plagegeister ausgewirkt haben?

Die vierte Plage: Gott ließ das Land von einer Unzahl sog. Hundsfliegen heimsuchen. Schon der bloße Gedanke daran läßt einen erschaudern. Es muß entsetzlich und ekelerregend gewesen sein.

Die fünfte Plage: Der Gott der Kinder Israel überzog das Land mit einer „sehr schweren" Pest, die allerdings »nur« das gesamte Vieh der Ägypter befiel. Die Tiere der Israeliten blieben, wie schon angemerkt, stets unbehelligt.

Die sechste Plage: Mose und Aaron mußten Ofenruß gen Himmel streuen, der sich in Staub auflöste, um sich dann auf der Haut der Ägypter und deren Vieh in böse Blattergeschwüre zu verwandeln. Auch nicht gerade ein schöner Anblick, aber es geht noch weiter mit den Hiobsbotschaften für den krankhaften Pharao:

Die siebte Plage: Gott ließ wie immer nach Vorankündigung, seine nächste Strafe über das Land der Ägypter kommen. Es donnerte, Unmengen Hagel und Feuer fuhren hernieder. Der Hagel zerstörte Mensch, Vieh und Pflanzen. Dieser Pharao muß ein verbohrter Mensch gewesen sein, denn selbst nach dieser unvorstellbaren Naturkatastrophe gab er nicht nach. Das Volk Israel durfte noch immer nicht aus dem Land ziehen.

Die achte Plage: Heuschreckenschwärme von ungeheuer großem Ausmaß überfielen das Land. Die Heuschrecken fraßen das auf, was von den anderen Plagen noch übrig war. Sie kamen über ganz Ägypten „so daß das Land verfinstert wurde". Noch immer versuchte der Despot dem Gott der Juden zu trotzen, was inzwischen sicherlich schon an nackten Wahnsinn grenzte.

Die neunte Plage: Drei Tage legte sich eine tiefe Finsternis über das Land. „...sie sahen einer den anderen nicht..." Nur die Kinder Israels hatten Licht in ihren Wohnungen. Dann endlich kam das grausige Finale - die letzte und zugleich grauenvollste Plage des zornigen Gottes der Juden - und auch unseres Gottes.

Die zehnte Plage: Jehova ließ alle »erstgeborenen Kinder« der Ägypter *töten*! Auch beim Vieh (2. Mose 11, 5-6): „Um Mitternacht will ich ausgehen mitten durch Aegypten; und alle Erstgeburt im Lande Aegypten soll sterben, von dem Erstgeborenen des Pharao, der auf seinem Throne sitzt, bis zum Erstgeborenen der Magd, die hinter der Mühle ist, und alle Erstgeburt des Viehes. Und es wird ein großes Geschrei sein im ganzen Lande Aegypten, desgleichen nie gewesen ist und desgleichen nicht mehr sein wird." So sehen die Strafen aus, wenn Gott wirklich *sehr* böse wird...

Erst jetzt gab der Pharao nach, um das Volk der Israeliten ziehen zu lassen. Aber um welchen Preis? Das gesamte Land war völlig vernichtet, und alle Kleinkinder waren tot. Wie ich schon sagte, es steht uns nicht an, Gottes Wort zu kritisieren, aber die Frage, warum Gott nicht direkt auf den verrückten Pharao einwirkte, schon um die vielen Kinder zu verschonen, bleibt bestehen.

Danach zogen die Kinder Israel aus: 600.000 Mann, Frauen und Kinder nicht mitgerechnet. Offenbar gab es im damaligen Ägypten eine ungeheure Menge Hebräer. Dann lesen wir in der Bibel von einer der vielen Erscheinungsformen Gottes. In 2. Mose 13, 21-22 steht: „Und Jehova zog vor ihnen her, des Tages in einer Wolkensäule, um sie auf dem Wege zu leiten, und des Nachts in einer Feuersäule, um ihnen zu leuchten, damit sie Tag und Nacht ziehen könnten. Des Tages wich nicht die Wolkensäule, noch des Nachts die Feuersäule vor dem Volke."

Wir lassen diese Erscheinungen einfach so stehen, wie sie uns die Bibel vermittelt. Ich glaube, daß es so war, sonst hätten die Texte im Alten Testament nicht jede Kleinigkeit so genau in allen Einzelheiten beschrieben. Es muß ein phantastisches Bild gewesen sein, als das Volk der Juden ständig von dem Phänomen einer Wolkensäule und in der Nacht von einer Feuersäule angeführt wurde.

Aber wenn der Pharao dachte, die Schrecken wären vorbei, so täuschte er sich gewaltig. Der Pharao gab noch immer nicht auf, er muß in der Tat geisteskrank gewesen sein, aber das Gleiche haben wir ja auch viel später bei Adolf Hitler erlebt, der noch kämpfen ließ, als der Krieg schon längst verloren war. Scheinbar tauchen solche Irren regelmäßig in unserer Menschheitsgeschichte wieder auf. Jedenfalls bot der Pharao seine gesamte Heeresmacht auf, um die Hebräer zu verfolgen und zu vernichten. Als die Juden vor dem Schilfmeer standen, die Streitmacht des Pharaos im Rücken, verlieh Gott Mose die Kraft, mit seinem Stab die Fluten zu teilen. So konnten die Kinder Israels trockenen Fußes ans andere Ufer gelangen. Dann kam die endgültige Niederlage und die letzte Strafe für den unbelehrbaren Pharao. Als sich sein ganzes Heer zwischen den zu beiden Seiten aufgetürmten Wassermassen befand, ließ Gott die Wände aus Wasser einstürzen, und die gesamte Armee des Pharao ertrank in den reißenden Fluten. Man hat in Ägypten die Stellplätze für Hunderte von Pferden und Streitwagen gefunden. Es hat sie also auch gegeben.

Der Hauptaspekt, warum ich diese Begebenheiten hier so ausführlich erwähne, betrifft nicht nur die beeindruckenden Wunder Gottes. Der Grund liegt auf der Hand, denn wenn diese ganzen Ereignisse also wirklich so geschehen sind, dann wird von Bibelforschern und vor allem von Ägyptologen und Archäologen natürlich die berechtigte Frage gestellt: Warum haben die Ägypter diese umwälzenden Einschnitte in ihrer eigenen Geschichte mit keinen »offiziellen« Aufzeichnungen erwähnt? Ein neuerer Fund liefert jedoch einen Hinweis, der deutlich auf dieses Ereignis schließen läßt. Man fand folgenden altägyptischen Text, der hier dem Sinn entsprechend übersetzt ist: „Als ich, der Pharao, die Abscheulichkeit der Götter, die Einwanderer, ziehen ließ, schluckte die Erde ihre Spuren. Der Gott des Wassers kam eines Tages unerwartet und machte dies geschehen." Die gewaltigen Gottesstrafen mußten zweifellos über einen sehr langen Zeitraum tief in den Köpfen und Herzen der Ägypter verankert gewesen sein. Trotzdem, es existiert außer dem erwähnten Satz keine weitere Zeile in ganz Ägypten über diese Vorfälle. Bis jetzt. Es ist natürlich möglich, wenn auch sehr unwahrscheinlich, daß es sich bei dem Exodus der Kinder Israel um eine sehr ausgeschmückte Erzählung handelt. Die einzige Erklärung, die vermutlich sinnvoll erscheint, ist die Annahme, daß der Pharao sich so gedemütigt und erniedrigt fühlte, daß er für alle Zeit bei Androhung der Todesstrafe verbot, daß jemals auch nur ein Wort über dieses schwärzeste Kapitel Ägyptens verlautbar wurde, *obwohl* die Ägypter sonst jede Kleinigkeit peinlich genau aufschrieben. Sogar wann der Nil Hochwasser führte wurde damals genau registriert.

Nach der sechsten Plage sprach Jehova zu Mose: „Mache dich des Morgens früh auf und tritt vor den Pharao und sprich zu ihm: So spricht Jehova, der Gott der Hebräer: Laß mein Volk ziehen, *daß sie mir dienen!*" Auch dieser Text ist ein typischer Hinweis darauf, daß Gott immer den größten Wert darauf legte, daß sein erwähltes Volk ihm in vielerlei Hinsicht *diente*. Wer die Bücher Mose liest, der bekommt eine Vorstellung, was es für dieses Volk bedeutete, daß sie ihrem Gott unentwegt dienen mußten. Auf unzähligen Seiten der Bibel wird aufgelistet, was die Israeliten alles bewerkstelligen mußten, um es Gott recht zu machen, denn dieser hatte wirklich selbst von jeder Kleinigkeit eine sehr genaue Vorstellung, wie sie zu sein hatte. Das betrifft nicht nur die schon beschriebenen Opferrituale, sondern den Umgang miteinander und mit Gott selbst, die Kleidung, den Bau der Heiligtümer und Unmengen anderer Dinge im Leben der Juden. Es ist beim Lesen dieser Forderungen Gottes schon fast ein Wunder, daß sich die Hebräer all diese Regeln überhaupt merken konnten. Lesen Sie nur mal das 2. oder 4. Buch Mose, und Sie werden überrascht sein, worauf die Juden dieser Epoche achten mußten. Auch hier soll sich der Leser seinen eigenen Reim darauf machen, ich möchte diese ganzen Vorschriften nur erwähnen, denn jeder Versuch einer Interpretation bleibt letztendlich Spekulation.

Im Oktober 2000 besuchte ich den wohl grandiosesten Platz der Welt. Ich stand auf einem felsigen Hochplateau, und vor mir befanden sich die Pyramiden, die beeindruckendsten Bauwerke der Weltgeschichte. Die Größe dieser Monumente ist so phantastisch, daß das Volk Israel sie nicht gesehen haben soll? In der Bibel wird der Turmbau zu Babel geschildert, aber nicht die Pyramiden. Sie werden mit keinem Wort erwähnt - ebenso wie das Verschwinden der Bundeslade, dem größten Heiligtum der Juden. Die Bauanleitungen Gottes sind so genau, daß englische Forscher sie bis ins Detail nachbauen konnten. Dabei stellten sie fest, daß die Lade statische Elektrizität produzierte. Doch wenden wir uns zum Text über die Lade: (2. Mose 25, 10-22):

„Und sie sollen eine Lade von Akazienholz machen: zwei und eine halbe Elle ihre Länge, und eine und eine halbe Elle ihrer Breite, und eine und eine halbe Elle ihrer Höhe. Und du sollst sie überziehen mit reinem Golde: inwendig und auswendig sollst du sie überziehen; und mache einen goldenen Kranz daran ringsum. Und gieße für dieselbe vier Ringe von Gold und setze sie an ihre vier Ecken, und zwar zwei Ringe an ihrer einen Seite und zwei Ringe an ihrer anderen Seite. Und mache Stangen von Akazienholz und überziehe sie mit Gold. Und bringe die Stangen in die Ringe an den Seiten der Lade, um die Lade mit denselben zu tragen. Die Stangen sollen in den Ringen der Lade sein, sie sollen nicht daraus entfernt werden. Und lege in die Lade das Zeugnis, das ich dir geben werde. Und mache einen Deckel von reinem Golde: zwei und eine halbe Elle seine Länge, und eine und eine halbe Elle seine Breite. Und mache zwei Cherubim von Gold; in getriebener Arbeit sollst du sie machen an beiden Enden des Deckels; und mache einen Cherub an dem Ende der einen Seite und einen Cherub an dem Ende der anderen Seite; aus dem Deckel sollt ihr die Cherubim machen an seinen beiden Enden. Und die Cherubim sollen die Flügel nach oben ausbreiten, den Deckel mit ihren Flügeln überdeckend, und ihre Angesichter einander gegenüber; die Angesichter der Cherubim sollen gegen den Deckel *gerichtet* sein. Und lege den Deckel oben über die Lade; und in die Lade sollst du das Zeugnis legen, das ich dir geben werde. *Und daselbst werde ich mit dir zusammenkommen und von dem Deckel herab, zwischen den zwei Cherubim hervor, die auf der Lade des*

Zeugnisses sind, alles zu dir reden, was ich dir an die Kinder Israel gebieten werde."

Eine weitere Bibelstelle (4. Mose 7, 89) belegt dieses Wunder sehr deutlich:

„Und wenn Mose in das Zelt der Zusammenkunft hineinging, um mit ihm zu reden, *so hörte er die Stimme zu ihm reden von dem Deckel herab, der auf der Lade des Zeugnisses war,* zwischen den beiden Cherubim hervor; und er redete zu ihm." Damit Gott nicht immer vom Himmel oder von einem Berg herab mit Donner, Feuer, Rauch, Posaunen und lauter Stimme sprechen mußte, war dies eine ideale Lösung. Das auserwählte Volk hatte schlicht und ergreifend eine Art »Funksprechgerät«, mit dem es jederzeit mit ihrem Schöpfer kommunizieren konnte. Ob dahinter eine Technik verborgen war, darüber lasse ich lieber die Autoren anderer Bücher spekulieren. Ich denke, ein Gott benötigt keinerlei Technik!

Danach folgen endlose Bauanweisungen für Tische, Leuchter und noch etliche andere Dinge. Aber wozu, fragt man sich? Und alles mit Unmengen an Gold. Als Mose mit den Gesetzestafeln für die Lade von seiner Begegnung mit Gott zurück-kam, *leuchtete seine Haut!* So steht es in der Bibel. Scheinbar hatte alles, was mit Gott und der Bundeslade in Verbindung stand, mit einer nicht näher definierten Strahlung zu tun. Diese Strahlung schien an der Bundeslade bei Berührung eine tödliche Wirkung zu haben - ähnlich einem starken Stromstoß. Davon berichtet uns auch die Bibel in 2. Samuel 6, 6-8: „Und als sie zur Tenne Nakons kamen, *da langte Ussa nach der Lade Gottes und faßte sie an,* denn die Rinder hatten sich losgerissen. Da entbrannte der Zorn Jehovas wider Ussa, und Gott schlug ihn daselbst wegen des Vergehens; *und er starb daselbst bei der Lade Gottes.*" Da ist er wieder, der gefürchtete Zorn Gottes. Ussa mußte sterben, weil er offenbar versehentlich und ohne Vorsatz die Lade berührte. Er wurde, wie man heute sagt, »vom Schlag getroffen«. Offenbar von einem Stromschlag!

Sicher scheint, daß die Bundeslade wohl hochgradig lebensgefährlich war. Stand sie eventuell sogar unter Starkstrom? Gott selbst sagte, er würde persönlich vom Deckel der Lade, zwischen den beiden Cherubim, seine Anweisungen geben. Was er dann auch tat. War diese Zone ein gefährlicher, göttlicher Energiebereich? Gut möglich, denn nur Hohepriester und Auserwählte durften sich nach strengen Kleidervorschriften der Lade nähern. Eine Berührung war also nicht ratsam, deshalb wurden auch nach Gottes Plan Ringe angebracht, durch die man dann die Tragestangen schob, um die Lade zu transportieren. Wenn man will, könnte man diese Lade auch ganz einfach als perfekte Kommunikationsstation Gottes betrachten. Warum sollte es also zu Zeiten eines Mose keinen Strom gegeben haben? Für einen Gott, der ein ganzes Universum geschaffen hat, wäre das wohl eine Kleinigkeit.

Interessant ist an dieser Stelle die Ägyptenforschung. Sie zeigt, daß die Pharaonen offenbar auch schon elektrisches Licht kannten. Dieses Thema ist vor mehreren Jahren bekannt gemacht worden. Es gibt Fotografien von alten Steinreliefs, auf denen *eindeutig* überdimensionale Glühbirnen dargestellt wurden, die von Ägyptern gehalten wurden. Auch diese uralten Glühbirnen haben Wissenschaftler genau nach den Abbildungen nachgebaut - und sie gaben tatsächlich elektrisches Licht!

Bemerkenswert ist übrigens auch der Befehl Gottes, goldene Cherubim für die Lade zu erstellen, denn eines der Gebote Gottes lautete, sich *kein* Bild oder Schnitzwerk von allen Dingen der Erde und des Himmels zu machen. Und man darf - so der Nachsatz - solche »Kunstwerke« nicht verehren. Ein weiterer Widerspruch? Es ist schwer zu verstehen, was Gott mit diesem Gebot meinte, denn wenn man es wirklich ernst nimmt, dürfte kein Mensch ein Bild malen oder eine Skulptur erschaffen. Vor allem die katholische Kirche würde dann Gottes heiliges Gebot mit Füßen treten, denn gerade dort werden nicht nur unzählige Kruzifixe, Heiligenbilder, Reliquien und Marienstatuen angebetet, sondern sogar noch geküßt. Betrachten wir hier noch einige Fakten und Begebenheiten zur Bundeslade. Das größte Heiligtum des Christentums verschwand urplötzlich und wird bemerkenswerterweise kaum noch erwähnt. Im Jahre fünfhundertsiebenundachtzig v. Chr. wurde der Tempel von Jerusalem zerstört, und damit verliert sich jede Spur der geheimnisvollen Lade mit den Geboten Gottes. Die Lade, in der Mose die Tafeln aus Stein mit Gottes Handschrift in das heilige Land Kanaan bringen sollte.

Ein unbekannter Johannes erwähnt die Bundeslade nochmals am Ende der Bibel in seiner berühmten Offenbarung, im Zusammenhang mit der letzten großen Schlacht von Armageddon und dem Jüngsten Gericht. Johannes schreibt in seinem Buch (11, 19): „Und der

Tempel Gottes im Himmel wurde geöffnet, und die Lade seines Bundes wurde in seinem Tempel gesehen; und es geschahen Blitze und Stimmen und Donner und ein Erdbeben und ein großer Hagel." Ein Hinweis, daß die Lade sogar noch bis zum Jüngsten Gericht erhalten bleibt? An diesem Zitat wird deutlich, daß die Lade mehr als nur eine Sende- und Empfangsstation zwischen Jehova und den Auserwählten des Volkes Israel war. Sie war offenbar eine äußerst wirksame und tödliche Waffe. Als solche wurde sie auch eingesetzt.

Die Bibel und andere Quellen berichten davon, daß die Lade Feuer und Blitze oder starke Stromstöße von sich gab. Sie war wohl auch in der Lage, den Feinden des auserkorenen Volkes Gottes fürchterliche Verwundungen beizubringen und sie zu verbrennen. Selbst Berge konnte sie angeblich einebnen und Flüsse austrocknen lassen. Sie vernichtete ganze feindliche Armeen und Städte. Auch bei der Zerstörung des berühmten Jericho war die Lade eine furchtbare Waffe.

Ca. 1000 v. Chr. schaffte der berühmte König David die Lade nach Jerusalem. König Salomo, der Nachfolger Davids ließ dann später auf dem Berg Morija (der Tempelberg) ein Gotteshaus für diese Reliquie erbauen. Die Stätte des Heiligtums Gottes und der Juden konnte dann ca. 955 v. Chr. dort endlich aufbewahrt und verehrt werden.

Hier noch einige weitere Daten zur
Zeitgeschichte der Bundeslade:

Um 1250 v. Chr. wurde die Lade vermutlich angefertigt. 1000 - 970 v. Chr. ist die Regierungszeit des Königs David.

Er war Gründer des Landes Palästina und Jerusalem als Hauptstadt. In dieser Zeit kommt die Lade nach Jerusalem. 972 - 933 v. Chr. baut König Salomon den Tempel Jerusalems. 957 v. Chr. wird die Bundeslade im Tempel als »Ruhestätte Jehovas« aufgestellt. 699 - 644 v. Chr. ist die Regierungszeit des Königs Manasses, der die Verehrung Jahwes verbietet und heidnische Statuen aufstellen läßt. Vermutlich brachten die Juden die Lade an einen geheimen Ort.

Am Rande sei noch erwähnt, daß die besagten Cherubim der Bundeslade keine Engel waren, so wie wir sie uns heute vorstellen, sondern geflügelte Wesen mit *Tierbeinen*. Wenn man diese Lade doch noch eines Tages mit Gottes Hilfe finden würde, so wäre das *die* Sensation der gesamten Archäologie. Leider gibt uns die Bibel keinen Hinweis, wo die Lade geblieben ist. Eventuell steht sie wirklich, wie in meiner Einleitung erwähnt, in Äthiopien, oder sie wartet in einem der zahllosen unterirdischen Labyrinthe unter dem Tempelberg in Jerusalem, die noch lange nicht restlos erforscht sind, auf ihre Entdeckung.

Doch zurück zu den Gotteserscheinungen der Hebräer. Wir haben Gottes Präsenz als gewaltige »Naturerscheinung« auf dem sog. Berg Sinai geschildert, wo der Allmächtige mit Posaunengeschall, Donner, Blitz und Qualm den ganzen Berg und auch die Herzen der Kinder Israels erbeben ließ. Inzwischen haben Archäologen an einem Berg sieben Stelen, als Altar für die sieben Stämme Israels, sowie eine Steingravur im Fels gefunden, die deutlich wie die beiden Gesetzestafeln aussehen und auch in genau zehn Kästchen aufgeteilt ist. Auch fand man am Fuß dieses Berges (nur Mose durfte auf den Berg) Reste von etlichen Lagerstätten - also eine echte archäologische Sensation, die klar auf den Ort hindeutet, wo Mose die Gesetzestafeln erhielt!

Später erschien dann Gott etwas weniger beängstigend, aber noch immer in wundersamer Erscheinung. Der Herr wies, wie wir wissen, seinem Volk den Weg, indem er am Tag als Wolkensäule und in der Nacht als Feuersäule zu sehen war. Gerade Wolken, Rauch und Feuer waren von Gott bevorzugte Erscheinungsformen. Diese Dinge müssen auf die Menschen jener Zeit einen unvorstellbaren Eindruck gemacht haben, den sie dann auch genau mit *ihren Worten* niederschrieben. Im Kern der Sache handelte es sich wohl um Tatsachenberichte, auch wenn viele Bibelkritiker hier anderer Meinung sind. Es gibt eine ganze Reihe solcher Erscheinungen in der Bibel.

In 2. Mose 33, 9-11 steht: „Und es geschah, wenn Mose in das Zelt trat, *so stieg die Wolkensäule hernieder und stand am Eingang des Zeltes; und Jehova redete mit Mose. Und das ganze Volk sah die Wolkensäule am Eingang des Zeltes stehen*; und das ganze Volk erhob sich, und sie warfen sich nieder, ein jeder am Eingang seines Zeltes." Oder ein kurzer Hinweis bei 2. Mose 34, 5-6, wo Mose die zuvor von ihm zertrümmerten Gesetzestafeln von Gott nochmals erhielt: „Und *Jehova stieg in der Wolke hernieder*, und er stand daselbst bei ihm und rief den Namen Jehovas aus." Ein letztes Beispiel dieser seltsamen Wolkenerscheinungen wollen wir aus 2. Mose 40, 34-38 zitieren: „*Und die Wolke bedeckte das Zelt der Zusammenkunft,* und die Herrlichkeit Jehovas erfüllte die Wohnung. Und Mose konnte nicht in das Zelt der Zusammenkunft hineingehen; denn die Wolke ruhte darauf, und die Herrlichkeit Jehovas erfüllte die Wohnung. *Und wenn die Wolke sich von der Wohnung erhob*, so brachen die Kinder Israel auf, auf allen ihren Zügen. *Und wenn die Wolke sich nicht erhob*, so brachen sie nicht auf, bis zu dem Tage, da sie sich erhob. *Denn die Wolke Jehovas war des Tages auf der Wohnung, und des Nachts war ein Feuer darin vor den Augen des ganzen Hauses Israel, auf allen ihren Zügen.*"

Aber das Alte Testament hält noch einige weitere bemerkenswerte Gotteserfahrungen für uns bereit. Je tiefer man in diese Berichte eintaucht, um so stärker bekommt man ein Gefühl für die damalige Zeit und die Odyssee der Juden. Stellen Sie sich vor, der allmächtige Gott mit all seiner Herrlichkeit und der Fähigkeit jeden Moment alles wieder zu vernichten, wäre ständig »vor ihrer Haustüre« präsent. Eine bekannte Variante ist auch der brennende Dornbusch, der wieder eine andere Manifestation Jehovas in Begleitung seines Engels vermittelt - was immer auch mit dem »Engel Jehovas« gemeint ist. Wieder ist Feuer und Rauch mit im Spiel. In 2. Mose 3, 1-2 steht: „Und Mose weidete die Herde Jethros, seines Schwiegervaters, des Priesters von Midian. Und er trieb die Herde hinter die Wüste und kam an den Berg Gottes, an den Horeb. Da erschien ihm der Engel Jehovas in einer Feuerflamme mitten aus einem Dornbusche; und er sah: und siehe, der Dornbusch brannte im Feuer, und der Dornbusch wurde nicht verzehrt. Und Mose sprach: Ich will doch hinzutreten und und dieses große

Gesicht sehen, warum der Dornbusch nicht verbrennt. Und als Jehova sah, daß er herzutrat, um zu sehen, da rief Gott ihm *mitten aus dem Dornbusche zu* und sprach: Mose! Mose! Und er sprach: Hier bin ich. Und er sprach: *Nahe nicht hierher! Ziehe deine Schuhe aus von deinen Füßen, denn der Ort, auf dem du stehst, ist heiliges Land...*"

Wie bei den anderen Gotteserscheinungen stellt sich automatisch die Frage, warum verbirgt Gott sich in Wolken oder hinter Feuer? Wenn wir nach Gottes Bilde gemacht sind, warum zeigt sich Jehova nicht? Es gibt dafür einen Grund, den wir leider nicht kennen. Man sieht Gott aus unerfindlichen Gründen nie. Bis auf eine Vision - einer sehr umstrittenen Stelle der Bibel. Was hat dieser Gott zu verbergen, frage ich mich? Eine Erklärung könnte sein, daß Gott *nicht* menschlich aussieht! Und was ist an dem kargen Ort, an dem ein Dornbusch steht und brennt, so heilig, daß Mose sogar seine Schuhe ausziehen mußte? Auch darüber läßt die Bibel nichts verlauten. Ist Gott ein geistiges *Energiewesen*, braucht er den ganzen Zauber nicht.

Bibelkritiker mutmaßen bei solchen Bibelstellen, daß es sich um Halluzinationen und Ausgeburten der Phantasie einzelner religiöser Fanatiker gehandelt haben könnte. Man ist da etwas vorschnell. Warum, wurde bereits an anderer Stelle dargelegt. Eine andere Vision schildert uns Jakob in 1. Mose, 28, 12-13. Hier steht allerdings, daß Jakob dieses Erlebnis lediglich träumte. Aus anderen Stellen der Bibel geht jedoch hervor, daß Gott oder ein Engel den frommen Menschen (meist Männern) im Traum eine Botschaft verkündeten - also doch Realität? Das beste Beispiel ist der

Traum des Joseph im Neuen Testament, wo ihm die Geburt des Messias angekündigt wurde. Lesen wir also Jakobs Erlebnis:

„Und er träumte: und siehe, *eine Leiter war auf die Erde gestellt, und ihre Spitze rührte an den Himmel; und siehe, Engel Gottes stiegen auf und nieder an ihr.* Und siehe, *Jehova stand über ihr* und sprach: Ich bin Jehova, der Gott Abrahams, deines Vaters, und der Gott Isaaks..." Hier scheint es sich nun wirklich nicht um eine reale Gottesbegegnung gehandelt haben. Zunächst ist es nur ein Traum. Die Spitze einer Leiter, die bis an den Himmel rührt, könnte das menschliche Auge kaum wahrnehmen. Dann sieht Jakob nicht nur Engel Gottes auf- und niedersteigen, sondern er sieht sogar Gott selbst, aber er beschreibt ihn natürlich nicht, zumal es eben nur ein Traum war. Diese Schilderung halte ich also für recht bedenklich. Die nun folgenden Beschreibungen haben schon eine andere Qualität, die nicht so leicht zu begreifen ist, da hier ein völlig neues Element hinzukommt, Fremdkörper mit teilweise technischen Elementen. Sie stehen in Zusammenhang mit fliegenden und auch landenden Flugobjekten der Bibel. Man sollte bedenken, daß bei solchen Träumen und Schilderungen, die sich vor Jahrtausenden abgespielt haben sollen, der orientalische Drang, die Dinge auszuschmücken, nicht unerwähnt bleibt.

Reisen Sie nach Ägypten - Sie hören die abenteuerlichsten Geschichten.

Fliegende »Wagen« in der Bibel - Realität oder Vision?

„Wer sind diese, die wie eine Wolke geflogen kommen, und gleich Tauben zu ihren Schlägen?" fragt Jesaja völlig zu recht (60, 8-9). In der Tat, wer sind die *»Söhne Gottes«* und merkwürdigen Himmelswesen, die sich durch den Luftraum in seltsamen Wagen bzw. Flugobjekten fortbewegen? Psalm 68, 17 redet auch sehr deutlich davon: *„Der Wagen Gottes sind zwei Zehntausende, Tausende und aber Tausende; der Herr ist unter ihnen: - ein Sinai an Heiligkeit."* Das erinnert stark an die Götter in vielen alten Kulturen und Religionen, die auch ständig mit ihren himmlischen Flugapparaten kamen, Kontakt mit den Menschen suchten, um ihnen die unterschiedlichsten Dinge zu vermitteln. Egal, ob es sich um Inder, Chinesen oder amerikanische Frühkulturen handelt. Es gibt auch entsprechend zahlreiche Abbildungen über solche Ereignisse jener Zeiten. Im alten Rom wurde sogar eine Münze geprägt, auf der man ein ovales Objekt mit Flammen umgeben über die Stadt fliegen sieht.

Auch aus dem europäischen Mittelalter sind viele Berichte und Holzschnitte erhalten, die zahlreiche seltsame Objekte am Himmel (z.B. über Nürnberg) überliefern. Es gibt sie also schon seit Menschengedenken, diese fliegenden Wagen. Ein sehr bemerkenswerter Umstand, denn hier können sich unmöglich alle Kulturen zu allen Zeiten geirrt haben, zumal die Berichte *sich bis in die Gegenwart fortsetzen.* So geschieht es zweifellos auch in der Bibel. Selbst unser Gott hatte (oder hat) »*Tausende* von »*Flugwagen*« - nur würden wir sie heute UFOs nennen...

Z. B. in 2. Könige 2, 11-14: „Und es geschah, während sie gingen und im Gehen redeten, siehe da, *ein Wagen von Feuer und Rosse von Feuer, welche sie beide voneinander trennten; und Elia fuhr im Sturmwind auf gen Himmel.* Und Elia sah es und schrie: Mein Vater, mein Vater! Wagen Israels und seine Reiter! Und er sah ihn nicht mehr. Da faßte er seine Kleider und zerriß sie in zwei Stücke. Und er hob den Mantel des Elia auf, der von ihm herabgefallen war, und kehrte um und trat an das Ufer des Jordan." Dann brachen viele Männer auf, um Elia zu suchen, sie fanden ihn jedoch nicht. Hier wird Elia nicht nur Augenzeuge eines »fliegenden Wagens mit Feuer«, sondern *er wird sogar von diesem Wagen mitgenommen.* Vermutlich schildert uns die Bibel hier ein fliegendes Objekt, mit Feuer umgeben oder Feuer ausstoßend. Der Begriff Wagen sowie die feurigen Rosse können nur aus der Sichtweise dieser Zeit richtig verstanden werden. Wenn sich etwas Unbekanntes in der Luft fortbewegte, so kannten sie nur den einen Vergleich von einem Wagen mit Pferden. Eine andere Art der Beförderung von Personen war damals unbekannt. Die »Rosse von Feuer« existierten sicher nicht, aber wie hätte man *damals* diesen unfaßbaren Vorgang anders beschreiben sollen. Es gab fliegende Objekte, die mit Energie angetrieben wurden! Anders kann man sich die Formulierung »Wagen von Feuer und Rosse von Feuer« aus heutiger Sicht nicht erklären. Der Wagen fuhr »auf gen Himmel« - also in Richtung All. Reisten die ominösen »Söhne Gottes« in solchen UFOs?

Sind diese Wesen fremde Intelligenzen, denn Engel brauchen sicher keine Fluggeräte - oder etwa doch? Andere Autoren, die diesem Thema der Präastronautik zahlreiche Bücher widmeten, halten diese Legenden für sehr wahrscheinlich. Es gibt in der Tat eine unglaubliche Menge an Hinweisen, die diese Theorie unterstützen.

Das eindrucksvollste Beispiel ist noch immer die berühmte *Steinplatte von Palenque*, einem Maya-Zentrum. Hier sieht man auf einem Steinrelief eindeutig eine Person, die in einem raketenähnlichen Gefährt sitzt, das mit den verschiedensten Gerätschaften ausgestattet ist. Die Person oder der Pilot, betätigt einige dieser Instrumente und hat an seiner Nase eine als Atemgerät interpretierbare Apparatur. Das Objekt läuft vorne spitz zu, und am hinteren Ende sieht man sehr deutlich, wie es Feuer ausstößt. Die Steinplatte, sowie eine Strichzeichnung ist im Bildteil dieses Buches zu sehen. Es würde mich interessieren, wie man diese Darstellung anders interpretieren sollte - ich bitte um ernsthafte Vorschläge!

Die Vorstellung, die wir in Glaubensangelegenheiten haben, unterscheiden sich sehr von solchen Fundstücken. Hier muß der gläubige Christ seinen eigenen, schweren Weg finden. Das bedeutet, daß er sich von dem alten Bibelglauben befreit und den Tatsachen ins Gesicht sieht. Sicher kein leichtes Unterfangen, aber einen anderen Weg gibt es nicht. Für die Präastronautik gibt es einfach zu viele Hinweise, die man nicht vom Tisch fegen kann. Die Frage ist nur, wer in diesen »Himmelswagen« saß! Waren es Außerirdische Wesen, oder göttliche Engel, die meist *keine* Flügel haben.

Natürlich gibt es noch eine große Menge andere Berichte, Hinweise, Dokumente und uralte Abbildungen, die Ähnlichkeiten aufweisen, jedoch an die eindeutige Darstellung eines Piloten oder Gottes auf der Grabplatte von Palenque kommt keine andere Darstellung heran. Ein noch größerer Beweis wäre nur die archäologische Entdeckung eines solchen Flugobjektes, das jedoch im Laufe der Jahrtausende vermutlich zu Staub zerfallen sein dürfte, falls es aus einem Material bestand, wie wir es kennen. Lesen wir zu diesem durchaus spannenden und auch sehr umstrittenen Thema noch ein letztes Beispiel aus der Bibel, das zugleich in diesem Zusammenhang auch das spektakulärste ist. Hesekiel schildert uns bis ins kleinste Detail die Landung eines solchen »Himmelgefährts« Gottes, wie niemand sonst in der ganzen Bibel. Ehe wir diesen Text in voller Länge zitieren, was nötig ist, um einen umfassenden Eindruck zu erhalten, sollten wir uns gerade hier nochmals bewußt machen, daß es sich um die vermutlich ausgeschmückten *Schilderungen eines Mannes dieser Epoche* handelt, der in diesem Moment zweifellos verwirrt und voller Furcht war. Er kannte nur Pferd und Wagen. Man sollte auch nicht den Fehler begehen, technisches Gerät ständig aus *heutiger* Sicht zu beurteilen. Lesen wir also den Bericht des Hesekiel 10 und 11, 1 - so wie ihn uns die Bibel schildert:

„Und ich sah: und siehe, auf der Ausdehnung, die *über dem Haupte* (es kam also von oben - D.A.) der Cherubim war, war es wie ein Saphirstein, wie das Aussehen der Gestalt des Thrones, der über ihnen erschien. Und er sprach zu dem in Linnen gekleideten Manne und sagte:

Geh hinein zwischen den *Räderwirbel* (!) unterhalb des Cherubs, und fülle deine Hände mit Feuerkohlen von dem Raume zwischen den Cherubim, und streue sie über die Stadt hin. Und er ging vor meinen Augen hinein. Die Cherubim aber standen zur rechten Seite des Hauses, als der Mann hineinging; und die Wolke erfüllte den inneren Vorhof. Und die Herrlichkeit Jehovas hatte sich von dem Cherub auf die Schwelle des Hauses hin erhoben; und das Haus war von der Wolke erfüllt, und der Vorhof war voll von dem Glanze der Herrlichkeit Jehovas. Und das *Rauschen der Flügel* der Cherubim wurde bis in den äußeren Vorhof gehört wie die Stimme Gottes, des Allmächtigen, wenn er redet. Und es geschah, als er dem in Linnen gekleideten Manne gebot und sprach: Nimm Feuer zwischen dem *Räderwirbel*, zwischen den Cherubim weg, und er hineinging und zur Seite des Rades trat, da streckte ein Cherub seine Hand zwischen den Cherubim hervor, zu dem Feuer hin, welches zwischen den Cherubim war, und hob es ab und gab es in die Hände dessen, der in Linnen gekleidet war; der nahm es und ging hinaus. *Und es erschienen an den Cherubim das Gebilde einer Menschenhand unter ihren Flügeln. - Und ich sah: und siehe, vier Räder waren neben den Cherubim, je ein Rad neben je einem Cherub.* Und das Aussehen der Räder war wie der Anblick eines Chrysolithsteines; und ihr Aussehen: *die vier hatten einerlei Gestalt, wie wenn ein Rad inmitten eines anderes Rades wäre. Wenn sie gingen, so gingen sie nach ihren vier Seiten hin: sie wandten sich nicht, wenn sie gingen; denn nach dem Orte, wohin das*

Vorderteil gerichtet war, folgten sie demselben: sie wandten sich nicht, wenn sie gingen. *Und ihr ganzer Leib und ihr Rücken und ihre Hände und ihre Flügel und die Räder waren voll Augen ringsum; alle vier hatten Räder. Die Räder, sie wurden von meinen Ohren »Wirbel« genannt.* Und ein jedes hatte vier Angesichter; das Angesicht des ersten war das Angesicht eines Cherubs, und das Angesicht des zweiten das Angesicht eines Menschen, und des dritten das Angesicht eines Löwen, und des vierten das Angesicht eines Adlers. *Und die Cherubim hoben sich empor.* Das war das lebendige Wesen, welches ich am Flusse Kebar gesehen hatte. *Und wenn die Cherubim gingen, so gingen die Räder neben ihnen; und wenn die Cherubim ihre Flügel erhoben, um sich von der Erde emporzuheben, so wandten sich die Räder auch nicht von ihrer Seite. Wenn sie stehen blieben, blieben auch sie stehen; und wenn sie sich emporhoben, hoben sie sich mit ihnen empor*; denn der Geist des lebendigen Wesens war in ihnen. - Und die Herrlichkeit Jehovas begab sich von der Schwelle des Hauses hinweg und stellte sich über die Cherubim. Und die Cherubim erhoben ihre Flügel *und hoben sich vor meinen Augen von der Erde empor, als sie sich hinwegbegaben; und die Räder waren neben ihnen.* Und sie stellten sich an den Eingang des östlichen Tores des Hauses Jehova, und die Herrlichkeit des Gottes Israels war oben über ihnen. Das war das lebendige Wesen, welches ich unter dem Gott Israels am Flusse Kebar gesehen hatte; und ich erkannte, daß es Cherubim waren. Jeder hatte vier Angesichter, und jeder hatte vier Flügel, und das Gebilde von

Menschenhänden war unter ihren Flügeln. Und was die Gestalt ihrer Angesichter betrifft, so waren es die Angesichter, welche ich am Flusse Kebar gesehen hatte, ihr Aussehen und sie selbst. Sie gingen ein jeder stracks vor sich hin. Und der Geist hob mich empor und brachte mich zum östlichen Tore des Hauses Jehovas, welches gegen Osten sieht."

Eines scheint klar, es handelt sich eindeutig um die Landung eines Flugobjektes. Aber wenn wir diese Stelle sachlich betrachten, so ergibt sich ein recht klares Bild von dem Vorgang. Aber Feuer und Rauch? Hatten die alten Flugkörper Antriebe, wie in unseren Zeiten? UFOs brauchen all diese Dinge jedenfalls nicht. Aber es kommt der Gott der Kinder Israel höchstpersönlich in Begleitung mehrerer Cherubim in einem flugfähigen (*„über dem Haupte"*) Objekt mit Lärm und vier Rädern, in denen noch weitere Räder waren, damit sich das Objekt bequem nach allen Seiten wenden konnte, und das scheinbar auch mit Rotoren ausgestattet war, in die Mitte des Lagers der Juden. Was auch noch für ein Fluggerät spricht, sind der Rauch, das Feuer und der Lärm bei der Landung. So umfassend beschreibt ein einfacher Jude die Landung des »Wagen Gottes« auf Erden. Selbst wenn man die technischen Spekulationen vergißt und sich nur auf den reinen Bibeltext beruft, dann bleibt immer noch die Frage, warum der allmächtige Gott manchmal mit einem »*Himmelswagen*« zu seinem Volke kam? Ich denke weiterhin, ein Gott hat die Hilfe von Flugobjekten mit Rädern nicht nötig. An etlichen Stellen hören wir nur Gottes Stimme oder erleben ihn in einer

Wolken- und Feuersäule etc. Warum plötzlich dieses Gefährt bei Hesekiel? Ein Therapeut würde bei Hesekiel vermutlich eine Panikattacke vermuten, die durch diesen, für ihn unbegreiflichen Vorgang ausgelöst wurde. Wie auch immer, Hesekiel hat meiner Ansicht nach eine für ihn unverständliche, jedoch reale Begebenheit voller Angst beobachtet und später beschrieben. So gut er es eben zu dieser Zeit mit seinen Worten konnte.

Viele Autoren halten solche Schilderungen für die Landung eines außerirdischen Raumschiffes, wobei die Astronauten natürlich als Götter verehrt wurden. Noch vor wenigen Jahrzehnten wurden Flugzeuge von simplen Naturvölkern als göttliche Objekte verehrt und (z.B. aus Holz) nachgebaut - in der Fachsprache »Cargo-Kult« genannt. Wir sollten hier auch noch anmerken, daß es einem NASA-Techniker (ähnlich wie bei der Bundeslade und den ägyptischen Glühbirnen) gelungen ist, durch genaue Analyse des Textes von Hesekiel, ein Flugobjekt zu konstruieren, das tatsächlich fliegen kann. Da der allmächtige Gott sich in alles verwandeln und von Punkt A zu Punkt B ohne Zeitverlust gelangen kann, brauchte er natürlich keine Fluggeräte. Da die Söhne Gottes wohl nicht über die Fähigkeiten Gottes verfügten, so reisten diese eventuell fremden Wesen, die ebenfalls zu Gottes Schöpfung gehören, mit »himmlischen Wagen« durch das All! Die Weltgeschichte ist durchsetzt mit unzähligen »himmlischen« Flugobjekten, die sich niemand erklären kann. Man findet sie in praktisch allen alten Kulturen, also müssen sie auch sehr real sein!

Hier haben wir es mit einem der großen Rätsel der Bibel zu tun. Und es ergeben sich Fragen, über die wir Christen gelegentlich schon mal nachdenken sollten - und nochmal: Glaube ist ihr höchstes Gut, deshalb sollen Sie diese Fakten annehmen, sich jedoch nicht von den biblischen Botschaften abbringen lassen. Auch Atheisten haben hier keinen Grund, in die Hände zu klatschen. Trotz vieler Ungereimtheiten gibt es keinen Anlaß, die Gesamtheit der biblischen Weisheit in Frage zu stellen. Wir sollen die Bibel nicht kritisieren, sondern *sie uns* - sagen viele Christen. In vielerlei Hinsicht haben sie damit auch recht, aber eben nicht alles in der Bibel kann einfach übergangen werden, wie wir gelesen haben.

Zeichen und Phänomene in der heutigen Zeit

Da wir uns gerade noch mit verschiedenen fliegenden »Himmelswagen« der Bibel beschäftigt haben, fällt eine Überleitung zu dem nächsten, von Glaubensverfechtern oft geschmähten Thema leicht. Die Rede ist von phantastischen Himmelserscheinungen in *unserer* Zeit - den sog. UFOs. UFO bedeutet *nicht* gleich ein Raumschiff mit außerirdischer Besatzung. Der Name UFO ist zunächst lediglich eine Abkürzung für **U**nidentifizierte **F**lug-**O**bjekte. Allerdings gibt aus meiner Sicht hier eventuell eine Verbindung zu den Göttersöhnen in ihren himmlischen »Fluggeräten«.

Diese fliegenden Objekte gibt es schon seit Jahrtausenden, wie man an etlichen uralten Darstellungen in aller Welt belegen kann. Eine alte japanische Tuschezeichnung zeigt ein Rad mit Speichen, das umgeben von Feuerstrahlen zum Boden rast, wo schon einige Menschen diese Ankunft zu erwarten scheinen. In Stein gemeißelte Zeichen aus der Zeit des Pharao Thutmosis III zeigen deutlich UFO-Darstellungen - zu sehen im Museum des Vatikan! Ein farbiges Fresko in einer Klosterkirche aus dem 14. Jahrhundert zeigt unmißverständlich ein fliegendes Objekt mit drei »Landestützen« am Ende und einem Menschen, der sich in diesem Gerät aufhält. Es fliegt über die Köpfe einiger Personen dahin. Berühmt ist auch das farbige Flugblatt aus Nürnberg im Jahre 1561. Hier sieht man die Sonne, darunter die ganze Stadt, und am Himmel zeigen sich fliegende Objekte in den unterschiedlichsten Formen. Auf diesem Flugblatt gibt es auch einen Bericht über diese Vorkommnisse. Man schrieb damals, einige der unbekannten Flugkörper hätten sich gegenseitig bekämpft. In einer georgischen Klosterkirche aus dem 10. Jahrhundert sieht man die allgemein bekannte Kreuzigungsszene Christi. Zu beiden Seiten des Kreuzes fliegt jeweils ein Objekt am Himmel, das wie bei der Darstellung in der Klosterkirche im Kosovo drei spitze »Auswüchse« unter einer Art Kuppel zeigt. Aus heutiger Sicht ein unverkennbares UFO. Es wäre müßig, hier alle alten Darstellungen fliegender Objekte aufzuzählen.

Der Beweis, daß es sie tatsächlich gibt, ist auch schon längst erbracht. Es gibt unzählige Sichtungen von zuverlässigen Augenzeugen wie z.B. Piloten großer Luftfahrtgesellschaften (z.B. der Lufthansa), Kampfpiloten verschiedenster Armeen, Astronauten, wir haben Unmengen von Fotografien (auch aus Zeiten, wo eine Fälschung kaum möglich war), etliche Film- und Videodokumente, Radaraufzeichnungen vom Militär sowie die Aussagen von bekannten und hochrangigen Armeeangehörigen. Nur das amerikanische Militär hüllt sich weiterhin in Schweigen, obwohl gerade dort mit größter Sicherheit die meisten Beweise vorhanden sind. Im Bildteil dieses Buches sind einige interessante dieser Bilder zu sehen.

Zumindest kann man davon ausgehen, daß diese Objekte, die man nach einer der ersten Sichtungen in den späten vierziger Jahren auch »Fliegende Untertassen« nannte, sonderbare Zeichen am Himmel sind. Ich erlaube mir, hier Jesus Christus zu zitieren, der vorhersagte, daß man »am Himmel große Zeichen sehen wird«. Und die sehen in der Tat unzählige Leute. Auch ich hatte dreimal das Vergnügen.

Diese Sichtungen waren sehr nah und bei klaren Sichtverhältnissen. Es ist völlig undenkbar, daß es sich um von Menschenhand konstruierte Flugobjekte handelte.

Der eigentliche Durchbruch der UFO-Forschung geschah um 1990 in Belgien. Damals wurde ganz Belgien und das belgische Grenzgebiet von einer Unmenge von UFO-Erscheinungen heimgesucht. Tausende Menschen sahen diese Objekte, darunter waren belgische Gendarme, Fernsehteams und *auch das Militär*. Es gibt etliche Fotografien und Videofilme von diesen Objekten. Auch Fernsehsendern gelangen gute Videoaufnahmen. Es waren in der Regel riesige, schwarze Körper in Dreieckform. An allen drei Ecken war an der Unterseite ein starker Lichtstrahl zu sehen, während in der Mitte der Unterseite ein kleineres rötliches Licht ständig blinkte. Diese UFOs flogen geräuschlos, konnten von Null auf eine unvorstellbare Geschwindigkeit beschleunigen, wobei sie Flugmanöver ausübten, die kein Flugapparat der Welt ausführen könnte und ein menschlicher Pilot kaum überleben würde. Z. B. konnten diese Objekte in Sekundenbruchteilen ihre Richtung im rechten Winkel urplötzlich ändern. Die belgischen Abfangjäger waren nicht in der Lage, auch nur in die Nähe dieser Objekte zu gelangen. Aber es war der erste Fall in der langen UFO-Geschichte, wo die die Militärspitze offen vor laufender Kamera über diese Ereignisse sprach und sie vor allem auch *bestätigte*! Die amerikanische Luftwaffe teilte damals der belgischen Regierung mit, daß es zu dieser Zeit keine Stealth-Bomber über dem belgischen Luftraum gab, zumal diese Bomber ganz anders aussehen und auch nicht völlig geräuschlos fliegen können - von den unglaublichen Flugeigenschaften der UFOs wollen wir gar nicht erst reden.

In der Öffentlichkeit bekannt wurde auch die wohl am besten dokumentierte UFO-Erscheinung der Gegenwart. Sie geschah im Jahr 1990 über Greifswald in der Nähe von Rügen. In der Abendämmerung stand eine ganze »Traube« von hell leuchtenden Flugobjekten über der Ostsee. Diese Formation von mehreren Objekten veränderte sich ständig. UFOs flogen blitzartig weg, andere stießen aus horizontaler Richtung wieder hinzu (was ein Leuchtgeschoß ausschließt), so war dieses ganze Schauspiel in ständiger Bewegung. Jedes der Objekte war ca. zwanzig Meter groß. Das ganze Geschehen dauerte etwa zwanzig Minuten und wurde von unzähligen Menschen gesehen und fotografiert. Es filmten gleich *mehrere* Menschen etliche Minuten diese Ereignisse mit ihren Videokameras und lieferten uns damit die wohl erstaunlichsten Dokumente der UFO-Geschichte. An der Echtheit der Videos besteht kein Zweifel!

Ein anderer berühmter Fall ist der eines samt Insassen abgestürzten UFOs in der Nähe von Roswell in New Mexico. Er wurde bekannt als der sog. »Roswell-Zwischenfall«. Am 5. Juli 1947 fanden der Farmer William Mac Brazel und sein Nachbarssohn Timothy Proctor einen etwa vierhundert Meter langen und über einhundert Meter breiten Streifen, der mit unzähligen Trümmern eines abgestürzten Flugkörpers übersät war.

Die Trümmerteile wiesen merkwürdige Eigenschaften auf, obwohl sie glatt und metallisch wirkten, konnte man sie zusammenballen, entfalteten sich aber danach sofort wieder in ihre ursprüngliche glatte Form! Bei den Fundstücken entdeckte man auch einzelne Stücke, die mit seltsamen Zeichen versehen waren, die keinen Schriftzeichen dieser Welt ähnlich sehen. Sie erinnern sehr entfernt an alte ägyptische Hieroglyphen.

Wir wollen es möglichst kurz machen, da wir hier nicht die Geschichte der Ufologie aufarbeiten wollen. Das gesamte Gebiet wurde schnellstens vom amerikanischen Militär streng abgeschirmt, und sämtliche Teile des Objektes schaffte man unter absoluter Geheimhaltung in eine amerikanische Militärbasis, wo sie sich vermutlich noch heute befinden. Als der Vorfall geschah, brachte die lokale Zeitung eine groß aufgemachte Meldung über das abgestürzte UFO. Nicht viel später ging ein Anruf aus Regierungskreisen beim Verleger dieser Zeitung ein, der ihm klarmachte, daß er ab sofort nicht mehr über dieses Vorkommnis schreiben dürfe, da man ihm sonst seine Lizenz entziehen würde. Einer der wichtigsten Zeugen war Major Jesse A. Marcel, der Stabsoffizier und Leiter der Nachrichtenabteilung des Luftwaffenstützpunktes in Roswell war. Marcel war nicht nur Profi und kompetent, sondern er war auch einer der ersten beiden Militäroffiziere an der besagten Absturzstelle. Marcel erkannte sofort, daß es sich hier nicht um ein Fluggerät der amerikanischen Luftwaffe handelte. Auch nicht um einen Wetterballon. Trotzdem wurde er für eine Pressekonferenz zu dem für ihn erniedrigenden und peinlichen Kommentar gezwungen, daß es sich lediglich um den Absturz eines Wetterballons gehandelt haben soll. Marcel mußte gute Miene zu bösem Spiel machen. Alles war nun

Top Secret und Sache des Militärs. Inzwischen (1994) hat die amerikanische Armee wenigstens endlich zugegeben, daß es sich damals nicht um einen Wetterballon gehandelt hat - aber natürlich auch nicht, daß es ein UFO war!

Die ersten Zeugen an der Absturzstelle fanden auch Leichen von kleinen humanoiden Wesen in enganliegender Kleidung. Ein Zeuge namens Steve MacKenzie sagte, daß das Militär ein zerstörtes, flügelloses Flugobjekt fand und sicherte. Er bestätigte, daß er selbst vier kleine, haarlose humanoide Körper mit überdimensionalen Köpfen und großen, schwarzen »Insektenaugen« gesehen habe. Später war dann noch die Rede von einem fünften Wesen im Inneren des UFOs. Eines dieser Wesen soll sogar noch eine Weile auf dem Militärstützpunkt gelebt haben.

Alle Zeugen des Vorfalls wurden teilweise *unter Todesandrohung* zu absolutem Stillschweigen verpflichtet. Inzwischen wurden etliche Zeugen der Vorfälle jener Zeit ausfindig gemacht, die sowohl direkt oder indirekt damit zu tun hatten. Viele davon brachen nach über einem halben Jahrhundert ihr Schweigen und teilten der Öffentlichkeit die Fakten mit. Auch der Farmer, der einen Haufen Wrackteile fand und davon damals der Presse berichtete mußte alle Aussagen widerrufen. Als er später den zuständigen Redakteur Frank Joyce traf, der ihn auf das Thema ansprach, sagte dieser, daß er nicht darüber reden dürfe. Auch als der Redakteur von den kleinen grünen Wesen sprach, erhielt er keinen Kommentar, denn man hatte diesen Mann nicht nur bedroht, sondern offensichtlich auch bestochen, denn er fuhr plötzlich ein teures, neues Auto. Erst als sie sich verabschiedeten, sagte der Farmer fast beiläufig „...sie waren nicht grün...!" - und verschwand. Inzwischen hat man Hinweise, daß die Haut dieser kleinen, merkwürdigen Hybriden graubraun ist.

Es gibt noch viele weitere Details, Hinweise und seltsame Geschehnisse rund um diesen Fall, bei dem man durch die vielen Indizien und Geständnisse davon ausgehen kann, daß es sich hier nicht um eine erfundene Geschichte handelt - alle Fakten sprechen dagegen. Die Augenzeugen reden nur zögernd über diese Vorfälle, da sie noch immer Angst vor dem Militär haben.

Abschließend zu diesem Thema möchte ich noch kurz eine Begebenheit schildern, die meine Frau und meine damals noch kleine Tochter erlebt haben. Beide kamen am frühen Abend des Jahres 1994 vom Einkauf zurück. Gerade als sie auf dem Parkplatz die Sachen in den Kofferraum einladen wollten, bemerkte meine Frau am Himmel eine blinkende bunte Lichterreihe. Sie wunderte sich zunächst, daß dort jetzt ein Baukran steht, denn dafür hielt sie diese Lichter in der Dunkelheit.

Als sich dann plötzlich die Lichterkette in ihre Richtung bewegte, sahen beide, daß es sich um ein riesiges Flugobjekt in Dreieckform handelte, das langsam und geräuschlos über ihren Köpfen dahinschwebte. Es hatte an der Unterseite an jeder Ecke ein weißes Licht und in der Mitte ein kleines rotes Licht. Zudem besaß es auch noch eine schwache Aura. Das UFO verschwand hinter Häusern, und meine Familie fuhr nach Hause. Dort berichteten sie mir von dem seltsamen Vorfall. Da ich mich schon seit Jahrzehnten mit diesem Phänomen sehr intensiv beschäftige, habe ich meine Frau und meine Tochter mit Buntstiften und Papier in verschiedene Räume gesetzt und sie gebeten, das UFO zu zeichnen. Das Ergebnis war völlig identisch und entsprach haargenau den UFOs, die man bei der berühmten UFO-Welle über Belgien beobachtet hat. Ich besitze diese Zeichnungen noch. Es scheint mir wichtig, zu betonen, daß sowohl meine Frau, als auch meine Tochter sich bis heute *niemals* für UFOs interessiert haben - eher das Gegenteil ist der Fall. Sie sind da, also ist es nicht weiter bemerkenswert.

In Büchern christlicher Autoren stellt sich gelegentlich die Frage nach der Verbindung zwischen den UFOs und Gott. In einem Buch über den beängstigend wachsenden Okkultismus unserer Zeit wird auch dieses Thema angeführt. Leider (wie erwartet) warf der Autor UFOs und Okkultismus letztendlich in einen Topf. Andere Vertreter des Glaubens streiten häufig deren Existenz einfach ab, wobei es manche Christen gibt, die schlichtweg behaupten, UFOs seien entweder dämonische Erscheinungen oder das Werk des Satans. Wer sagt ihnen das? Ich halte all diese Theorien für fragwürdig. Fliegende himmlische Wagen der Bibel werden kommentarlos akzeptiert. UFOs aber *nicht*. Eine eigenartige Einstellung. Würde der Satan dahinterstecken, dann stünden diese UFO-Erscheinungen auch mit dem Bösen in Verbindung. Das mag sein, ist aber bis heute nicht beweisbar, wenn man mal von den unheimlichen, sich häufenden Entführungsgeschichten absieht. Erst, wenn man eine Verbindung zwischen den sog. Marienerscheinungen und UFOs erwägt, stellen sich hier berechtigte Bedenken über die »guten« Absichten ein. Wir werden auf diesen Punkt noch zu sprechen kommen. Bis heute wissen wir nicht, wer diese Insassen sind, geschweige denn, was ihre Mission ist. Kommen sie aus einer anderen Dimension, aus einer anderen Zeit oder gar von einem anderen Planeten? Die letzte Möglichkeit halte ich zwar grundsätzlich für möglich, doch sind die riesigen Entfernungen eventuell ein zu großes Hindernis - nach unserem heutigen Standpunkt.

Für mich gibt es zwei Erklärungen, die Sinn machen. Es können noch immer die »Söhne Gottes« oder andere Wesen aus Gottes Heerscharen sein, die uns beobachten und darüber wachen, wie wir uns entwickeln. Oder sie sind tatsächlich Wesen aus einer anderen Welt, die uns besuchen. Von denen *weiß* Gott selbstverständlich, *da er auch sie wohl erschaffen hat!* Eventuell haben sie eine Aufgabe Gottes zu erfüllen, von der wir bisher keinen blassen Schimmer haben. Wo steht in der Bibel, daß wir die einzigen halbwegs intelligenten Wesen sind, die Gott geschaffen hat? Zu glauben, wir sind einzigartig und die Krone der Schöpfung, ist reine menschliche Anmaßung und Selbstüberschätzung. An dieser Stelle möchte ich einen Pressetext von einem Mitarbeiter der Universität des Vatikan zitieren, mit dem ich außnahmsweise mal in jeder Hinsicht übereinstimme: „Die mögliche Existenz von extraterrestrischen Wesen, die unsere Erde in einem UFO besuchen, würde nur einen endgültigen Beweis für die schöpferische Allmacht von Gott darstellen." Das kann man durchaus so sehen, zumal ja niemand behauptet, daß diese Wesen gleichzeitig mit »unserem« Schöpfungsakt

Gottes in Verbindung stehen müssen. Gottes Wege sind nicht unsere Wege, also könnte Gott diese Wesen, Boten oder Beobachter durchaus zu einem anderen Zeitpunkt erschaffen haben. Aber auch das ist nur eine Theorie.

Eventuell offenbart uns Gott dieses Phänomen eines Tages, dann wissen wir endlich die Wahrheit und können aufhören, darüber Vermutungen anzustellen. Aber darauf werden wir vermutlich lange warten. Wir müssen uns damit abfinden, daß Gott sich nicht in seine Karten schauen läßt. Es könnte durchaus ein Zusammenhang zwischen den Himmelswagen der Bibel und den UFOs bestehen. Gott ist ein Kreativer, also wird es auch nach der Fertigstellung der Heiligen Schrift bei ihm keinen Stillstand geben. Davon sollten wir ausgehen. Wer als Christ die Wunder und Phänomene, also somit auch die geheimnisvollen fliegenden Objekte in Zweifel zieht, zieht automatisch auch Gottes Schöpfungskraft in Zweifel. Eventuell war sogar der »Stern« von Bethlehem solch ein himmlisches UFO. Er flog schließlich vor den Weisen her und wurde dann stationär. Ich verstehe nicht, warum sich manche verbohrte Christen alles abblocken, was sie noch nicht kennen und keine neue. zeitgemäße Denkweise an den Tag legen.

Engel - Gottes kosmische Elitetruppe

Als Jesus Christus im berühmten Garten Gethsemane von seinen Gegnern gefangengenommen wurde, zog einer seiner Jünger sein Schwert und schlug damit einem Soldaten ein Ohr ab. Darauf sagte Jesus (Matthäus 26, 53-54): „...oder meinst du, daß ich nicht jetzt meinen Vater bitten könne, und er mir mehr als *zwölf Legionen Engel* stellen werde?" Das läßt stark vermuten, daß der allmächtige Gott über eine unvorstellbare Anzahl an Engeln (Boten) verfügt, die ihm in jeder Hinsicht ergeben dienen. Gott hat sie sich wohl auch selbst erschaffen.

Wofür braucht Gott all diese Wesen? Kennt ein Gott das Gefühl der Einsamkeit? Sie scheinen stets präsent zu sein. Jesus redet von Engeln als Krieger. Und in der Tat, Engel erscheinen in der Heiligen Schrift nicht als niedliche Putten, sondern oft als eine ernsthafte, tödliche Gefahr für all jene, die sich Gott widersetzen. Die Bibel schildert uns den Engel mit dem Flammenschwert - ein symbolträchtiges Bild von Gottes Streiter, der stets bereit ist, auf Befehl des Höchsten Tod und Vernichtung zu bringen. Neben dem Flammenschwert gibt es auch die Schilderung von Engeln mit Posaunen, deren Töne zur tödlichen Waffe werden können. Oder sie verkünden damit das Erscheinen des Allmächtigen, wie wir es oft in der Bibel lesen können. Engel sind auch Boten, die oft als Retter in letzter Sekunde auftauchen. Denken Sie nur an den Engel, der Isaak davor bewahrte, von Abraham durch Jehovas »Glaubenstest« ermordet zu werden. Engel sind intelligente Wesenheiten, die den verlängerten Arm Gottes darstellen. Sie sind Gott unterwürfig und lobpreisen ihn. Da stellt sich die Frage, wozu braucht Gott diese Unmengen an Engeln, wenn er doch nur durch die Kraft seines Wortes alles vollbringen kann?

In der Bibel tauchen diese Herolde in nahezu menschlicher Gestalt auf. Sie tragen strahlend weiße Gewänder und lösen Ehrfurcht oder sogar Ohnmacht aus - so geschehen am Grab Jesu bei den römischen Wachen - wenn man sich für *diese* Auferstehungsversion entscheidet. Es stellt sich natürlich auch die Frage, ob Engel auch als unsichtbare Beobachter oder Begleiter existieren. Wir Menschen reden ja gerne von den sog. Schutzengeln. In der Bibel ist von diesen Engelversionen nicht eindeutig die Rede. Auch stellen die Künstler Engel seit Jahrhunderten als menschenähnliche Lichtwesen mit mächtigen Flügeln dar, wenn man mal von der Verniedlichung als kleine, dicke Putten des Barock absieht. Flügel haben diese Geschöpfe *nicht*, denn in der Bibel werden sie visuell eher menschenähnlich beschrieben, allerdings manchmal strahlend und stets mit der Vollmacht Gottes. Bei Lukas erleben wir sie lediglich als »Männer« am Grab Christi, wobei es hier eben fraglich ist, ob es sich tatsächlich um Engel gehandelt hat. Wohl nicht, sonst hätte er es sicher erwähnt. Wie wir sehen, gibt es diese kosmischen Wesen in den unterschiedlichsten Erscheinungsformen. Auch hier taucht die Frage nach dem Sinn auf.

Engel leben in einer Hierarchie. Es gibt Seraphim, dann Cherubim, Erzengel und viele mehr. Eines ist sicher, diese Engel sind keine extraterrestrischen Aliens. Sie sind eine Schöpfung Gottes, die ihre speziellen gottgewollten Aufgaben zu erledigen haben. Eine dieser Aufgaben ist eben auch dieses Lobpreisen des Allmächtigen. Es scheint Gott zu gefallen, sich von diesen Heerscharen im wahrsten Sinne des Wortes anhimmeln zu lassen. Es sind vermutlich nicht die Wesen, die in den seltsamen UFOs durch unsere Weltgeschichte fliegen. Oder sind diese UFO-Insassen nur eine andere Art Engel, die auch von Gott für einen bestimmten Zweck erschaffen wurden? Eine interessante Frage. Bei den unzähligen UFO-Berichten scheint es sich jedoch eher um fremdartige Wesen zu handeln, die uns lediglich beobachten und studieren - was beunruhigend genug ist. Man stelle sich vor, wir werden in jeder Sekunde unseres Lebens entweder durch Gott, Jesus Christus, Engel oder geheimnisvolle UFO-Insassen observiert. Eine unheimliche Vorstellung. Wir sind Gottes Geschöpfe, unterliegen aber offenbar einer ständigen Begutachtung. Gott weiß dadurch alles über uns. Wir sind wohl nie unbeobachtet! In einem Text der Heiligen Schrift wird tatsächlich behauptet, daß jedes einzelne Haar auf unserem Kopf gezählt ist. Verabschieden wir uns also von den alten vertrauten Kitschbildern, wo ein Engel mit riesigen Flügeln und Heiligenschein kleine Menschenkinder behüten.

Ist das aber gleichbedeutend, daß Kinder oder auch Erwachsene schutzlos durch das Leben irren? Ich denke nicht. Die Allmacht Gottes scheint unser ständiger Begleiter zu sein. Sind Engel noch präsent? Man hat schon fast das Gefühl, diese Spezies gehört zu einer aussterbenden Art. Sie halten sich wohl seit geraumer Zeit scheinbar eher in göttlichen Dimensionen auf. Trotzdem kann es sein, daß wir hier auf Erden unsichtbare »Freunde« haben, die uns möglicherweise auch helfen. Inzwischen sind Engel wieder äußerst populär. Leute sprechen und schreiben von ihren angeblichen Engelkontakten und vermarkten die Himmelsboten nach allen Regeln der Kunst. Deshalb möchte ich dieses Thema hier auch nicht weiter vertiefen. Es gibt einfach zu viele leichtgläubige Menschen, denen jeder Unsinn einreden werdet kann. Unzählige Menschen behaupten auch im Fernsehen, ständig mit Engel zu kommunizieren, um sich wichtig zu machen, oder einmal im Leben im Fernsehen gewesen zu sein...

Wundersames der letzten Jahrhunderte -
die Werke Gottes?

Beginnen wir dieses Thema mit einem Zitat, das ich kürzlich in meinem Archiv fand und dem ich aus eigener Erfahrung mit Menschen voll zustimmen kann:

„Es ist ein bedauerlicher Umstand, daß das Gros der Menschheit in seiner geistigen Schau zu beschränkt ist, um mit Geduld und Verstand jene isolierten Phänomene zu erwägen, die nur von ein paar wenigen psychologisch Sensiblen gesehen und gefühlt, außerhalb seiner Alltagserfahrung liegen. Menschen von weiterreichendem Verstand wissen, daß zwischen dem Realen und Irrealen keine scharfe Trennung existiert..."

Wie wir gesehen haben, gibt es auch nach den biblischen Zeiten durchaus noch Zeichen und Phänomene. Aber es gibt auch in unserer Zeit Wunder - will man sie so nennen. Seit Jahrhunderten erleben wir immer wieder sehr spektakuläre Erscheinungen, wobei es sich meist um religiöse Zeichen handelt. Vielfach wird von christlicher Seite behauptet, daß es sich bei diesen Erscheinungen durchaus um dämonische Aktionen handeln könnte, die uns vom wahren Glauben abbringen wollen. Das mag bei manchen Vorkommnissen eventuell der Fall sein, aber wohl nicht bei allen. Zu Zeiten Jesu auf Erden gab es ja offensichtlich etliche Dämone, aber seit der Himmelfahrt des Herrn halten diese sich, warum auch immer, sehr zurück. Auch bei den geschilderten UFO-Phänomenen sprechen einige Leute von Manipulationen satanischer Kräfte, was ich für eine vorschnelle

Bewertung halte, nur weil wir noch nicht in der Lage sind, dieses Problem zu erklären. Bemerkenswert ist, daß es sich bei diesen Manifestationen sehr oft um sog. Marienerscheinungen und auch um die höchst seltsamen »Sonnenwunder« handelt, die teilweise auch wieder den Bereich der Ufologie streifen. Einer der bekanntesten Orte dieser Welt, an dem noch heute Wunderheilungen geschehen, ist natürlich der Wallfahrtsort Lourdes. Eine Erklärung für die Heilungen gibt es nicht - außer einer körpereigenen Selbstheilung. Wir wollen uns drei Orten zuwenden, die von besonderen Interesse sind, zumal sich bei zwei Wallfahrtsorten auch ein sog. »Sonnenwunder« ereignet hat: Heroldsbach in Unterfranken und Fatima in Portugal. Befremdend ist nicht nur die Tatsache, daß vornehmlich die »Jungfrau Maria« oft erschien, sondern in der katholischen Kirche Maria offenbar *mehr* verehrt wird als Gott oder Jesus Christus - ein Sachverhalt, der unbegreiflich ist. Beim dritten Fall geht es um ein zurückgelassenes Beweisstück.

Im Gegensatz zu Fatima erschienen in Heroldsbach nicht nur Maria und Engel, sondern auch Gott selbst, Jesus, der Heilige Geist und eine Anzahl Heiliger. Auch der Kreis der auserwählten Personen ist nicht auf eine kleine Zahl beschränkt, sondern auf sechs Mädchen und eine wechselnde Anzahl von Menschen, die ebenfalls Maria oder Heilige gesehen haben wollen. Die Erscheinungen erstreckten sich über *drei* Jahre, vom 9. Oktober 1949 bis zum 31. Oktober 1952. Teilweise waren diese Erscheinungen wochenlang jeden Tag zu sehen, dann gab es wieder Zeiten ohne nennenswerte Vorkommnisse von ein bis zwei Monaten.

Die Ereignisse begannen für die Mädchen Kuni, Grete, Erika und Marie in einem Birkenwäldchen, in der Nähe von Heroldsbach. Zuerst fiel den Mädchen eine Schrift einen halben Meter über den Bäumen auf („wie wenn die Sonne durch eine grüne Bierflasche scheint"). Es waren die Buchstaben IHS (die griechische Abkürzung für Jesus, was die Mädchen natürlich nicht wußten - D.A.). Als die Schrift verschwand, sahen diese Mädchen dort „eine Frau, die aussieht wie eine weiße Schwester". Diese Erscheinung sagte nichts, sie schwebte nur hin und her. Völlig verängstigt liefen die Mädchen darauf aus dem Wald. Als sie wieder mutig zurückkehrten, schwebte diese Gestalt noch immer über den Bäumen. Dann schwebte die Frau gen Himmel, bis die Mädchen sie nicht mehr sehen konnten. Am gleichen Abend gingen die Mütter der Kinder ungläubig zu diesem Ort, wo die Mädchen erneut die »weiße Frau« sahen. Die Erwachsenen sahen allerdings nichts, was sehr typisch für solche Erscheinungen in aller Welt ist, obwohl es auch hier durchaus Ausnahmen gibt.

Am nächsten Tag hatten sieben Kinder, darunter auch Jungen, die Möglichkeit, die gleiche Frauenerscheinung bis auf den Boden schweben zu sehen. Erst am 13. Oktober richteten die Kinder eine Frage an die geheimnisvolle Gestalt („Was ist dein Wunsch?"), die darauf antwortete: „Die Leute sollen fest beten."

In der Zeit darauf geschahen noch weitere Erscheinungen, die den Kindern offenbart wurden. Die Kinder sahen »Maria mit dem Jesuskind«, den »heiligen Joseph« sowie die Krippe mit dem Christkind und dessen Eltern. Also katholische

Klischeebilder in kindlich-naiver Ausprägung. Weiterhin sahen die Kinder dann noch angeblich die *gesamte* Kindheitsgeschichte Jesu, die Verkündung der Hirten, die drei »heiligen« Könige sowie die Flucht nach Ägypten. Eine Vorstellung, die rund eine Stunde dauerte. Diese Sichtungen wurden von Tausenden von Pilgern verfolgt, die fest davon überzeugt waren, daß sich die Kinder das nicht alles in ihrer Phantasie ausgedacht haben können. Ein wesentlicher Faktor solcher Erscheinungen ist, daß die Menschen, die diese Visionen sehen, sie alle *gleichzeitig* und vor allem absolut *identisch* sehen. Außenstehende Beobachter sehen meist nur, daß z.B. solche Kinder absolut gleichzeitig auf die jeweilige Erscheinung reagieren und auch antworten sowie ihrer aller Augen genau auf die gleiche Stelle fixiert sind. Also sehen diese Kinder und manchmal auch Erwachsene tatsächlich eine *reale* »Projektion«, die anderen Personen leider meist verborgen bleibt!

Um die Begebenheit abzukürzen, sei noch angemerkt, daß in Heroldsbach noch eine Menge anderer Erscheinungen auftauchten, wie Teufelserscheinungen, bei denen sich der Himmel rot färbte, etliche Heilige, Päpste, der Heilige Geist als Taube, Gott selbst mit Thron und Krone, usw. Als die verschiedenen Erscheinungen dann am 31. Oktober 1952 ihren letzten Auftritt hatten, schwebten die Visionen alle gen Himmel: „Als die heiligen Gestalten die große Lichtfülle erreicht hatten, folgten ihnen Engel mit himmlischem Gesang, und die Wolkenwand legte sich langsam vor die Lichtfülle, bis alles vor unseren Augen verschwand."

Es fällt auf, daß die Erscheinungen der kindlichen Vorstellung von den Dingen des Glaubens und des Himmels entsprechen, wie z.B. Gott als Vaterfigur mit Krone auf einem Thron. Am 9. Februar 1950 ist den Kindern angeblich sogar ein Blick in den Himmel gewährt worden: „Es war das Schönste, was wir im Leben gesehen haben. Am liebsten wären wir alle gleich mit in den Himmel gegangen."

Diese Kinder, sowie Kinder an anderen Orten der Welt, haben phantastische, religiös verklärte Dinge gesehen, das steht außer Zweifel. Dafür sind die Vorkommnisse und Beobachtungen von Außenstehenden und auch manche Filmdokumente zu eindeutig. Die Frage ist, wer oder was hat diesen Menschen aus welchem Grund diese Visionen mit welcher Methode vermittelt? Wir werden uns nach den phantastischen Vorgängen von Fatima mit dieser Frage näher beschäftigen. Eine große Bedeutung kommt vor allem dem sog. Sonnenwunder von Heroldsbach zu.

Es geschah am 8. Dezember 1949. Ca. *zwanzigtausend* Menschen waren an diesem Tag an dem berühmten »Erscheinungshügel« von Heroldsbach versammelt. Eine Augenzeugin berichtete: „Als ich dort im Wald betete, hörte ich die Leute draußen am Hügel rufen: „Schaut die Sonne!" Dann sind wir aus dem Wald gegangen und schauten gen Himmel. Schon als ich noch im Walde stand, sah ich lange Streifen und Strahlen von draußen auf die Grotte hergehen, wo ich betete. Als ich ins Freie kam, *sah ich eine große rote Sonne wie eine ganz große Kugel... Diese Sonne drehte sich schnell um sich selbst und färbte sich nacheinan-*

der in allen Farben: Rot, Blau, Gelb und Grün. Ich sah in dieser Sonne groß und deutlich die drei Buchstaben I-H-S, hellstrahlend in grüner Farbe. Ich sah auch, wie die Sonne auf- und niederzuckte. Dann stand sie wieder still, um sich von neuem zu drehen, zu zittern, zu zucken und sich zu verfärben. Diese Sonne hat mich, obwohl sie so nahe war, aber gar nicht geblendet. Sie spaltete sich auch zuckend auseinander, so daß ich in der Mitte einen etwas dunkleren Spalt sehen konnte. Was das war, weiß ich nicht."

Jedem, auch der Frau, die diese Beschreibung lieferte, war natürlich klar, daß es sich nicht um die echte Sonne gehandelt haben kann. Wenn man so will, geht es bei diesem Sonnenwunder um eine klassische UFO-Begegnung. Ist es denkbar, daß sich die Insassen der UFOs mit religiösen Projektionen für auserwählte Menschen abgeben? Aber warum sollten sie das tun? In den meisten Fällen sind Kinder die Auserwählten, die solche Sichtungen haben. Schon Jesus sagte, als er vom Glauben sprach, *daß wir wie die Kinder sein sollen*, warnte aber gleichzeitig vor zukünftigen Zeichen am Himmel! Lenken diese UFOs die bekannten »Söhne Gottes«? Wir wissen es nicht. Bleiben neben undefinierbaren UFO-Insassen nur noch die im Neuen Testament so weit verbreiteten Dämonen und Satan selbst. Da diese Ereignisse von christlichen Themen zeugen, ist diese Vermutung zwar im Bereich des Möglichen, aber nicht mit Sicherheit zu sagen. Im Gegenteil, diese Erscheinungen bestärken viele Menschen noch in ihrem Glauben. Ob dieser etwas naive, einfältige Glaube Sinn macht, ist eine andere Frage. Denkbar wäre, daß fremde Wesen Menschen zu einem falschen Glauben bewegen wollen. Da Marienerscheinungen oft böse Drohungen aussprechen, sowie die Gestalt der Maria offenbar *über* Jesus ansiedeln, kann es sich durchaus um eine sehr böse Manipulation handeln. In vielen Teilen der Welt wird Maria mehr verehrt, als Jesus Christus, was seitens der katholischen Kirche auch noch unterstützt wird. Also doch eine Falle?

Spektakulärer und von größtem Ausmaß waren das »Sonnenwunder« und die begleitenden Erscheinungen im letzten Jahrhundert in Fatima (Portugal). Auch hier beschränken wir uns nur auf die wesentlichen Fakten. Einen Kilometer entfernt von Fátima lebten die Seherkinder Jacinta, Francisco und Lucia. Jacinta und Francisco starben keine zwei Jahre (!) nach den Visionen. Lucia wurde später Nonne und sehr alt. Allerdings bewahrte sie ein großes Geheimnis und wurde von der Kirche gänzlich von der Außenwelt abgeschottet. Warum, werden wir noch erfahren. Jedenfalls ist dieses weltberühmte Ereignis ebenso spektakulär wie Hesekiels Erlebnis.

Man muß erwähnen, daß diese drei Kinder im katholischen Sinne sehr religiös erzogen wurden. Bereits 1915 hatten Lucia und einige Freundinnen eine erste Erscheinung. Als sie Schafe hüteten, sahen sie eine Gestalt schweben, die einer »Statue aus Schnee« glich, und die durchsichtig zu sein schien. Dann verschwand diese Gestalt, die „wie ein in Tücher gewickelter Mann" aussah. Im Frühjahr 1916 war Lucia neun Jahre, Francisco acht Jahre und seine Schwester Jacinta sechs Jahre jung. Die Kinder waren im Freien und erblickten nach einer Weile ein „großes Licht und eine Art menschliche Silhouette", die in der Luft schwebend auf sie zukam. Diese Erscheinung sprach dann zu ihnen: „Habt keine Furcht, ich bin der Engel des Friedens. Betet zu mir." Eine seltsame Formulierung, denn in der Bibel haben die Engel Gottes nicht von den Juden verlangt, daß diese sie anbeten sollten. Gott, bzw. Jesus Christus war dies vorbehalten, deshalb spricht schon an dieser Stelle einiges dafür, daß diese Vision vermutlich nicht von Gott initiiert war - sofern sie überhaupt wahr ist. Dann sagte diese Vision, die sich inzwischen als Jüngling (erinnern wir uns an den *Jüngling* am Grabe Jesu) manifestierte: „Mein Gott, ich glaube, ich bete an, ich hoffe, und ich liebe dich! Ich bitte dich, denen zu verzeihen, die nicht glauben, nicht anbeten, nicht hoffen und dich nicht lieben!" Dann verschwand die Erscheinung.

Wir wollen hier die nächsten Engel- und Marienerscheinungen überspringen, da die ganze Geschichte sonst ein eigenes Buch füllen würde. Auch hier fällt wieder auf, daß die Erscheinungen sowie deren Äußerungen sich nah an klischeehaften katholischen Gebräuchen, Sitten und Formulierungen orientierten. Inzwischen wurden die Kinder befragt, der Lüge bezichtigt und von der Kirche *verhört*. Allerdings wurde mit der Vielfalt der Erscheinungen auch die Menge der Neugierigen und Gläubigen von Tag zu Tag größer. Die Ereignisse sprachen sich natürlich in ganz Portugal herum. Später in der ganzen Welt. Was auffällt, ist die naive Sprache der Visionen.

Am 13. Juli 1917 war die Menge der Neugierigen schon auf fast *fünftausend* Menschen angewachsen. Als die Kinder an diesem Tag eintrafen, durchzuckte vor der dritten

Marienerscheinung ein Blitz den *wolkenlosen* Himmel, und eine Gestalt in einer Aura aus Licht erschien. Als Lucia sie fragte, „Was wollt ihr von mir?" antwortete die Vision: „Ich will, daß ihr am 13. des kommenden Monats wieder hierherkommt, daß ihr fortfahrt, alle Tage den Rosenkranz zu beten zu Ehren *unserer lieben Frau vom Rosenkranz*, um der Welt den Frieden und das Ende des Krieges zu erlangen; denn durch sie allein kann Hilfe kommen." Auch hier bemerkt man deutlich den katholischen »Einfluß«, denn wenn jemand den Frieden bringen kann, zu dem wir Menschen nicht fähig sind, dann ist es Gott oder Gottes Sohn! Zweifellos spricht hier kein Engel Gottes oder die Mutter Jesu. Dann sagte diese Gestalt noch die bemerkenswerten Worte: „Im Oktober werde ich sagen, wer ich bin und was ich wünsche, und *ich werde ein Wunder tun, das alle sehen, damit sie glauben.*" Das klang sehr vielversprechend, zumal auch das *genaue Datum* angegeben wurde. Es sollte das größte Wunder seit den Zeiten der Bibel werden und wurde hier erstmals angekündigt. Die Erscheinung sagte noch: „Opfert euch für die Sünder und sagt oft, besonders wenn ihr ein Opfer darbringt: O Jesus , es ist aus Liebe zu dir, für die Bekehrung der Sünder und für die Beleidigungen, die gegen das *Unbefleckte Herz Mariä* begangen werden." Dann hat diese Gestalt den Kindern die *drei* berühmten Geheimnisse übermittelt, die sie zunächst für sich behalten sollten. Erst im Jahre 1942 wurden die beiden ersten veröffentlicht, aber das spektakulärste *dritte Geheimnis* hielt der Vatikan bis zum Jahr 2000 streng unter Verschluß!

Die Kinder sahen noch weitere Marien-, Teufels- und auch »arme Seelenerscheinungen«. Die Zuschauerzahl wuchs stetig, und das Ganze wurde zum Medienereignis.

Dann kam der 13. Oktober 1917. Es war ein kalter und regnerischer Tag. Da sich die Ankündigung des großen Wunders bis weit über die Landesgrenzen verbreitet hatte, versammelte sich an diesem Tag rund *siebzigtausend* (!) Menschen, um das Ereignis nicht zu verpassen. Darunter waren natürlich auch Presseleute, Kirchenmitglieder und Wissenschaftler. Als dann Lucia, Francisco und Jacinta eintrafen, wurden sie von einer weißen Wolke umhüllt, die sich aber wieder von ihnen löste und davonschwebte. Als Lucia die Frauengestalt (die weiterhin für Außenstehende unsichtbar war) mal wieder fragte: „Was verlangt ihr von mir?" antwortete die Frau angeblich: „Ich will dir sagen, daß man hier eine Kapelle bauen soll zu meiner Ehre, und daß ich »*Unsere Liebe Frau vom Rosenkranz*« bin. *Betet weiterhin täglich den Rosenkranz. - Es ist notwendig, daß die Menschen sich bessern und um Verzeihung ihrer Sünden bitten.*" Ein wahres Wort, kann man zu dem letzten Satz nur sagen. Die Sache mit der »Lieben Frau vom Rosenkranz« klingt wieder stark nach katholischer Dogmatik. Eventuell sind hier Gedanken der sehr katholisch erzogenen Lucia mit den Botschaften vermischt worden. Man sollte nicht vergessen, Lucia war noch ein Kind vom Land und unterlag dem Einfluß von Familie, strenggläubiger katholischer Dorfbevölkerung und Kirche.

Dann hat die Frauengestalt die Hände ausgebreitet und zur Sonne gezeigt, worauf Lucia rief: „Schaut hin zur Sonne!"

Im gleichen Augenblick hörte der Regen auf, und die Wolken glitten auseinander. Nun kam der große Moment. Ich gebe hier die Aussagen von Augenzeugen wieder:

„Die Sonne erschien am Zenit *wie eine silberglänzende Scheibe* (also wie eine typische UFO-Erscheinung). Mit unglaublicher Geschwindigkeit begann sich diese Scheibe um die eigene Achse *wie ein Feuerball* um sich selbst zu drehen. Sie leuchtete dabei in den Farben des Regenbogens und streute nach allen Seiten Feuergarben aus. Dabei wurde die ganze Landschaft und der Himmel in bunte Farben gehüllt. Es war wie ein Feuerwerk, wie man es sich großartiger nicht vorstellen kann. Dann hielt dieses Objekt inne, um kurz darauf ihr Spektakel noch stärker zu vollziehen. Dann hatte es den Anschein, als würde sich die »Sonne« völlig vom himlischen Firmament lösen, um in gewaltigen Zickzacksprüngen auf die Erde zu stürzen."

Der Zeuge Dr. Almeida Garret aus Coimbra schildert den Vorgang mit seinen Worten: „Die »Sonne« kreiste mit gleicher Geschwindigkeit. Sie löste sich gleichzeitig vom Firmament und näherte sich dann blutrot der Erde. *Es war, als drohte sie unter ihrer feurigen, ungeheuren Wucht alles zu zermalmen.*"

Tausende von Menschen sanken auf die Knie, schrien, beteten und flehten zu Gott. Es muß eine unvorstellbare und furchterregende Erfahrung gewesen sein. Irgend eine fremdartige Macht wollte hier demonstrieren, was für Fähigkeiten Ihre Raumschiffe haben - und das ist ihnen voll gelungen. Schade, daß es nur Fotos der verängstigten Menschenmenge gibt. Warum gibt es keine Sonnenwunder mehr, die man auf Video aufnehmen würde? Doch weiter:

Die glühende Scheibe hielt dann inne und kehrte mit denselben seltsamen Bewegungen wieder an ihren Ausgangsort zurück und erstrahlte wieder in ihrem »gewohnten Glanz« am klaren Himmel. Es ist wahrscheinlich, daß diese metallisch glänzende Scheibe die echte Sonne mit ihrer Präsenz verdeckte und somit für viele Beobachter für die echte Sonne gehalten wurde. Überrascht waren die unzähligen Menschenmengen auch, daß nicht nur der Boden, sondern auch ihre vom Regen völlig durchnäßte Kleidung plötzlich fast trocken geworden war, ohne daß die Leute eine übermäßige Hitze empfanden. Die feurig glänzende Scheibe schien also geheimnisvolle Strahlungen erzeugt zu haben. Eventuell auch gefährliche Strahlen, denn zwei Seherkinder starben nach zwei Jahren. Das ganze grandiose »Sonnenwunder« hat ungefähr zehn Minuten gedauert und konnte noch bis zu einer beachtlichen Entfernung von etwa einhundertsechzig Kilometern beobachtet werden. Bei diesen sog. Sonnenwundern scheint es sich um UFO-Sichtungen mit einer an die Menschheit verbundenen Botschaft zu handeln. Seit 1917 wurde der kleine Ort Fatima in Portugal zum bedeutsamsten Marienkultstätte der gesamten katholischen Christenheit ausgerufen. Der Platz vor dem »Heiligtum« ist heute größer als der Platz vor dem Petersdom. Häuser in der Umgebung dürfen nicht höher gebaut werden als die Kirche. Pilger rutschen auf Knien über den Platz und sprechen endlose Gebete. Daß die Seher tatsächlich eine Gestalt sehen, kann man heute per Video belegen, da ihre Bewegungen - auch die der Pupillen - immer absolut synchron sind. Sie nehmen dann ihre Umwelt nicht wahr. Francisco und Jacinta überlebten die Ereignisse nur kurze Zeit. Sie starben angeblich an der »spanischen Grippe«. Wer oder was das »Wunder« ausgelöst haben könnte bleibt Spekulation. Manche reden von »Teufelswerk«, andere Leute von »göttlicher Erscheinung«. Die Jungfrau Maria der katholischen Kirche war es nicht!

Was aber bleibt, ist das sog. »Sonnenwunder«, bei dem ganze siebzigtausend Menschen Zeugen waren. Das kann man nicht einfach ignorieren. Kann man es erklären? Auch das scheint kaum möglich. Vieles bei den Vorkommnissen am 13. Oktober 1917 erinnert durchaus an das vorsätzliche Einschreiten intelligenter Wesen, die an verschiedene UFO-Erscheinungen denken läßt, auch wenn dieser Vergleich manchen Leuten nicht behagt. Im Oktober 1977 wurde über Spanien u.a. ein längliches, leuchtendes UFO fotografiert. Ein sehr ähnliches unidentifizierbares Lichtobjekt wurde auch während der fünften Erscheinung in Fatima am 13. September 1917 gesichtet und völlig idiotisch als »*Flugzeug* unserer Lieben Frau*« bezeichnet. Viele Strenggläubige denken wohl nicht nach, sonst würde man nicht auf eine solch schwachsinnige Bezeichnung kommen. Es gab auch noch weitere Wunder. Z.B. fielen in Lichtstrahlen »himmlische Blüten« vom Himmel. Da sich dieses Ereignis Jahre später wiederholte, gelang es einem Fotografen dieser Zeit sogar, dieses Phänomen zu fotografieren.

Aber wie schon gesagt, wir wissen nicht, was sich hinter all den UFO-Phänomen verbirgt - falls es eines war. UFOs bringt man in der Regel nicht mit religiösen Dingen in

Verbindung. Durchaus denkbar wäre aber eine holographische Projektion der UFO-Insassen. Die Frage ist jedoch, was wollen diese Intelligenzen damit erreichen? Die Parallelen zur Ufologie sind deutlich und unübersehbar. Das alles kann wohl nur mit Gottes Einverständnis geschehen, davon gehe ich aus. Der katholische Beigeschmack bei solchen »Marienerscheinungen« macht es Leuten wie mir nicht gerade einfacher. In der Bibel findet Maria nur wenig Beachtung, warum aber bei den vielen Erscheinungen? Mir scheint, hier will uns eine kosmische Macht mit religiös verklärten Phänomenen vorsätzlich manipulieren. Sie halten das für zu abwegig? Was bei solchen Sonnen- oder UFO-Wundern sehr beunruhigend ist, ist die traurige Tatsache, daß jeder Erklärungsversuch oft schon im Ansatz scheitert. In der Welt geschehen Dinge, die sich jeder Prüfung entziehen und das ist aus meiner Sicht äußerst beängstigend.

Kommen wir nach dem »Sonnenwunder« zum zweiten großen Rätsel von Fatima, den drei »geheimen« Botschaften der Erscheinung an die Menschheit. Wir fassen die beiden ersten Botschaften zusammen, die von Lucia *erst* 1941 schriftlich niedergeschrieben und erst *ein Jahr später* von der Kirche veröffentlicht wurde. Wir sehen, es dreht sich fast alles um die katholische Kirche. An dieser Stelle sei kurz erwähnt, daß die Ereignisse von Fatima während des Ersten Weltkrieges stattfanden. Der letzte Auslöser für diesen Krieg war die Ermordung des österreichisch-ungarischen Thronfolgers Erzherzog Franz Ferdinand durch serbische Nationalisten am 28. Juni 1914. Beendet wurde er durch die Friedensschlüsse von Versailles im Jahre 1919, wobei der

Friedensabschluß mit der Türkei erst 1920 erfolgte. Hier also der Text der ersten beiden Botschaften der Erscheinung an Lucia:

„Ihr habt die Hölle gesehen, wohin die Seelen der armen Sünder gelangen werden. Zu ihrer Rettung fordert der Heiland der Welt die *Andacht zu meinem Unbefleckten Herzen*. Wenn man tut, was ich euch sagen werde, sollen viele Seelen gerettet werden, und man wird Frieden haben. Der Krieg (der Erste Weltkrieg - D.A.) geht seinem Ende zu, wenn man aber nicht aufhört, den Herrn zu beleidigen, wird unter der Regierung Pius' XI. ein anderer, noch schlimmerer Krieg beginnen. Wenn ihr einmal die Nacht durch ein unbekanntes Licht erhellt sehen werdet, so wißt, daß dieses ein großes Zeichen sein wird, durch das Gott euch anzeigt, daß die Züchtigung der Welt wegen ihrer Verbrechen nahe ist, nämlich Krieg, Hungersnot und Verfolgung der Kirche *und des Heiligen Vaters*. Um das zu verhindern, werde ich die Weihe der Welt an mein *Unbeflecktes Herz* fordern sowie die Sühnekommunion an den ersten Samstagen des Monats. Wenn man meine Forderungen beachtet, wird Rußland sich bekehren, und man wird Frieden haben. Wenn man das aber nicht tut, dann wird es seine Irrtümer über die Welt verbreiten und Kriege entfesseln; viele der Guten werden das Martyrium erdulden, *der Heilige Vater wird viel zu leiden haben*; verschiedene Nationen werden vernichtet werden. (An dieser Stelle folgte die dritte, damals von der katholischen Kirche noch nicht verkündete »geheime« Botschaft der Erscheinung - D.A.) Doch schließlich wird mein *Unbeflecktes Herz* den Sieg erringen."

Auch hier fällt wieder auf, daß die katholische Kirche samt Papst einen erstaunlichen Stellenwert zugeschrieben bekommt, wobei man natürlich nicht weiß, ob Lucia hier den wahren Text der Botschaft niedergeschrieben hat, zumal er erst 1941 während des Zweiten Weltkrieges sowie unter »Obhut« der katholischen Kirche entstand! Ich habe da so meine Bedenken. Die Marienerscheinung hat sich obendrein zuvor *geirrt*, denn gegenüber Dr. Manuel Formigáo, der sie noch am selben Tag der letzten Erscheinung befragte, sagte Lucia, Maria habe ihr gesagt, daß der Krieg noch heute aufhören würde! Lucia gab dies damals auch noch zu Protokoll. Im Wortlaut der beiden Botschaften Marias nach Lucia kommt der Text „Der Krieg geht seinem Ende zu..." vor. Dies ist nichts anderes, als eine nachträgliche Korrektur einer ursprünglich falschen Prophezeiung. Ein anderer eklatanter Fehler dieser »Maria« war die Prophezeiung, daß unter der Regierung Pius' XI. ein noch schlimmerer Krieg - also wohl der Zweite Weltkrieg - entbrennen würde. Tatsache ist, daß Papst Pius XI. am 10. Februar 1939 starb, während der Zweite Weltkrieg erst am 1. September 1939 mit dem Einmarsch der Nazis in Polen begann...

Schöne Prophezeiungen. Sie sind nicht nur falsch, Prophezeiungen, die erst nach den Geschehnissen veröffentlicht werden, sind auch völlig wertlos, denn Lucia schrieb sie erst, wie erwähnt 1941 nieder, wenige Jahre vor dem Ende des Zweiten Weltkrieges!

Begriffe wie »Unbeflecktes Herz«, »Sühnekommunion«, »Verfolgung der Kirche« sowie die dreimalige Erwähnung des Papstes und die Verkündigungen durch die von der katholischen Kirche am meisten verehrte Maria sprechen eine eindeutige Sprache. Lucia hat in weiten Teilen offenbar ihren angelernten Kinderglauben in die Botschaften einfließen lassen. Die Kirche hat also allen Grund zur Freude - oder doch nicht? Warum hat die katholische Kirche das dritte Geheimnis erst im Jahr 2000 verkündet? Lucia selbst sagte, daß der geheimnisvolle »dritte Teil« der Botschaft 1960 veröffentlicht werden solle - nichts geschah! Die katholische Kirche hört also nicht auf die Anweisungen ihrer »Unbefleckten Maria«, obwohl sie alle anderen Verkündigungen von Fatima bedenkenlos akzeptierte! Was heißt, „...der heilige Vater wird viel zu leiden haben"? Millionen kranke und arme Menschen müssen auch leiden.

Nach einem Bericht eines der Sekretäre des Papstes hatte dieser Mann 1960 einige der höchsten Vertreter der Kirche zum Papst gebeten, um bei der Öffnung des letzten »geheimen« Teiles der Botschaft von Fatima anwesend zu sein. Die Veranstaltung fand hinter verschlossenen Türen statt. Nach der Sitzung sah der Sekretär die Kardinäle beim Verlassen der Konferenz. Nach Aussage des Sekretärs trugen sie auf ihren Gesichtern den *Ausdruck tiefsten Schreckens*. Als der Sekretär einen der Teilnehmer ansprechen wollte, schob ihn dieser sanft beiseite und ging weiter. „Er sah aus, wie jemand, der gerade ein Gespenst gesehen hatte!" An anderer Stelle sagte ein Vertrauter des Papstes, daß dieser beim Lesen der Botschaft erbleichte und dann sagte: „Wir können das Geheimnis nicht preisgeben. Es würde eine Panik auslösen."

Danach gab es viele Spekulationen. Meist war vom bevorstehenden Ende der Welt, dem Gottesgericht die Rede. Andere Berichte behaupten, daß die letzte Botschaft das Ende des Christentums und damit das Ende der Kirche bedeuten würde. Inzwischen leben wir im neuen Jahrtausend und nichts dergleichen ist geschehen, was natürlich nicht bedeutet, daß es nicht noch geschehen kann. Denken wir an die Bibel und die Prophezeiungen über die Endzeit, die Drangsal der letzten Tage und Gottes Gericht. An dieser Stelle beenden wir all diese Spekulationen. Der Zweite Weltkrieg ist längst Geschichte, und Lucia wird uns auch nichts mehr sagen. Aber Zeichen geschehen noch immer! Z.B. in Medjugorje bis zum heutigen Tag. Seherkinder sind nun Erwachsene und trotzdem können nur sie die Erscheinung sehen. Aber wie gesagt, alle Bewegungen sind absolut synchron - auch die Pupillen. Sie sehen also wirklich »Etwas«! Man leuchtete ihnen in die Augen, aber die Pupillen blieben völlig unverändert. Zurück zu Fatima:

Dann kam der 13. Mai 2000. Der Papst reiste nach Fatima, um die beiden verstorbenen Hirtenkinder seligzusprechen. Man fragt sich, warum die Kirche dafür etliche Jahrzehnte gebraucht hat. Der feierliche Akt wurde vor einer riesigen Menschenmenge zelebriert. Die Zeremonie und der Prunk der Kirchenoberhäupter war kaum zu überbieten. Der sog. »Heilige Vater« wirkte krank und müde, hielt jedoch die ganze, perfekt inszenierte Veranstaltung der katholischen Kirche wacker durch. Nur als der Papst *beiläufig* (!) von den Armen in der dritten Welt sprach, wurde einem bewußt, daß er selbst und alle seine Oberhäupter in großem

Luxus leben und diese Kirche Milliarden besitzt. Allein die Kunstschätze sind von unermeßlichem Wert.

Doch es ging nicht nur um die Seligsprechung zweier Seherkinder, sondern auch um die von der ganzen Welt sehnsüchtig erwartete Enthüllung des dritten »Geheimnisses« von Fatima. Vorweggesagt, es wurde eine herbe Enttäuschung und mit Sicherheit ein Täuschungsmanöver!

Lucia trat 1948 in ein Karmeliter-Kloster ein. Anfang 1957 schrieb sie einen Brief an Pius XII., der auf fünfundzwanzig Zeilen die geheime Mitteilung enthielt. Erst der nächste Pontifex, Johannes XXIII, öffnete das versiegelte Kuvert. Nachdem er den Inhalt gelesen hatte, gab er die Anweisung, dieses Schreiben unter den Geheimdokumenten des Sant'Offizio (der heutigen Glaubenskongregation) aufzubewahren.

Kardinal Ratzinger meinte damals, die Gefahr einer „sensationalistischen Verwendung" des Textes lasse die Vermutung zu: Der Brief hat *apokalyptischen* Inhalt.

Der Kern der angeblichen Botschaft, die im Mai 2000 verkündet wurde, besagte dann, daß „Ein weiß gekleideter Bischof, der für alle Gläubigen bete, nach Schüssen wie tot zu Boden falle." Das soll also das Jahrzehnte strengstens vor der Öffentlichkeit bewahrte große Geheimnis sein? Ich persönlich halte dies für für ein sehr übles Täuschungsmanöver!

Interessant ist lediglich ein Aspekt. Am *13. Mai* 1917 erlebten die drei kleinen Hirtenkinder zum erstenmal die Marienerscheinung. Am *13. Mai* 1981 erlitt Johannes Paul II. das lebensgefährliche Attentat auf dem Petersplatz. Am *13. Mai* 2000 sprach der kranke Papst die Seherkinder selig. Die beiden ersten übereinstimmenden Daten sind bemerkenswert, das dritte nur eine Folge daraus - mehr nicht. Sollte dies wirklich das dritte Geheimnis sein? Warum hat man dann den jeweiligen Papst, seitdem der Vatikan die Botschaft kannte, nicht besser geschützt? Erst *nach* dem Attentat wurde der Pontifex in einem Panzerglaswagen sicher durch die Menge gefahren. Daß hier mal wieder was vertuscht wird, merkt selbst der Dümmste.

Trotzdem, die »Vorhersage« scheint zu einfach, um das tatsächliche große Geheimnis zu enthüllen. Da muß schon mehr dahinterstecken, dafür gibt es ausreichend Hinweise. Man hält eine solche Botschaft nicht Jahrzehnte unter strengstem Verschluß *gegen* die angebliche Anweisung von »Maria«, wenn es sich »lediglich« um ein mögliches Attentat handeln würde. Sicher, unter strenggläubigen Katholiken in aller Welt war der Anschlag auf den Pontifex eine schreckliche Sache. Ich will dieses Verbrechen auch nicht herunterspielen, aber ein weltumwälzendes Ereignis war das nicht. Inzwischen wird von »Eingeweihten« und Kennern der Materie der Verdacht immer lauter, daß hier die Existenz einer fremden Intelligenz enthüllt wurde. Wir sind nicht allein, was »Insider« ohnehin schon längst wissen. Die Frage ist, ob das tatsächliche Geheimnis jemals öffentlich enthüllt wird. Es sieht nicht so aus.

Am 27. Juni 2000 erschien dann folgende neue Pressemeldung (Rom, dpa):

„Kardinal Ratzinger hat das »Dritte Geheimnis von Fatima« erläutert. Prophezeit wird darin ein Papst-Attentat: In der umstrittenen Niederschrift heißt es: »...er wurde von einer Gruppe von Soldaten getötet.« Johannes Paul II. hatte das Attentat 1981 aber schwer verletzt überlebt. Die Tat sei durch die Vision nicht »unabänderlich determiniert« worden, erläuterte Ratzinger. Der Mensch habe »die Kräfte der Veränderung zum Guten hin«. Das Geheimnis von Fatima hatten drei Hirtenkinder 1917 in einer Vision erlebt." Damit meinte also der Vatikan, die Massen befriedigt zu haben.

Ob Gott hier seine Macht walten läßt, ist mehr als unwahrscheinlich. Es gibt natürlich weitaus mehr Erscheinungen, als hier angeführt wurden. Leider bleiben in den meisten Fällen keine handfesten, nachprüfbaren Beweisstücke zurück. Das war bei einer Begebenheit 1956 in der Gemeinde Eisenberg im Länderdreieck Österreich, Ungarn und Slowenien anders. Alles fing 1954 mit einer Marienerscheinung der kleinen Bauerstochter Anne Marie Lex an, die auch auffallend Ähnlichkeit mit Phänomenen aus der UFO-Forschung, wie dem Auftauchen einer hellen Lichtkugel hatte. Später hatte vor allem ihre Mutter Aloisia Lex mehrere Erscheinungen. Auf die Erscheinungen, die sich von anderen Phänomenen dieser Art unwesentlich unterschieden, wollen wir hier nicht weiter eingehen. Es sei nur angemerkt, daß diese »Projektionen«, wie auch in anderen Fällen massive Drohungen, die nicht eintrafen, verkündeten. Z.B. erschien »Jesus« und sagte angeblich: „Wahrlich, ich sage dir, wenn mein Wille nicht erfüllt wird, wird mein gerechter Zorn über euch kommen, und ein schreckliches Strafgericht wird über euch hereinbrechen. Dadurch wird eine strenge Züchtigung der Menschheit kommen." Oder »Maria« sprach 1965 von *in Kürze* eintretenden, globalen

Katastrophen, die sich jedoch nicht einstellten. Weiterhin warnte die Erscheinung vor einem bald kommenden Weltkommunismus. Wie wir alle wissen geschah genau das Gegenteil. Vor allem in Rußland. Interessant jedoch an diesem Fall, daß sich 1956 auf dem Grundstück im Rasen ein ca. ein mal ein Meter großes, messerscharf umrissenes Kreuz abzeichnete. Um es gleich vorwegzunehmen, dieses Phänomen ist bis in die heutige Zeit zu sehen. Man vermutete zunächst wie immer eine bewußte Manipulation. Man warf der Familie u.a. vor, einen schweren, kreuzförmigen Gegenstand regelmäßig ins Gras zu legen, damit der Abdruck bleibt. Alle Betrugsmanöver konnten jedoch durch genaue Überwachung und Überprüfung ausgeschlossen werden. Man zäunte das Zeichen ein und ließ den perfekten, absolut regelmäßigen und scharfkantigen Kreuzabdruck über längere Zeit rund um die Uhr von der Polizei bewachen, aber der Abdruck blieb. Man konnte keinerlei Hinweise auf eine Manipulation finden. Weder wurden die Pflanzen beschädigt oder zerstört noch wurden sie abgeschnitten. Selbst Versuche in der Nähe des Kreuzes mit pflanzenvernichtenden Unkrautbekämpfungsmitteln und einer Kreuzschablone erwiesen sich als unzulänglich, da u.a. der Kreuzabdruck nicht scharf begrenzt war. Später wurde über dem Abdruck eine schmiedeeiserne »Krone« gebaut, die noch heute samt Abdruck steht.

Vergleiche aus der UFO-Forschung zeigen deutliche Parallelen auf. Es gab wie in Fatima und Heroldsbach Lichtkugeln, Licht- und Wolkenphänomene und andere Dinge, die man auch aus der Ufologie kennt. Typisch für viele Marienerscheinungen ist eine zum Teil völlige Bewegungslosigkeit der Erscheinung, was durchaus auf die bereits erwähnte holographische Projektion einer technisch überragenden Intelligenz hindeuten könnte. Darüber hinaus muß diese fremde Intelligenz über Möglichkeiten verfügen, direkt in das Gehirn der Seher zu dringen und sie beliebig steuern zu können. Eine überaus beunruhigende Vorstellung. In Trance nehmen Seher dann nur die Erscheinung wahr und nichts von ihrer Umgebung. Wie sich zeigte, haben sich viele Vorhersagen der Erscheinungen nicht erfüllt. Auch das spricht klar gegen eine göttliche Ursache. Fragwürdig sind aber auch die Auswirkungen dieser neuzeitlichen »Wunder«. Wie bei den Mengen überdimensionaler und häufig hochkomplizierter Zeichen in Kornfeldern, finden solche Erscheinungen weniger Beachtung bei der breiten Masse, als die Intelligenz, die hinter diesen Dingen steckt, wohl erreichen will. Die Phänomene gehen kurzzeitig durch die Medien und geraten schnell in Vergessenheit, obwohl es sich um Sensationen handelt. Auffallend ist auch, daß Jesus meist nur als verniedlichtes Baby der Maria erscheint. Dies wäre nur *ein* Aspekt, daß uns eine fremde Macht mit böser Absicht verführen will, indem sie Maria zur zentralen Figur des Glaubens macht, was sie aber laut Bibel nicht ist! Zum Glück gibt es engagierte »Außenseiter«, die sich mit solchen Phänomenen und einem gesunden Menschenverstand auseinandersetzen. Es sind Menschen, wie z.B. Hellmuth Hoffmann, dessen Buch »Die Wahrheit über die Botschaft von Fatima« sauber recherchiert ist, oder Johannes und Peter Fiebag, die sich auch mit diesen

Phänomenen genau auseinandergesetzt haben. Aber es gibt noch eine weitere, schon angedeutete Verbindung zu diesem Thema, die sich auf die Bibel bezieht. Da sich dieses Buch auf die Aussagen der Bibel beruft, bekommt sie hier eine aktuelle Bedeutung:

Jesus Christus hat uns in weiser Voraussicht und eindeutig vor kommenden »Zeichen« und falschen Verführern gewarnt (Matthäus 24, 4-6): „Sehet zu, daß euch niemand verführe! denn viele werden unter meinem Namen kommen und sagen: Ich bin der Christus! und sie werden viele verführen. Ihr werdet aber von Kriegen und Kriegsgerüchten hören..." Jesus hatte recht, denn viele Erscheinungen sprachen immer wieder von Krieg und Vernichtung. Weiter sagte Jesus (Matthäus 24, 24-25): „Denn es werden falsche Christi und falsche Propheten aufstehen und werden *große Zeichen und Wunder* tun, um (...) auch die Auserwählten zu verführen."

Um herauszufinden, ob diese Erscheinungen vom Bösen, oder von Gott kommen, hat vor allem die katholische Kirche verschiedene Seher »überprüft«. Man wollte wissen, ob die Aussagen der Erscheinungen der rein *katholischen* Lehre (!) entsprechen, die sich leider in etlichen Bereichen *nicht* mit denen der Bibel deckt! Man teilte Sehern mit, was sie die Erscheinungen fragen sollten. Was die Kirchenvertreter allerdings mal wieder versäumten war, die Bibel zu zitieren, in der es nämlich einen Text gibt, der speziell für solche Fälle geschrieben wurde (1. Johannes 4, 1-3): „...glaubet nicht jedem Geiste, sondern *prüfet* die Geister, ob sie aus Gott sind; (...) Hieran erkennet ihr den Geist Gottes: *Jeder*

Geist, der Jesum Christum im Fleische gekommen be-
kennt, ist aus Gott; und jeder Geist, der nicht Jesum
Christum im Fleische gekommen bekennt, ist nicht aus
Gott; und dies ist der Geist des Antichrists, von welchem
ihr gehört habt, daß er komme, und jetzt ist er schon in der
Welt." Dies besagt eindeutig, daß viele Dinge vom Satan
kommen. In den meisten Fällen wurde den Sehern dieser
Text *nicht* als Prüfung für die jeweilige Erscheinung präsentiert. In einem Fall, in dem sich eine Erscheinung für Jesus
ausgab, verschwand sie auf der Stelle, als man ihr diesen
Text der Bibel zitierte!

Also arbeitet die katholische Kirche *nicht* nach den
Aussagen der Bibel und geht strikt ihrem eigenen
Doktrinarismus nach. Sie legt auch nach ihren Kriterien
fest, welche Erscheinung von Gott kommt. Fatima wurde
anerkannt, aber Heroldsbach nicht, obwohl hier sehr ähnliche
Dinge geschahen. Die katholische Kirche fördert vorsätzlich
den irrsinnigen, weltweiten Marienkult und unterstützt dadurch, daß hier fremdartige Wesen durch solche Marienerscheinungen Menschen von Jesus Christus und damit
vom dem Glauben, den die Bibel lehrt, abbringen wollen!
Hat diese fremde Macht selbst den Vatikan unter Kontrolle?
Es hört sich unglaublich an, ist aber aus meiner Sicht zu-
mindes denkbar.

Sensationen, die kaum interessieren

Es gibt da ein Thema, das mich nicht ruhen läßt und ich weiß durch Gespräche, daß es einigen Menschen ähnlich geht.

Es gibt in dieser Welt und sogar auf dem Mond sowie auf dem Mars Dinge, die echte Sensationen sind, für die sich aber weder die Mehrheit der Menschheit interessiert, noch die sonst so eifrigen Medien. Wie kann das möglich sein?

Betrachten wir uns einige Beispiele. Speziell seit dem Ende des zweiten Weltkrieges tauchen immer mehr sog. UFOs auf. Diese Fluggeräte rasen durch unsere Welt und vollführen dabei die unglaublichsten Manöver, die kein menschliches Fluggerät erreichen könnte. Längst haben hohe Militärangehörige (außer natürlich die Amerikaner, die offenbar *alles* aus gutem Grund vertuschen), Piloten vieler Fluggesellschaften und Fluglotsen mit ihren Radargeräten längst bestätigt, daß es diese UFOs wirklich gibt. Es gibt Zeugenaussagen von amerikanischen Astronauten, die eindeutig im All und auf dem Mond diese Objekte gesehen und auch gefilmt haben. Ich habe in einem anderen Kapitel bereits darüber berichtet. Abgesehen davon gibt es inzwischen eine Unzahl von Fotos und Amateur-Videoaufnahmen (Z.B. Thema Greifswald-Videos), die mehr als ausreichendes Beweismaterial liefern. Hierbei handelt es sich in den wenigsten Fällen um Fälschungen, zumal etliche dieser Video-Amateure ganz normale, einfache Menschen sind, die oft im Urlaub solche Phänomene am Himmel aufgenommen haben. Menschen also, die nicht die leiseste

Ahnung haben, wie man ein Video so perfekt fälschen könnte, daß es selbst Experten nicht merken.

Die Meldungen über Entführungen von Menschen durch Aliens nehmen bedrohlich zu. Diese Personen, die meist unter Hypnose ihre schrecklichen Erinnerungen wieder erleben, berichten, daß man sie vermutlich in einem Raumschiff medizinisch untersucht hat. Eine Frau wurde z.B. entführt, als sie schwanger war. Als ihr Baby im dritten Monat war, wurde sie erneut entführt. Danach ging sie zu ihrem Frauenarzt, der zu seiner Verblüffung feststellte, daß die Frau kein Baby mehr besaß! Weiterhin nehmen die Tierverstümmelungen weltweit zu. Man findet immer wieder Tiere, die völlig blutleer sind und denen einzelne Teile (Haut und Organe) mit genauer Laserpräzision entnommen wurden, ohne dabei Spuren zu hinterlassen. Z.B. wurden einem Pferd in Deutschland, das man auch tot und völlig blutleer fand u.a. die Hoden entnommen - aber mit chirurgischer Feinarbeit *von innen* heraus!

Seit Jahren erscheinen vor allem in England blitzartig in der Nacht immer kompliziertere Zeichen in Kornfeldern von unglaublichen Ausmaßen. Auch hier gibt es mehrere Amateur-Videos, die seltsame kleine, metallisch glänzende Objekte dokumentieren, die dicht über verschiedene Kornfelder fliegen - was immer das auch sein mag. Jedenfalls müssen diese Piktogramme in den Feldern, die hochmathematische und geometrische Formationen darstellen, einen Sinn haben. Da wir hier nicht unbedingt von einer göttlichen Manifestation ausgehen können, bleibt nur der Schluß, daß uns hier eine hochtechnologisierte, fremdartige

Macht etwas mitteilen will - eventuell eine ernsthafte Warnung! Das gilt übrigens auch für das UFO-Phänomen. Diese Dinger schwirren sicher nicht ohne Grund durch die Weltgeschichte. Wenn man dann noch der Aussage eines sehr alten, ehemaligen amerikanischen Militärangestellten, der mit geheimsten Unternehmungen zu tun hatte, Glauben schenkt (warum sollte dieser alte Mann, der bis zum Jahr 2002 anonym bleiben will, noch vor seinem absehbaren Tod Lügen verbreiten?), so arbeitet das amerikanische Militär schon seit Jahren nicht nur mit einzelnen Aliens eng zusammen, sondern, wie der Mann felsenfest behauptet mit Tausenden (!) dieser Wesen streng geheim auf einem entlegenen Militärstützpunkt, von dem der meiste Teil unterirdisch ist, zusammen. Dieser Stützpunkt wurde bekannt als Area 51 (51 deshalb, weil das Wüstengebiet so groß ist, daß man es als 51. Staat der USA betitelt). Auch hier stellt sich die Frage nach dem Ziel dieser Operation, von der selbst der amerikanische Präsident kaum Ahnung haben dürfte. Handelt es sich hier um ein gigantisches, kosmisches Watergate? Welche Macht CIA und FBI in Amerika haben, ist allgemein bestens bekannt. Die Befugnisse der höchsten Militärs dürften dagegen noch gewaltiger sein. Etwas Beängstigendes scheint sich hinter der irdischen Bühne abzuspielen, ohne hier in Panikmache verfallen zu wollen.

Überhaupt wundert einen in Amerika praktisch nichts mehr. Z.B. wurde die Leiche Kennedys nie professionell seziert, und sein Gehirn verschwand *urplötzlich* von der Bildfläche. Einfach so! Aber gegen die großen Ereignisse ist das »Kleinkram«. Oder was ist mit den ebenfalls weltweiten sog. Marienerscheinungen? Wie bereits berichtet, gehen sie einher mit Phänomenen, die man aus der Ufologie kennt. Auch diese Erscheinungen sind keine göttlichen Manifestationen, wie in diesem Buch bereits belegt wurde. Also kann es sich im Grunde nur um Botschaften oder eher um gezielte Manipulationen oder holographische Projektionen einer fremdartigen Macht handeln. Und es funktioniert. Millionen Menschen fallen auf diese Tricks herein und verehren statt Jesus, bzw. Gott die Jungfrau Maria, die in der Bibel bestenfalls eine unbedeutende Nebenrolle spielt.

Und was ist mit den seit Jahrzehnten beobachteten UFO- und Lichterscheinungen auf dem Mond. Wie kommen - genauso wie auf dem Mars - auf unserem Trabanten eine Vielzahl geometrischer Formationen und Gebilde zustande, welche die NASA nicht veröffentlicht, obwohl trotzdem Informationen durchsickern und Fotos erscheinen. Außerdem kann man einige dieser Formationen, Lichter und sich bewegende Schatten mit Teleskopen auch sehr gut beobachten, wie man gesehen hat.

Bei einer TV-Live-Übertragung aus einem amerikanischen Raumshuttle kann man klar und deutlich hören, wie eine Astronautin sagt: „Ich sehe hier draußen ein UFO!"

Noch interessanter ist folgende Geschichte, die sich mit Neil Armstrong, dem ersten Mann auf dem Mond bei der Apollo-11-Mission abgespielt hat. Die hier zitierte Stelle wurde anschließend wieder von der NASA herausgeschnitten. Hier der Funkverkehr: Armstrong war soeben ausgestiegen und sagt: „Was ist das? Habt ihr eine Erklärung dafür?" Houston Bodenstation: „Wir haben keine. Keine Aufregung. Halten Sie sich an das Programm!" Armstrong: „Junge, Junge, das ist schon was. Es ist phantastisch! Ihr könnt euch das nicht einmal vorstellen!" Housten Bodenstation: „Roger. Wir wissen davon. Gehen Sie die andere Richtung. Gehen Sie in die andere Richtung zurück!" Armstrong: „Well, es ist eine Art ... wirklich toll. O Gott, was ist das? Was ist das?" Houston Bodenstation: „Wechseln Sie die Frequenz. Gehen Sie auf Tango! Tango!" Armstrong: „Das ist eine Art Leben, jetzt..." Der Dialog geht noch weiter, aber schon dieser Ausschnitt sollte reichen, um zu verdeutlichen, daß wir alle hinters Licht geführt werden und daß uns vor allem die Amerikaner unglaubliche Dinge vorenthalten, was leider keine Innovation ist.

Das Merkwürdige an all diesen Dingen, die man noch beliebig erweitern könnte, ist die Tatsache, daß einige solcher sensationellen Meldungen, die hier aufgeführt werden, die breite Masse tatsächlich nicht zu interessieren scheint. Oder sollten wir schon so manipuliert sein, daß wir diese unfaßbaren Phänomene gar nicht zur Kenntnis nehmen können? Eine gewagte Spekulation, das ist mir klar, aber anders kann ich mir das stumpfe Desinteresse der Menschheit nicht erklären. Sie interessieren sich für jede Banalität wie Fußball oder drittklassige TV-Sendungen. Dabei bekommt man eine Gänsehaut, wenn man von Entführungsopfern in Hypnose erfährt: *„Sie brauchen uns, sie können sich selbst nicht mehr fortpflanzen!"*

Von all diesen bedrückenden Phänomenen wird Gott Kenntnis haben, davon gehe ich aus. Läßt Gott dieses

Verschwörungsszenario bewußt zu? Ebenso sensationell ist die Tatsache, daß es vor undenklichen Zeiten schon Raumfahrttechnologie gegeben hat, bzw. uns andere Wesen (Gottes weitere Schöpfung) ihre Anwesenheit im Alten Testament vermittelt haben. Deshalb sei der brisante Verdacht erlaubt, daß der allmächtige Gott sich im Alten Testament zu einem gewissen Teil zurückgehalten und Wesen mit deren ureigenen Interessen eventuell Freiraum gewährt hat und wir das Spiel nicht durchschauen.

Kommen wir auf den Punkt zurück. Nochmal: Warum interessieren sich die Leute nicht für diese Phänomene und Rätsel, die alles überragen - selbst jede Weltpolitik, falls die im Sumpf der internationalen Verschwörungen nicht auch schon ohne unser Wissen von Geheimorganisationen, oder wie manche »Insider« vermuten, von Aliens kontrolliert werden. Wer weiß, eventuell sucht man sich schon die Kandidaten aus, die unsere Welt verlassen werden, da uns das Ende bald bevorsteht. Diese Aliens atmen unsere Luft, was bedeutet, daß sie auf ihrer Heimatwelt das gleiche Luftgemisch haben. Also könnten dort auch Menschen leben. Ein kosmischer Himmel? Alles scheint möglich, aber die Tatsachen sprechen dagegen. Spricht man »normale« Menschen auf die eben beschriebenen und nachprüfbaren Fakten an, so zucken sie gewöhnlich mit den Schultern und sagen höchstens: „Na und...?", „Na wenn schon...!" oder „ Ich interessiere mich nicht für solchen Quatsch!" Auch erklärt man Sie gerne für einen Spinner oder Phantasten - somit sind sie fein aus dem heiklen Themenbereich raus. Genau das ist es, was mir angst macht. Niemand, bis auf einige Menschen mit feineren Antennen, nimmt diese echten Sensationen zur Kenntnis und macht sich eigene Gedanken. Diese augenfällige Lethargie ist durchaus besorgniserregend und widerspricht eindeutig dem menschlichen Wissensdrang.

Es scheint hinter den Kulissen der Weltmächte eventuell eine verdammt große Sache zu laufen. Die Tragik ist, daß wir keinen blassen Schimmer haben, was da eigentlich vorgeht. Auch der Vatikan scheint weitaus mehr zu wissen, als wir ahnen.

Oder was geschah nach der ersten der zwei anderen Botschaften von Fatima, wo »Maria« von Kriegsgeschehen sprach? Die »Marienerscheinung sagte: „Wenn ihr eine Nacht von einem unbekannten Licht erhellt seht, dann wisset, daß dies das Zeichen ist, das Gott euch gibt..." Hellmuth Hoffmann in »Die Wahrheit über die Botschaft von Fatima«: „»Über das Zeichen am Himmel« vor Ausbruch des Zweiten Weltkrieges ist oft davon berichtet worden. Am Abend des 25. Januar 1938 leuchtete viele Stunden lang *ein gespenstisches Licht über ganz Europa*, das in vielerlei Farben wechselnd, mit heftiger Intensität erstrahlte und Städte, Dörfer, Täler, Hügel und Berge in ein geisterhaft-unwirkliches Licht tauchte. Durch das Münchner Abkommen im September des gleichen Jahres konnte allerdings die Kriegsgefahr noch einmal gebannt werden." Doch dann kam er trotzdem, der Krieg, und Gott schritt nicht ein, obwohl die Nazis sein geliebtes Volk grausamst auszurotten versuchten. Wäre die Geschichte etwas anders verlaufen, gäbe es heute keine Juden mehr und auch keinen Staat

Israel. Im alten Ägypten hat Gott noch eingegriffen, doch Gott mischt sich nicht mehr für uns erkennbar in das Weltgeschehen ein.

Natürlich ist das, was hier geschrieben steht reine Spekulation, doch das unglaubliche Desinteresse der Menschen ist und bleibt ein Phänomen für sich. Die Bürger (allen voran die Amerikaner) müßten doch bei den Regierungen und Militärs Sturm laufen, damit man sie endlich nicht ständig für unmündig erklärt.

Es gibt einen Grund, der dafür spricht, daß nicht mehr über diese Geschehnisse berichtet wird. Es gibt weltweit so gut wie keinen offiziell anerkannten und geförderten Wissenschaftszweig, der sich mit diesen Problemen befaßt. Einer der Gründe hierfür ist die Angst der Wissenschaftler, sich lächerlich zu machen, wenn sie sich um einen bezahlten und geförderten Lehrstuhl für die Untersuchung solcher Phänomene bemühen würden. Gäbe es einen wissenschaftlichen Großversuch über Jahre, bei dem z.B. die meisten Kornfelder Südenglands rund um die Uhr mit den innovativsten Infrarot-Überwachungssystemen und der benötigten Menge Beobachter observiert würden, so könnte man vermutlich zumindest die Entstehung dieses Phänomens studieren. Also bleibt alles in den Händen einiger unqualifizierter Laienforscher und weniger Wissenschaftler, die sich in ihrer Freizeit (!) um solche Dinge kümmern, wie in Deutschland Illobrand von Ludwiger, der mit anderen Wissenschaftlern versucht, dem UFO-Phänomen auf die Schliche zu kommen - bisher ohne Erfolg.

Augenfällig ist zumindest, daß sich gerade seit dem Ende des Zweiten Weltkrieges Dinge abspielen und zunehmen, die uns eigentlich mit Sorge erfüllen müßten, aber wie gesagt, kaum jemand interessiert sich dafür, was sich da zusammenbraut, zumal jene, welche die meisten Informationen haben, absolutes Stillschweigen praktizieren, was den üblen Beigeschmack noch schlimmer macht und den Verdacht, der hier geäußert wurde nur verstärkt. Wichtiger als die Erkenntnis, wie einige Phänomene entstehen, ist jedoch die Frage, was uns hier mitgeteilt werden soll. Was ist der Grund? Es ist ähnlich wie mit der Bibel, jemand macht es uns sehr schwer, viele Dinge zu verstehen.

Um auf die Heilige Schrift zurückzukommen: Jesus Christus wird wissen, was da geschieht, daran gibt es keinen Zweifel. Man kann nur hoffen, daß er endlich kommt, wie er es vor rund 2000 Jahren versprochen (oder angedroht) hat und uns über die Geschehnisse und kosmischen Hintergründe aufklärt. 2000 Jahre sind nach menschlichen Ermessen eine lange Zeitspanne. Es wird also höchste Zeit, daß wir nicht mehr für dumm verkauft werden, zumal wir mit dem Rücken an der Wand und mit den Füßen vor dem Abgrund stehen. Hinzu kommt, daß es seit Menschengedenken nie Frieden gab - bis heute. Wir alle haben noch die grauenvollen Bilder der Zwillingstürme des World Trade-Center im Kopf. Hier tobt ein Glaubenskrieg. Man bezeichnet die westliche Welt als ungläubig und ruft den »heiligen Krieg« aus, dabei sind wir auch gläubig, aber in den Augen der Extremisten offenbar nicht. Die Zukunft sieht also nicht rosig aus.

VII

DAS UNHEIMLICHE SCHWEIGEN GOTTES

Im Alten Testament spricht Gott sehr oft. Im Neuen Testament hört man nur selten Gottes Stimme. Wobei das Alte und das Neue Testament nicht zwei Bücher sind, sondern eine Zusammenstellung von insgesamt 66 Büchern. Wie wir wissen, ist „...alle Schrift von Gott eingegeben..." Hier wurde mehrfach aufgezeigt, daß dies nicht immer der Fall gewesen sein kann. Inzwischen leben wir in einer Zeit, in der die meisten Menschen, selbst manche Christen, das Gefühl haben, Gott schweigt. Das ist beunruhigend. Ist Gott tot? Sind wir allein? Fragen, die immer öfter gestellt werden. Ein schrecklicher Gedanke! Stellen Sie sich vor, wir Menschen, die wir uns immer mehr von Gott entfernen, sind allein - ohne Hilfe, Trost und Hoffnung. Ist es Gottes unvernehmbare Stimme und Strafe, indem er den Menschen sich selbst überläßt und uns blind in den Abgrund laufen läßt? Maches deutet darauf hin. Deshalb erlauben Sie mir in den beiden letzten Kapiteln einige rein persönliche Betrachtungsweisen, obwohl der Leser letztendlich selbst entscheiden muß, was er glaubt.

Viele haben oft verzweifelt den Kontakt zu Gott gesucht und scheinbar keine Antwort erhalten. Eventuell kommt diese Antwort später in Form eines Ereignisses, das unser Leben beeinflußt. Gott schweigt sich auch zu den vielen Widersprüchen und Rätseln der Bibel aus, was in den Gemeinden häufig zu Irritation und Verwirrung führt. Vielleicht schweigt Gott auch, weil schon alles gesagt ist. Gott hat gesprochen und seinem Volk seine Gebote gegeben.

Jesus Christus hat zu uns geredet und uns noch weitere aufschlußreiche Worte und Botschaften mit auf den Weg gegeben. Ist denn überhaupt noch mehr zu sagen? Eigentlich ist ja von göttlicher Seite bereits *alles* gesagt worden. Ich denke, daß es sich tatsächlich so verhält! Was sollte uns der Allmächtige oder Jesus denn *noch* sagen, zumal wir uns kaum danach richten?

Unsere laute, hektische und konsumgeprägte Leistungsgesellschaft würde auch die lauteste Stimme Gottes übertönen. Dabei gibt es noch eine andere Welt und Realität. Die Welt, die *neben* unserer täglichen Realität besteht. Es ist eine spirituelle, leise Welt, die wir mit unseren Sinnen selten erreichen, noch begreifen können, obwohl es immer wieder Menschen mit relativ wenig Erfolg versuchen.

Aber es gibt trotzdem noch Momente, wo Gott auf *seine* Art zu uns spricht. Ich hatte zweimal ein solches Erlebnis. Einmal stand ich unmittelbar vor einer sehr schweren Entscheidung, als ich laut und deutlich *in mir* eine »befehlsgewohnte« Stimme vernahm, die mir klar sagte, wie ich mich entscheiden soll. Ich habe damals unter enormem Druck und Streß leider falsch entschieden. Ich bin nicht der inneren Stimme gefolgt und habe vermutlich einen großen Fehler gemacht. In einem anderen Fall habe ich etliche Jahre in meinem Beruf ohne Rücksicht auf eigene Verluste wie ein Besessener gearbeitet. Das ständige Arbeiten bis in die Nacht und an unzähligen Wochenenden hat mir weder Zeit zur Entspannung noch zur inneren Ruhe gelassen. Von der Familie ganz zu schweigen. Rückblickend muß ich verrückt gewesen sein. Wie vielen Menschen ergeht es ähnlich in dieser Zeit?

Dann brachte mich vermutlich Gott mit einem plötzlich auftretenden ernsten körperlichen Zusammenbruch zur Erkenntnis - und letztendlich auch zu einem stärkeren Glauben. Eine Erkenntnis war, daß mir diesen unglaublichen Einsatz kein Mensch dankte. Viele von uns machen die gleiche bittere Erfahrung. Plötzlich wird Ihnen klar, daß Sie nur eine Schachfigur in einem großen Spiel sind. Hat diese Figur ihren Zweck erfüllt oder kann ihn zeitweise nicht mehr wie erwartet erfüllen, so wird sie einfach vom Spielfeld verwiesen. So sind heute die Regeln - keine Gefangenen! Wir sind nur noch eine Kostenstelle im aufgeblähten Getriebe der Marktwirtschaft.

Unsere Welt ist aber noch eine andere, viel erschreckendere Welt. Sie ist voller Leid, Ungerechtigkeit und erbarmungslos. Es ist die Welt, die wir uns selbst erschaffen haben - nicht mehr Gottes Schöpfung. Das Ozonloch wird ständig größer, die Polkappen schmelzen und Kriege sind die Norm. Erdbeben, Überschwemmungen und Hungersnöte sind Alltag. Lesen wir einen Artikel vom Oktober 1998: „London (dpa). *In den vergangenen 25 Jahren hat der Mensch einer internationalen Studie zufolge ein Drittel der Natur zerstört.* Dies sei die schlimmste Phase der Zerstörung in der Natur seit Aussterben der Dinosaurier vor 65 Millionen Jahren, heißt es in einer Untersuchung des WWF. *Zwischen 1970 und 1995 sei die Zahl der Süßwasser-Ökosysteme um 50 % gesunken.* Die von Wäldern bedeckte Fläche sei *um zehn Prozent geschrumpft.*" Inzwischen leben wir im neuen Jahrtausend, und der Wahnsinn geht unaufhörlich weiter. Man braucht nur nachzurechnen, um den totalen Kollaps zu ermitteln. Ich bin zwar kein Freund der katholischen Kirche, möchte aber meinen größten Respekt vor all jenen Menschen bekunden, die sich an den schlimmsten Orten dieser Welt selbstlos um die Ärmsten und Kranken kümmern. Während Manager und Politiker in »wichtigen« Meetings, die sich letztlich nur um Macht, Profit und Karriere drehen, unterhalten, sterben weltweit elf Millionen Kinder unter fünf Jahren! Die Gewalt wächst, Schüler ermorden ihre Lehrer, und Perspektiven, die auf eine Rettung hoffen lassen, scheitern schon im Ansatz. In den Unternehmen regiert die nackte Angst um Job- und Karriereverlust. Mobbing wird zum Gesellschaftsspiel für moralisch und ethisch Minderbemittelte. Die Politik ist ratlos, und wir leben nicht mehr - wir *werden* gelebt. In solch einer Welt bleibt natürlich keine Zeit mehr für einen Gott. Gerade, wo ich diese Zeilen schreibe, sehe ich in einem Magazin eine unfaßbare Blasphemie. Mir hat es im ersten Moment regelrecht die Sprache verschlagen, denn ich konnte es eigentlich zunächst gar nicht wirklich fassen. Ich sehe eine Anzeige vom April 2001 mit einem Foto, auf dem man den leidenden Christus sieht - so, wie man ihn von einem Kruzifix aus den Kirchen kennt. Über dem Kopf Jesu ist meist ein Schild angebracht, auf dem die Buchstaben I.N.R.I. stehen, die Abkürzung für »Jesus Nazarenus Rex Judaeorum« (Jesus von Nazareth, König der Juden - D.A.). Auf dem besagten Foto steht an dieser Stelle allerdings die Zahl 11840. Es handelt sich um eine Anzeige, so der Text, für (wörtlich) »Die *billige Nummer* der Auskunft«! Ich muß sagen, daß in einer Werbeagentur Menschen so weit gehen, um Profit zu machen, hat mich zutiefst entsetzt. Die Leiden Jesu werden doppeldeutig als billige Nummer betitelt. Der Sohn Gottes muß für Werbeleute und deren begeisterten Kunden als Reklamefigur für ein Telekommunikations-Unternehmen herhalten. Ich rief bei der Werbeagentur an, und stellte den verantwortlichen Mann zur Rede. Das Ergebnis war niederschmetternd. Dieser Mann bezeichnete sich sogar selbst als Christ und verstand überhaupt nicht, warum sich jemand darüber aufregen kann! Er sah nicht, welche Geschmacklosigkeit dort produziert worden war. Ähnlich war es vor einiger Zeit, als man eine Abbildung Gottes (von Michelangelo) für Zigarettenplakate vermarktete. Man muß sich ernsthaft fragen, was das nur für Menschen sind. Ich kenne mich in der Werbeszene recht gut aus und sehe regelrecht vor mir, wie sich meist junge Werber vor Begeisterung auf die Schenkel klatschen und sich, sowie solch abartigen Ideen auch noch ganz »geil« finden, wie man es heute so ausdrückt. Wenn es wirklich den Gott, wie ihn uns die Bibel beschreibt, gibt, dann möchte ich nicht in der Haut dieser Werber stecken, die nicht wissen, mit *wem* sie sich da eigentlich angelegt haben.

Gottes Schweigen kann man auch als stille Anklage verstehen, wenn man sich solche Dinge vor Augen führt. Dieses Schweigen spricht allerdings eine deutliche Sprache. Milliarden fließen in die Rüstung, aber für die unbeschreibliche Not der Ärmsten dieser Welt sind höchstens Almosen da. Die Natur schreit zum Himmel, durch unsere vorsätzliche Umweltzerstörung. Jesus sagte: „Die Steine werden schreien!" Sind z.B. die vielen, zum großen Teil gigantischen und auch komplizierten geometrischen Zeichen in Kornfeldern ein solcher Warnschrei der gepeinigten Natur? Wer will uns hier eine verschlüsselte Botschaft mitteilen? Zumindest sind diese Phänomene eine Art modernes Wunder oder Zeichen, aber keine Naturerscheinung. Sie tauchen in der Nacht an vielen unterschiedlichen Stellen aus dem Nichts auf. Keiner TV-Gesellschaft ist es bisher gelungen, trotz Infrarot-Kameras, ihre Entstehung zu dokumentieren. Bemerkenswert sind auch hier die häufig beobachteten Lichterscheinungen. Zwei Amateur-Videos zeigen jeweils ein kleines, leuchtendes Objekt, das dicht über den Feldern fliegt. Auf einem Video ist deutlich zu sehen, wie ein solches Leuchtobjekt dicht über den Traktor eines Farmers fliegt. Dieser Farmer bestätigte einem TV-Team, daß eindeutig ein »silbrig glänzendes, leuchtendes Objekt« über seinem Kopf flog. Handelt es sich eventuell um »himmlische« Ermahnungen, mit der Natur verantwortungsbewußter umzugehen? Wir sind ratlos!

Wo ist Gott in all dem Leid auf diesem Planeten? Wie kann Gott das zulassen? Das soll ein Gott der Liebe sein? Solche oder ähnliche Fragen hören wir immer wieder. Der bekannte Kabarettist Dieter Hildebrandt sagte 1986 an seinem 60. Geburtstag: „Ein Gott, der Auschwitz und Buchenwald zuläßt, ist für mich unvorstellbar. Oder es ist der Teufel." Deutliche Worte, die einem zu denken geben. Wo ist Gott in all dem Elend? Die Kirchen liefern uns keine Antworten und dozieren noch immer von oben herab. Was soll ein junger Mensch mit diesen eingefahrenen Kirchen, mit all ihren Zeremonien, die Christus nie wollte, auch anfangen? Hier entstehen keine Visionen und Perspektiven! Wann hört man von der Kanzel eine Rede, welche die Menschen wirklich bewegt und sie förmlich von den Stühlen reißt? Wo sind die Pfarrer und Pastoren, um die Leute mit kraftvollen Worten aufrütteln? Alles läuft wie gewohnt. Bloß keine Aufregung und an heiklen Themen rütteln! Man singt ein paar fromme Lieder, betet und geht dann nach Hause zum Fernseher, wo sich eine völlig andere Welt auftut. Die Kirchen müssen mehr an sich arbeiten. Es muß härter am Auftrag Gottes gewirkt werden! Der Kirchenbesuch ist für viele, meist ältere Leute, eine Art Pflichtveranstaltung und Austragungsort für Hochzeiten und Kommunionen und Konfirmationen. Nur zu Weihnachten, da sind die Kirchen voll!

Schweigt Gott und überläßt wie bei Hiob wieder dem Teufel die Macht über die Erde? Wer will ausschließen, daß Größenwahnsinnige wie Caligula oder Hitler nicht vom Satan beeinflußt waren? Hitler brachte die ganze Welt an den Rand des Abgrundes, aber wer will heute noch davon hören? Wen interessiert denn noch der einzelne Soldat, der sinnlos in Vietnam unter furchtbaren Schmerzen sein Leben aushauchte? Das ist doch Geschichtsmüll. Nicht mehr aktuell!

Am 13. Februar 1947 strahlte der Nordwestdeutsche Rundfunk das legendäre Hörspiel »Draußen vor der Tür« von dem damals erst sechsundzwanzigjährigen Kriegsheimkehrer Wolfgang Borchert aus. Millionen hörten ergriffen dieses Hörspiel, das auch als Theaterstück zum Klassiker wurde. Lesen Sie die wenigen Geschichten von Wolfgang Borchert, Sie werden gefesselt sein. Borchert starb genau an dem Tag, als sein Werk »Draußen vor der Tür« Premiere hatte. Warum traf es ausgerechnet dieses großartige Talent, fragt man sich?

In dem besagten Stück arbeitet Borchert seine unmittelbaren Fronterfahrungen eindringlich und schonungslos mit einer phantastischen Sprachgewalt auf. Auch er stellt dabei die Frage nach dem Gott der Liebe:

„Wo warst du eigentlich, als die Bomben brüllten, lieber Gott? Oder warst du lieb, als von meinem Spähtrupp elf Mann fehlten? Elf Mann zu wenig, lieber Gott, und du warst nicht da, einfach nicht da, lieber Gott. Warst du in Stalingrad lieb, lieber Gott, warst du da lieb, wie? Ja? Wann warst du eigentlich lieb, Gott, wann? Wann hast du dich jemals um uns gekümmert, Gott?" Darauf antwortet Gott bei Borchert: „Keiner glaubt mehr an mich. Du nicht, keiner. Ich bin der Gott, an den keiner mehr glaubt. Und um den sich keiner mehr kümmert. Ihr kümmert euch nicht um mich."

Borchert befragt Gott und gibt sich selbst die Antworten auf die Fragen, die uns noch immer beschäftigen. Er macht das, was viele Menschen tun - er schiebt Gott die menschlichen Verbrechen in die Schuhe. Man glaubt das Recht zu besitzen, Gott auf die Anklagebank zu setzen. Gott straft uns mit seinem Schweigen und überläßt uns unserer eigenen Arroganz. Borcherts Aufschrei muß man aus der Sicht der direkten Kriegserlebnisse mit all dem Grauen verstehen. Somit sind seine Fragen durchaus verständlich, zumal die Kirche ja auch schon immer brav die Waffen gesegnet und sich im Dritten Reich schön im Hintergrund gehalten hat.

Leider gebraucht Borchert mehrfach und bewußt provozierend den Ausdruck »Lieber Gott«. Ich habe bereits darauf hingewiesen, daß man diese Formulierung nicht leichtfertig in den Mund nehmen sollte, zumal sie in der gesamten Bibel nicht vorkommt! Gott war nicht »lieb«, er war schreckenerregend! Es ist ohnehin eine interessante Frage, warum Gott seit rund zweitausend Jahren schweigt, aber im Alten Testament seine Worte unzählige Seiten füllen. Zu der Bezeichnung »Lieber Gott« fällt mir ein großartiges Goethe-Wort ein, das gleich die Kirche mit einbezieht:

„Die Leute traktieren Gott, als wäre das unbegreifliche, gar nicht auszudenkende höchste Wesen nicht viel mehr, als ihresgleichen. Sie würden sonst nicht sagen: der Herr Gott, der liebe Gott, der gute Gott. Er wird ihnen, besonders den Geistlichen, die ihn täglich im Munde führen, zu einer Phrase, zu einem bloßen Namen, wobei sie sich auch gar nichts denken. Wären sie aber durchdrungen von seiner Größe, sie würden verstummen und ihn vor Ehrfurcht nicht nennen können."

Diesen Worten des berühmten Dichters braucht man wohl nur unterstreichen.

Die Menschheit hat in den letzten einhundert Jahren den Erdball mehr verändert, als in den Jahrtausenden zuvor. Unser Planet ist dermaßen der Zerstörung preisgegeben, daß es bald nur noch um das nackte überleben gehen wird. Ob der Mensch mit seinem Erfindungsreichtum, aber auch seiner maßlosen Selbstüberschätzung das Ende noch abwenden kann, ist sehr fraglich. Science-fiction-Autoren beschäftigen sich schon seit weit über einem halben Jahrhundert mit der Möglichkeit, fremde Welten zu besiedeln. Das klingt leichter, als es ist. Auf der anderen Seite wurde noch im neunzehnten Jahrhundert jeder Visionär, der die Landung von Menschen auf dem Mond beschrieb, als Verrückter abgestempelt.

Auch sind die ethischen Normen in den letzten Jahrzehnten schneller zerfallen, als man auch nur ahnen konnte. Und es ist erst der Anfang. Hinzu kommt das größte Problem der Menschheit, die Überbevölkerung, und der Vatikan unterstützt diesen Wahnsinn auch noch. Wir stehen hier vor einer unlösbaren Aufgabe, außer, es kommt ein neuer Weltkrieg, der entweder das Aus für die Menschheit bedeutet oder sie enorm dezimiert. Ich weiß, es klingt grausam, aber könnte es nicht ein Mittel oder eine Strafe Gottes sein, so wie er durch die Sintflut die Menschheit vernichtete, weil sie in seinen Augen zu schlecht war? Und verkommen und schlecht ist sie auch noch heute in vielen Bereichen. Manchmal frage ich mich, ob Kriege nicht sogar eine Art Naturgesetz sind. Die Natur hat sich immer geholfen, wenn etwas aus dem Gleichgewicht geriet. Gibt es zu viele Insekten, gibt es mehr Spinnen und Vögel. Hinzu kommt, daß der Mensch aus der Geschichte nichts lernt.

Ich sage manchmal aus Überzeugung, würde man die Gladiatorenkämpfe morgen in Rom wieder veranstalten, die Reihen wären bis auf den letzten Platz gefüllt, da können Sie sicher sein. Noch begnügt man sich in Ländern wie Spanien, sich daran zu erfreuen, wie ein Stier langsam zu

Tode gequält wird - das gleiche furchtbare Phänomen.

Wo sollen sie also hin, die Menschenmassen der kommenden Generationen? Wird Gott kommen, um sie zu erretten? Es sieht nicht so aus. Gott schweigt. Was passiert, wenn rund sechshundert Millionen Menschen der dritten Welt nach Europa, ins gelobte Land, strömen - was keine Utopie ist? „Wer wird dann den Schießbefehl geben?" fragte der begnadete Kabarettist Hanns Dieter Hüsch einmal. Geht es nach den Ankündigungen der Bibel, so leben wir schon in der Endzeit. Danach Gottes Gericht! Besserwisser und Klugschwätzer helfen uns auch nicht weiter. Sie gehören nicht in die Politik oder ins Management, sondern in die Steinzeit. Es wird geredet, aber nicht gehandelt. »Die Menschheit ist am Ende« lautet ein schonungsloser Bericht von Herbert Gruhl aus dem Jahre 1992. Und er hat recht, nur niemand will es zur Kenntnis nehmen. Unter anderem schreibt er: „Sehr vieles müßte auf die Tagesordnung einer Weltkonferenz kommen: Die tödliche Vermehrung der Menschen. Der absehbare Zusammenbruch ihrer Ernährung und Wasserversorgung. Die Vergiftung von Wasser, Luft und Böden durch Chemikalien bis hin zum Schwinden der schützenden Ozonschicht. Die zunehmende Gefahr der radioaktiven Verseuchung aus Hunderten von Atomanlagen, die auch ohne Atomkrieg schon weite Regionen unbewohnbar gemacht haben. Der Treibhauseffekt der Kohlenoxide mit folgender Veränderung des Klimas und des Weltwasserspiegels. Das Abbrennen und Roden der Wälder in der dritten Welt und ihr Absterben in den Industrieländern. Das Ausrotten und Aussterben der Tiere und Pflanzen, die der

Mensch braucht, denen er aber die Lebensgrundlage entzieht. Die mit unheimlichen Risiken behafteten Genmanipulationen an Pflanzen, Tieren und Menschen. Die schnelle Ausplünderung der Erdvorräte an fossilen Brennstoffen und mineralischen Rohstoffen. Die steigende Abfallbelastung aller Kontinente und Meere und sogar schon des Weltraums." Und weiter warnt Gruhl: „Das Dilemma ist unauflösbar: Sollten sich die Menschen weit und breit zum materiellen Verzicht bekehren, dann würde sich die Beschäftigungslosigkeit sofort vervielfachen. Und jede Regierung, die solches einleitete, würde schnell hinweggefegt werden. Also wird das kein Regierender versuchen, und auch kein Volk wird zu freiwilligen materiellen Einschränkungen bereit sein. Haben Gewerkschaftler jemals für die Erhaltung der Natur gestreikt, um ihren Kindern und Enkeln noch eine Lebenschance zu bewahren? Nein - sie streiken für mehr Geld jetzt und sofort, damit ihre Gefolgschaft noch mehr kaufen und noch mehr wegwerfen kann."

Christen erwarten nun schon seit endloser Zeit die Rettung und Erlösung durch Jesus Christus, der seine Wiederkunft mehrfach vorhersagte. Er sprach auch davon, daß es Zeichen geben werde, die zuvor geschehen müssen. Einige Zeichen habe ich schon beschrieben. Jesus spricht bei Lukas von Zeichen der Natur, von Erdbeben, Hungersnöten und Seuchen. Hungersnöte hat es schon immer gegeben, aber nie in diesem unbeschreiblichen Ausmaß. Auch Erdbeben hat es stets gegeben, aber die traurige Statistik spricht eindeutig von einem dramatischen Anstieg. Auch verbreiten sich Seuchen mit rasender Geschwindigkeit.

Völlig neue, tödliche Krankheiten wie Aids tauchen auf. Ebenso ist BSE eine ernsthafte Bedrohung für die Menschen. Niemand weiß heute mehr, was er eigentlich noch essen darf, *ohne* krank zu werden. Hat Gott uns diese Seuchen geschickt, wie damals die Plagen für den Pharao in Ägypten? Jesus teilt uns weiterhin mit, daß die Völker in der Endzeit in globale Probleme verstrickt sein werden. Auch das trifft eindeutig die momentane Situation. Wird Gott sein Schweigen erst dann brechen, wenn die Wiederkunft Christi unmittelbar bevorsteht? Oder sind wir inzwischen mit unseren täglichen Problemen so sehr beschäftigt, daß wir die Stimme Gottes nicht mehr wahrnehmen können? Viele wollen diese Stimme auch gar nicht hören, und der Satan klopft ihnen bei jeder vermeintlich »tollen« Leistung auf die Schulter und sagt: „Das hast du gut gemacht!" So, wie z.B. bei den Werbern mit ihrer Kruzifix-Anzeige.

Wie sagte Gott bei Wolfgang Borchert: „Ich bin der Gott, an den keiner mehr glaubt." Bei diesem Satz fällt mir die Gottlosigkeit in dieser technologischen, hedonistischen und profitorientierten Welt auf, in der auch noch der Jugendwahn tobt. Nur die reichen Bosse dürfen alt und grau werden. Erfahrung ist kaum noch gefragt, und in den Unternehmen riecht man förmlich die nackte Angst. In den Firmen wird ohne Rücksicht auf Verluste gekämpft. Jeder rennt seiner Karriere hinterher. Ältere Mitarbeiter bleiben oft samt ihren Familien auf der Strecke. Das Tempo ist zu hoch, der Herzinfarkt wartet schon ungeduldig im Vorzimmer. Inzwischen sogar schon bei jungen Menschen.

Anstand und Herzensbildung sind beinahe Fremdwörter geworden und Konsum kommt vor Menschlichkeit.

Wo wir auch hinsehen, das Niveau sinkt. Die TV-Kanäle bekämpfen sich um steigende Einschaltquoten bis aufs Blut. Sie pumpen ihre größtenteils banalen Sendungen mit endlosen Werbeblöcken auf, bis auch dem letzten Endverbraucher nur noch die Flucht in ein anderes Programm bleibt. Ähnlich verhält es sich mit dem Radio und Video-Clips. Leise Töne in Sprache und Musik werden zur Rarität. Etliche TV-Anstalten befriedigen selbst die niedrigsten Instinkte und haben einen Punkt erreicht, der jeder Beschreibung trotzt. Und sie sinken noch tiefer. RTL machte mit »Big Brother« den erbärmlichen Anfang. Niveau ist »out«, und Sendungen zum Thema Ethik, Moral und Christentum bleiben die Ausnahme.

Gewaltbereitschaft, Rechtsradikalismus und Vandalismus gehen einher mit wachsender Orientierungslosigkeit. Gerade bei frustrierten jungen Menschen. Auch hier tut sich ein riesiges Betätigungsfeld für Politiker, Kirchen und für jeden von uns auf.

Ich weiß, alles klingt sehr pessimistisch, aber es macht wenig Sinn, beim Betrachten der Weltsituation fröhlichen Optimismus zu verbreiten. Dafür sind die Dinge zu ernst. Optimismus ist unangebracht - dann schon lieber Zuversicht. Leider wird es noch schlimmer kommen. Und wo bleibt die Nächstenliebe? Auch um die Kranken sollten man sich verstärkt kümmern. Jesus hat es uns bewußt vorgelebt, denn eine Gesellschaft, in der nur der Gesunde etwas zählt, ist krank!

Eines steht wohl fest. Gott greift nicht erkennbar in das Weltgeschehen ein. Man sollte sich der Worte Jesajas (35, 4) erinnern, wo steht: „Saget denen, die zaghaften Herzens sind: Seid stark, fürchtet euch nicht! siehe, euer Gott kommt, Rache kommt, die Vergeltung Gottes! *er selbst kommt* und wird euch retten." Wem es bei diesen bedrohlichen Worten nicht kalt über den Rücken läuft, der muß schon ein dickes Fell haben. Wenn Jesajas Worte eines Tages wahr werden sollten, dann »Gnade uns Gott!« - im wahrsten Sinne des Wortes.

Das ist auch der Grund, warum uns Jesus darauf hingewiesen hat, für diesen Moment stets bereit zu sein. Es kann jede Sekunde geschehen. Dann wird Gott sein Schweigen brechen. Wer möchte dann den gefürchteten Zorn des Allmächtigen zu spüren bekommen? Wir haben ja gelesen, was passiert, wenn der »liebe Gott« nicht mehr lieb, sondern zornig wird. Trotzdem bleibt es befremdlich, daß der himmlische Gott der Liebe uns immer nur bedrohte.

Anders verhält es sich mit den vielen Worten Jesu im Neuen Testament, die sich uns als Lebensregeln und göttliche Weisung anbieten. Besonders sei hier nochmals auf die Worte der Bergpredigt hingewiesen, die auch unter dem Gesichtspunkt der damaligen historischen, politischen und philosophischen Gegebenheiten jeden Rahmen menschlichen Denkens sprengten und bis heute deutlich auf die göttliche Inspiration verweisen, die Jesus ja selbst häufig erwähnt hat. Seine Worte klingen in jeder Hinsicht schlau und vorbildlich. Da sie nicht sehr lange nach dem Abtreten Jesu von der irdischen Bühne aufgeschrieben wurden, kann man wohl davon ausgehen, daß diese Worte tatsächlich (zumindest zum größten Teil) auch den Tatsachen entsprechend eingestuft werden können. Aber auch hier braucht man seinen Glauben. Es gibt immer mehr sog. Experten, die heute davon ausgehen, daß die berühmte Bergpredigt nie stattgefunden hat und es sich nur um eine Zusammenfassung einzelner Worte Jesu handele. Auch wieder solch eine unsinnige, rein spekulative Meinung mancher moderner Theologen, die inzwischen in jeder Hinsicht versuchen, die Bibel umzudeuten und neu zu schreiben. Da die historischen Beweise leider fehlen, kann man, was die Glaubwürdigkeit betrifft, nicht oft genug auf die vielen Prophetien verweisen, die sich alle erfüllt haben, egal, ob es sich um Vorhersagen aus dem Alten oder Neuen Testament handelt. Wie bereits belegt, haben sich diese Prophetien bis in die Gegenwart alle erfüllt. Eine beweiskräftige Tatsache, mit der keine Religion der Welt aufwarten kann. Einige Erfüllungen stehen noch aus, die vor allem die Endzeit und das Gericht Gottes betreffen. Die Bibel ist zum Teil ohnehin als eine Art Geschichtsbuch zu verstehen, dafür gibt es unzählige Hinweise und Erkenntnisse - auch aus der Archäologie. Auch die Bergpredigt hat es gegeben, davon bin ich überzeugt, obwohl ich es nicht beweisen kann, aber die eingehende Auseinandersetzung mit dieser Materie macht aus einem Gefühl Gewißheit.

VIII

KANN MAN TROTZDEM GLAUBEN?

Man kann! Glaube ist Halt, Orientierung und Zuversicht. Ein ewiger Bestseller ist das Buch »Sorge dich nicht - lebe!«. Dieser durchaus sinnvolle Gedanke ist nicht neu. In Matthäus 6, 34 verkündet Jesus Christus diesen Gedanken mit seinen Worten:

„So seid nun nicht besorgt auf den morgenden Tag, denn der morgende Tag wird für sich selbst sorgen. Jeder Tag hat an seinem Uebel genug."

Jesus sagt uns damit, daß wir in der Gegenwart leben sollen. Wer sich ständig Sorgen und Gedanken über die Zukunft macht, wird krank. Dieser Satz von Jesus Christus ist ein schlauer, heilender Gedanke mit einem nicht zu unterschätzenden therapeutischen Aspekt. Mit dieser Einstellung kommt man besser durch die Schwierigkeiten des Lebens.

Dieses Buch will Ihren Glauben keinesfalls in Frage stellen, aber durch die vielen umstrittenen Themen soll es aufrütteln, damit das Christentum aus seiner Erstarrung und Lethargie erwacht. Was fehlt, ist eine Kehrtwende und eine Auseinandersetzung mit den Worten der Bibel. Wer die Bibel zur Hand nimmt, sollte die umstrittenen Stellen nicht verdrängen, sondern sich ihnen bewußt stellen, auch wenn es vielen Menschen schwerfällt. Nur die gesamte Bibel *mit* all ihren Ungereimtheiten führt zu Erkenntnis. Unterschlagungen und Beschönigungen bringen uns nicht weiter.

Wie die unzähligen Widersprüche und Rätsel in diesem Buch belegen, kann die Bibel *nicht* ausschließlich das Wort Gottes von der ersten bis zur letzten Zeile sein. Menschen haben in alten Zeiten durch Gottes Inspiration die Begebenheiten aus ihrer damaligen Sicht niedergeschrieben. Dabei *sind* Fehler entstanden (keine Fehler Gottes!), was hier belegt wurde und nicht so tragisch ist, wie manche Christen meinen. Hinzu kommt, daß die junge Kirche etliche Texte auch noch manipuliert hat. Was jedoch zählt, ist, daß die Bibel *das* Buch ist, das der Menschheit die optimale Form menschlichen Zusammenlebens aufzeigt. Jesus sagte, „Ein jeder nehme sein Kreuz auf und folge mir nach." Aber nur wenige Menschen können diese Aufforderung erfüllen. Jesus war der Sohn Gottes und mit übernatürlichen Fähigkeiten ausgestattet. Seine Lehren sollten wir uns allerdings verinnerlichen, denn nur so kann ein vernünftiges Miteinander in dieser Welt entstehen.

Ich befürchte nur, daß die Menschheit zu egoistisch und zu beschränkt ist, um in ihrer unbeholfenen Betrachtungsweise der Probleme den Weg in die richtige Richtung einzuschlagen.

Gerade weil die Bibel ein in vieler Hinsicht umstrittenes Buch ist, ist es auch so interessant. Die Beschäftigung mit diesen kritischen Stellen zeigt, daß die Bibel ein lebendiges, von Menschen niedergeschriebenes Buch ist. Man kann nur an die Lehre von der Liebe glauben, die in ihrer Größe einzigartig ist. Wenn man diesen Halt nicht besitzt, hat man auch sonst im Leben keine Orientierung. Natürlich können einem bei manchen in diesem Buch geschilderten Theorien gewisse Zweifel kommen. Es wäre wohl auch nicht normal, wenn dies nicht so wäre. Natürlich gibt es auch nicht für alle Rätsel eine Patentlösung, denn dafür sind einige Texte des Alten Testaments zu unverständlich. Hier ist auch der Leser gefordert, sich seinen eigenen Reim zu machen.

Da ist z.B. der furchterregende, Rache und Schrecken verbreitende Jehova des Alten Testaments, dessen Absichten und Anordnungen man aus heutiger Sicht nur schwerlich folgen kann. Diese furchterregende Gottesgestalt irritiert auch weiterhin. Auch verschiedene Phänomene wie die »Himmelswagen«, oder UFOs sind bemerkenswert. Oder die geheimnisvollen *Söhne Gottes*, die die schönsten Menschenfrauen schwängerten, geben zu denken. Natürlich sind auch einige der Auferstehungstheorien, die von einem Jesus sprechen, der den Kreuzigungstod überlebt haben soll, angetan, viele Menschen nachdenklich zu stimmen, obwohl diese Theorien in keinerlei Hinsicht beweisbar sind. Auch der angebliche Tod Jesu in Indien gibt zu denken. Oder was hat es mit den Zeichen und Erscheinungen wie in Fatima auf sich? Was ist von den ungewöhnlichen Begebenheiten auf dem Mars zu halten? Die Fragen sind da, und mit Antworten tut man sich schwer.

Der gesamte evangelistische und historische Hintergrund sowie die Lehren und bezeugten Wunder Jesu belegen, daß auf Erden in alter und neuer Zeit zweifellos unglaubliche Dinge geschehen sind, die sich jedem Erklärungsversuch entziehen. Es sind vor allem die Worte und Taten sowie die Haltung des Mannes aus Nazareth, die auch mich persönlich in ihrer Einzigartigkeit überzeugen. Diese Lehren sind gute

Gründe, Jesus Christus zu glauben und ihm zu folgen. Was Jesus Christus in knapp drei Jahren als Erwachsener auf Erden vollbrachte, ist so einmalig, daß es noch nach zeitausend Jahren Gültigkeit für die gesamte Menschheit hat. Die Worte des Mannes aus Nazareth werden auch für alle Zukunft zweifellos aktuell bleiben.

Schauen Sie sich in einer sternklaren Nacht das Firmament mit seinen Miriaden von Galaxien, Sonnen und Planeten an. Ein Wesen, das dies alles kreiert hat, ist für uns eine so unvorstellbare Größe, daß wir sie niemals ermessen können. Schon die Vorstellung, daß Gott aus dem Nichts Materie erschafft, ist gewaltig und Ehrfurcht gebietend. Keinem noch so begnadeten Wissenschaftler wird das je gelingen.

Die Wege Gottes sind nicht unsere Wege, das sagt die Bibel uns unmißverständlich. Wir werden wohl auch niemals alle Gedanken, Vorstellungen und Pläne Gottes begreifen - zumindest nicht auf Erden. Weder sein Schweigen, seinen Umgang mit den Hebräern, noch z.B. seine Probleme mit der Homosexualität, die laut Bibel auch verworfen wird (Römer 1, 26-28). Nicht, daß ich die Homosexualität befürworte, aber der Grund der Ablehnung ist mir doch sehr schleierhaft, da Gott diese Menschen mit all ihren Veranlagungen doch wohl erschaffen hat. Es sind wohl Menschen in falschen Körpern.

Es ist durchaus möglich, daß ich mich in den Augen mancher Christen an einigen Stellen dieses Buches etwas zu weit aus dem Fenster gelehnt habe, aber damit kann ich leben. Wer nach Antworten sucht kommt auch mal ins Stolpern. Habe ich hier in Gottes Augen gesündigt, möge mir die himmlische Allmacht vergeben.

Der Drahtseilakt zwischen Wissen, Forschung und Glauben ist ohnehin schon schwer genug. Es gibt einen Satz von Napoleon, der genau den Punkt trifft: *„Die Leute glauben alles, es darf nur nicht in der Bibel stehen"*. Wie wahr, kann man da nur sagen, wenn man sich in unserer alltäglichen Welt - vor allem in der Welt der Medien umsieht: Dekadenz und oberflächiger Körperkult in beinahe sämtlichen Bereichen. Viele Dinge, die man hier den Menschen auftischt, glauben sie kritiklos, aber wehe, man kommt ihnen mit der Bibel oder dem Christentum, da wenden sich viele Mitbürger verächtlich ab, was nicht zu verstehen ist. In dieser so »großartigen« Welt ist kein Platz mehr für Gott. Wie sagte ein Bekannter neulich: „...das sind doch alles nur alte Märchen." Er ist sich da anscheinend völlig sicher, obwohl er noch nie in seinem Leben die Bibel gelesen oder sich mit der Materie auseinandergesetzt hat.

Sollte ich gläubige Menschen bei der Suche nach Antworten auf unbequeme Fragen verletzt haben, so bitte ich um Verständnis. Bei den Themen dieses Buches bleiben Konflikte nicht aus - und das ist gut so. Auch wenn ich mit einigen Ansichten der Kirchen nicht übereinstimme, so ist mir natürlich klar, daß es hier viele Menschen gibt, die selbstlos den Ärmsten dieser Welt helfen. Von diesen Menschen können wir uns noch eine Scheibe abschneiden - was natürlich ebenso für mich gilt.

Zu den genannten Gründen kam noch ein weiterer Punkt hinzu, warum ich dieses Buch geschrieben habe. Es war der Umstand, daß mein Herz nicht annehmen konnte, was der Verstand ablehnte oder in Frage stellte. Es gibt eben zu viele

Ungereimtheiten, die mir keine Ruhe ließen. Inzwischen kann ich jedoch mit diesem Problem offen und gelassen umgehen. Die Fakten liegen nun auf dem Tisch, und der Glaube ist nicht nur geblieben, er hat sich durch die intensive Beschäftigung mit den Themen dieses Buches noch gefestigt, da ein besseres Verstehen für die Zeit entstanden ist, in der all die phantastischen Dinge geschehen sind. Ich kann zum Beispiel jetzt die Leiden der Kinder Israels wesentlich besser nachvollziehen. Der Einblick in die alten Texte läßt die Vergangenheit wieder aufleben. Nein, es ist nicht so, wie manche »patentierte« Christen denken - man kann die Widersprüche und Rätsel der Bibel akzeptieren und *trotzdem* vor allem die neutestamentarische Lehre der Bibel und die großartigen Worten Jesu annehmen.

Ich habe anhand von Bibelzitaten ausführlich den gefürchteten Gott des Zorns und der Rache geschildert. Ein Gott, der seinem Volk unzählige Dinge abverlangte, vermutlich bis hin zu Menschenopfern. Ein Gott, der Prunk und Verherrlichung verlangte und stets bekam. Die Kinder Israels hatten nur eine Chance auf Frieden mit ihrem Gott, indem sie sein Verlangen nach Gold, Kleidungs-, Opferungs- und Anbetungsvorschriften erfüllten. Jesus Christus redete hingegen von dem himmlischen Vater der Liebe, aber es gibt einige Textstellen, wo Jesus Christus uns klar macht, mit wem wir es da zu tun haben: *„Nicht fürchten sollt ihr euch vor denen, die den Leib töten und darüber euch nichts mehr antun können. Ich will euch zeigen, wen ihr fürchten sollt: Fürchtet Den, der über den Tod hinaus Macht hat, in die Hölle zu werfen..."* Und als wenn diese Drohung nicht schon beängstigend genug wäre, fügt Jesus noch folgenden Nachsatz an, der einen erschaudern läßt: „*Ja, ich sage euch, Den fürchtet!*". Hier lesen wir mal wieder, daß wir den Zorn des Allmächtigen besser nicht erregen sollten, also eine deutliche und ernste Warnung, die wir nicht auf die leichte Schulter nehmen sollten - ob es uns paßt oder nicht. Also beruht der Glaube im Grunde in vieler Hinsicht auf Drohungen. Glauben wir also auch aus Angst, was auch für andere Religionen gilt? Wenn du dies und das nicht tust und glaubst, dann kommst du nicht in den Himmel. Damit muß man sich abfinden und jeder muß sich entscheiden - für oder gegen diesen Glauben. Auf der anderen Seite spricht Jesus von dem Gott der Liebe - ein Widerspruch? Für viele Menschen ist der Gott des Alten Testaments eindeutig kein *erkennbarer* Gott der Liebe, denn er regierte stets mit ungemeiner Härte. Das Alte Testament ist blutdurchtränkt mit den Opfern und Kriegen Jehovas. Da helfen auch keine beschönigenden Reden, wenn wir davon ausgehen, daß die alten Texte den Tatsachen entsprechen. Oder wie erklären wir uns, daß der Gott des Alten Testaments, eine allmächtige, kosmische Macht, sich mit etlichen Kleidervorschriften, Opfergaben, Mengen an Gold bei seiner Priesterschaft abgibt? Glauben Sie, daß ein Gott das wirklich interessiert? Nicht nur ich habe da so meine Zweifel.

Auch wenn man sich den Kontakt zwischen Gott und Satan (wie im Buch Hiob) sowie die vielen Marienerscheinungen, Sonnenwunder und UFO-Sichtungen vor Augen führt, so beschleicht einen das unangenehme Gefühl, daß

wir vom Alten Testament bis heute manipuliert und observiert werden. Ein beängstigender Gedanke. Auch fragt man
sich, warum ging es Gott meist nur um das Volk der Juden?
Warum wurden gerade im Alten Testament andere Völker
und Kulturen von Gott völlig ausgeklammert? Selbst Gottes
Erstes Gebot bezieht sich auf die Juden, denn er sagt klar
(2. Mose 20, 1-3): „Ich bin Jehova, dein Gott, der ich dich
(also die Juden - D.A.) herausgeführt habe *aus dem Lande
Aegypten*, aus dem Hause der Knechtschaft. Du sollst keine anderen Götter haben neben mir..." Wir gehen heute einfach davon aus, daß dieses Gebot auch für uns gilt, aber ursprünglich war es eindeutig für das auserwählte Volk gedacht, dem Gott tatsächlich zur Freiheit verholfen hat.
Dafür mußte dieses Volk, wie schon geschildert, nach der
ägyptischen Unterdrückung etliche andere Auflagen
Jehovas erdulden, und sie lebten nun nicht mehr in Angst
vor dem Pharao, sondern vor ihrem eigenen Gott, der sie
doch von dieser permanenten Angst befreien wollte!

Auch am Ende dieses Buches bleiben viele Fragen unbeantwortet, aber die Bibel und Jesus Christus versichern uns,
daß Gott uns liebt - auch wenn Gott sicher noch immer
streng auf das Übertreten seiner Gesetze und Gebote wacht.
Der Widerspruch zwischen dem Gott des Zorns und dem
neutestamentarischen Gottes der Liebe, den uns Jesus Christus
so oft und voller Überzeugungskraft schildert, kann eigentlich nur dadurch aufgelöst werden, daß Gott mit dem
Erscheinen Jesu eine neue Epoche mit einem erneuerten
Verhältnis zu den Menschen eingeleitet und damit der Liebe
ein breiteres Spektrum eingeräumt hat. Das ist ein guter

Grund, auf die Liebe und Nächstenliebe, die Jesus von Nazareth verkündet und vorgelebt hat, zu setzen - auch wenn sie von Mitmenschen nicht immer erwidert wird.

Es würde mich auch aufrichtig freuen, wenn dieses Buch Ihnen neue Erkenntnisse und Sichtweisen vermitteln konnte. Vor allem würde ich mich aber freuen, wenn dieses Buch konstruktive, emotionslose und sachliche Diskussionen unter Atheisten, Christen und noch »Wankelmütigen« entfacht.

Wären viele Christen in unserer Zeit offener, dann käme wieder frischer Wind in die verkrustete und eingefahrene Welt des Glaubens. Wie auch immer, hinter dem aufgezeigten Gottesbild kann es wohl einen Gott geben, der uns trotz unserer Unzulänglichkeiten mag oder sogar liebt. Versuchen wir also den Gott der Liebe zu suchen und zu finden, der seinen Sohn für uns bis ans Kreuz lieferte. Dafür sollten wir ihm danken, wenn uns dadurch und durch den Glauben an die Auferstehung Jesu ein herrliches Leben nach dem Tod verheißen wird. Wie sagt man? «Wer glaubt wird seelig!» Nach der Bibel können wir nur so dem Tod gelassen ins Gesicht sehen. Er ist also der Anfang und nicht das Ende! Ob es nicht eine einfachere Lösung, als die Kreuzigung gegeben hätte, ist eine andere Frage.

Auch im täglichen Leben liegt es in unserer Hand, uns als gute Christen zu bewähren. Wenn ein Gescheiteter auf der Staße liegt, sollten wir nicht achtlos an ihm vorbeigehen, sondern helfen, ihn in jeder Hinsicht aufzurichten. Helfen wir Menschen in Not und der ständig wachsenen Zahl all jener, die in dieser erbarmungslosen Welt nicht schritthalten können. Das sind auch die Gedanken des Mannes aus

Nazareth, denen ich nur beipflichten kann, auch wenn unser Wissen lückenhaft ist.

Albert Einstein sagte: „Wenn ich in den Grübeleien eines langen Lebens etwas gelernt habe, so ist es dies, daß wir von einer tiefen Einsicht in die elementaren Vorgänge viel weiter entfernt sind, als die meisten Zeitgenossen glauben."

Noch ein Rat - meiden Sie auf dem Weg zum christlichen Glauben alle Extreme. Egal, ob sie durch eine Kirche, Sekte oder christliche Versammlung in Ihr Leben treten. Werden in einer christlichen Versammlung Themen, wie wir sie in diesem Buch finden, zum absoluten Tabu erklärt, so halten Sie Abstand, denn solche Leute sind nicht offen und häufig zu tief in ihrem Glauben festgefahren, um noch halbwegs objektiv die Sachverhalte beurteilen zu können. Bleiben Sie immer Sie selbst und lassen Sie sich von nichts und niemandem unterdrücken - und suchen Sie Gleichgesinnte. Halten wir es einfach mit dem Satz von Jesus Christus: *„Denn wo zwei oder drei in meinem Namen versammelt sind, da bin ich in ihrer Mitte."*

Jesus sagte auch: *„Kommt, folget mir nach, und ich werde euch zu Menschenfischern machen."* Achten Sie im Straßenverkehr doch mal auf einen Autoaufkleber, der einen stilisierten Fisch darstellt. Das Auto gehört keinem Ichthyologen, sondern einem bekennenden Christen, denn die ersten verfolgten Christen benutzten dieses griechische Fischsymbol als geheimes Erkennungszeichen. Auch sieht man auf den Straßen manchmal ein Autokennzeichen mit der Zahl 666. Die Bibel sagt uns klar, daß dies die Zahl und das Erkennungszeichen Satans ist.

Trotz aller Widersprüche hoffe ich, daß die Schlauheit und Größe der Worte Jesu Sie überzeugen, sofern Sie noch kein Christ sind. Und wenn der Tod dann eines Tages vor Ihnen steht, dann ist er nicht der Sieger, sondern ein guter, alter Freund und Wegbegleiter. Wie lautet das Geheimnis in 1 Korinther 15, 51: „Wir werden zwar nicht alle entschlafen, wir werden aber alle *verwandelt* werden, in einem Nu..." Wer sich mit Nahtoderlebnissen beschäftigt, wird in diesem Punkt bestätigt.

Wesentlich ist allerdings, daß wir für diesen spannenden Moment auch gerüstet sind. Auch hier ist der Glaube ein äußerst hilfreicher Freund. Viele Menschen leben, als würde dieser letzte Schritt nie kommen. Verdrängung ist immer der falsche Weg. Auch bei den Themen dieses Buches. Die Werbung zeigt es uns täglich - der Mensch ist jung, gesund, erfolgreich, dynamisch und scheinbar unsterblich. Das Leben spielt sich vermehrt im Internet ab, und Nächstenliebe ist in weite Ferne gerückt. Ein verzerrtes Weltbild - und etliche Menschen glauben daran, vor allem, wenn sie noch jung sind. Aber das Leben steht diametral zu dieser »schönen«, neuen Scheinwelt, die uns auch die Medien ständig vorgaukeln. Selbst mit der Musik geht es deutlich bergab.

Wer an die Auferstehung Jesu glaubt, hat auch Hoffnung im Tod. Etwa fünfhundert Menschen haben den auferstandenen Jesus gesehen. Zu jener Zeit gab es noch eine Menge Menschen, die ihre Erlebnisse mit Jesus bezeugen konnten - so schreibt es Paulus in 1. Korinther 15. Warum sollte man das bezweifeln?

Unzählige biblische Prophezeiungen sind bereits in

Erfüllung gegangen. Alles ist so eingetroffen, wie es Gott in der Bibel offenbart hat. *Keine einzige Prophezeiung in der gesamten Bibel hat sich im nachhinein als falsch erwiesen!* Das ist auch ein einzigartiges Phänomen und ein weiterer Beweis, daß die Bibel alles andere als ein Märchenbuch ist. Leider können wir hier nicht alle Aspekte auflisten.

Ich meine, trotz verschiedener, in diesem Buch aufgedeckten Ungereimtheiten, sollten wir zumindest an die göttliche Lehre und die Weisheiten der Bibel glauben. Gott selbst wird für uns immer ein Mysterium bleiben. Gott mag gerecht sein, zeigt aber unerbittliche Härte gegen jene, die seine Gebote mit Füßen treten. Wieviel Liebe uns Gott letztendlich entgegenbringt, ist schwer zu sagen. Gott ist eine unbekannte Größe und wird es vermutlich immer bleiben.

Trotzdem hat jeder Christ - auch ich - den Auftrag, die Botschaft Jesu ungeachtet vieler Ungereimtheiten unter die Menschen zu bringen. Das erklärt auch so manch eindringlichen Apell in diesem letzten Kapitel des Buches.

Natürlich wird es erzkonservative Katholiken und eingeschworene Mitglieder christlicher Versammlungen geben, die mich nach meinen Ausführungen am liebsten samt diesem Buch in der Luft zerreißen würden, sofern sie es mit dem Satz „Liebe deinen Nächsten!" nicht so genau nehmen und mich kaum als Christen akzeptieren. Auch wird es Leser geben, die dieses Buch schon nach wenigen Kapiteln aus der Hand legen, weil sie Angst haben, über Dinge nachdenken zu müssen, die sie bislang verdrängt oder nicht gewußt haben. Dessen war ich mir bei der Aufarbeitung der vielen Themenbereiche durchaus bewußt. Ich verstehe auf der anderen Seite, daß für Menschen, die lange Zeit ihren Glauben nach einem bedingugslosen Doktrinarismus gelebt haben, kein Raum für alternative Betrachtungsweisen mehr bleibt.

Auch der »gottgewollte« Verehrungskult der Kirchen mit all seinen Ritualen, die nicht in der Bibel stehen, treibt unglaubliche Blüten - und das nicht nur im Christentum. Was soll der ganze religiöse Zirkus? Warum diese ständige Selbstabwertung der Gläubigen? Unzählige Christen rutschen sich auf Knien die Haut blutig, küssen von Menschen gefertigte Madonnen- und Heiligenfiguren und beichten ihre Sünden und ein Kirchenmann vergibt sie ihnen auch noch. Woher nimmt vor allem die katholische Kirche mit all ihrem Prunk und Pomp sich dieses Recht heraus? Angeblich »göttliche« Marienerscheinungen werden nicht sinnvoll hinterfragt und zu religiösen Kultstätten, an denen Maria mehr als ihr Sohn angebetet wird. Wie kann die Kirche sich anmaßen, Menschen heilig zu sprechen? Wie kann ein Erdenbürger wie der Papst von sich behaupten, er wäre unfehlbar und Stellvertreter Gottes auf Erden? Wo steht das alles geschrieben? In der Bibel? Nein! Hier treiben größtenteils religiöser Fanatismus, gedankenloser Glaubensgehorsam und vor allem die Kirchen selbst ein böses Spiel. So hat Christus sich seine Kirche nie vorgestellt! Auch läuft ein Teil der Christen mit Schuldkomplexen durch die Welt, weil sie fälschlicherweise an einen unterdrückerischen und beängstigenden Gott glauben - eine völlig verzerrte Sichtweise der Dinge. Ich verehre nicht den Gott der

Bedrohung, sondern den Gott der Liebe! All diese Auswüchse hat ein allmächtiges, göttliches Wesen weder nötig noch gewollt. Wie bei den Marienerscheinungen könnte auch Satan hier sein verdecktes Spiel treiben. Die Bibel selbst warnt uns davor. Er kann jede Gestalt annehmen und selbst Gläubige täuschen. Er kann sich auch in einen »Engel des Lichts verwandeln«. Selbst Hiob dachte, er würde nur von Gott gestraft. Er konnte natürlich nicht ahnen, *daß Gott mit Satan gemeinsame Sache machte!*

Hinzu kommt, daß sich alle Anweisungen, Maßregelungen und unerklärbaren Verhaltensweisen Jehovas im Alten Testament praktisch ausschließlich auf das Volk Israel zu beziehen scheinen - warum auch immer. Ob das auch wirklich der Fall ist, ist eine andere Frage, aber zumindest hat es oftmals diesen Anschein bei der Betrachtung der alten Texte. Wir können viele Dinge nicht erklären und manchmal weiß man auch nicht, wann der Satan seine Hände im Spiel hat, aber ich habe den starken Eindruck, daß gerade im Alten Testament eine ganze Menge an erklärenden Informationen verschwiegen werden. Aber egal, für wen das Alte Testament geschrieben wurde, es enthält unzählige Weisheiten, die für jeden Menschen von Bedeutung sind. Anders begegnet uns Gott im Neuen Testament. Hier hören wir Gott fast nur durch seinen Sohn Jesus Christus sprechen. Man hat das Gefühl, daß die Worte des Herrn auch für die gesamte Menschheit und damit für jeden für uns gedacht sind und nicht »nur« für die alten Hebräer. Gott scheint uns seit dem Neuen Testament anders zu betrachten. Hoffen wir, daß dies auch so zutrifft.

Wie man feststellt, ist gerade im Neuen Testament stets vom Gott der Liebe die Rede und nicht vom gefürchteten Gott der Rache, auch wenn Jesus uns vor dem Zorn seines himmlischen Vaters deutlich warnt. Wieder eine Drohung, die Gläubige zu akzeptieren haben, wenn sie als Christen leben und sterben wollen.

Hier wird auch weder der Jude, noch ein Mensch eines anderen Volkes zu Krieg und Gewalt aufgefordert (siehe die Bücher Mose). Und das Neue Testament macht es uns leichter, als viele Atheisten meinen. Man braucht nur an das Opfer Christi zu glauben, dann hat man keinen Zorn zu fürchten - ganz im Gegenteil, sagt die Bibel - wir werden dafür noch belohnt. Allerdings erst *nach* dem Tod. *Wer ohne Glauben lebt, stirbt ohne Hoffnung*, besagt ein schlaues Wort. Dem kann man zustimmen. Wer möchte auf dem Sterbebett liegen und sich fragen, jetzt ist alles vorbei?

Neulich kam ich an einer evangelischen Kirche vorbei und hörte laute, fröhliche Musik, Lachen und einen lauten Gesang. Als ich neugierig die Kirche betrat, sah ich, daß hier Schwarz-Amerikaner einen Gottesdienst feierten. Man sah nur glückliche, strahlende Gesichter und tanzende Leute. Ich war stark beeindruckt von diesen Menschen. Da wurde mir erst bewußt, wie unendlich traurig und schwermütig unser Verhältnis zu Gott in unseren Breitengraden ist. Warum wird in unseren todernsten Gottesdiensten nicht gelacht, wenn doch der Erlösungsgedanke ein einziger Grund zur Freude ist? Dann kam mir die Bibel in den Sinn, und mir wurde bewußt, daß es in diesem ganzen dicken Buch auch nicht die geringste Spur von Frohsinn gibt. Ich habe mich sogar insgeheim ernsthaft gefragt, ob Jesus auch nur einmal in seinem kurzen Erdenleben gelacht hat - zumindest in den Zeiten, wo ihm noch keine Gefahr drohte. Hat keiner der Jünger sich jemals einen Scherz erlaubt, als man oftmals bei Wein zu Tische lag? Ich weiß, ich weiß - es »ziemt« sich nicht für einen Christen, sich solche Gedanken zu machen, aber sie waren einfach plötzlich da.

Viele Menschen haben im Verlauf der Geschichte versucht, die Bibel zu widerlegen. Es ist bis heute niemandem gelungen, und es wird auch niemandem gelingen. Kein Mensch hat die Gegenbeweise, um die Aussagen der Bibel zu wiederlegen. Weder konnte die Evolutionstheorie die Schöpfung als Märchen entlarven noch kann die Wissenschaft belegen, daß es *keine* weltweite Sintflut gab. Im Gegenteil. Je tiefer die Wissenschaftler in die Unendlichkeit des Alls Einblick bekommen, je mehr müssen sie aus einer überwältigenden Ehrfurcht vor dieser Schöpfung erkennen, wie wenig sie tatsächlich wissen. Selbst Einstein hatte das schon erkannt.

Intellekt, Philosophie und Verstand stoßen oftmals an ihre Grenzen, und die Trennung zwischen Wissen und Glauben bleibt ein Problem. Die moderne Theologie führt meist nur in eine Sackgasse und sägt vorsätzlich an den Grundfesten des Glaubens, den die Bibel lehrt, und zeigt immer deutlicher atheistische Züge. Ein sehr bedenklicher Trend. Der wahre Gläubige ist der Anwalt des Christentums, und sein Gesetzbuch ist das neue Testament. So kann man gerade in Glaubensfragen schon wesentlich sicherer auftreten. Wer die Widersprüche, Ungereimtheiten und Rätsel der Heiligen

Schrift akzeptiert und sich ungeachtet dessen der biblischen Lehre von der Liebe zuwendet, wie Jesus Christus sie uns im Auftrag Gottes vorgelebt hat, der ist nach meiner Überzeugung auf dem richtigen Weg. Diesen Weg geht niemand allein. Rund zwei Milliarden Menschen, also über ein Drittel der Weltbevölkerung glauben an die Lehren des Mannes aus Nazareth, und das Kreuz ist ihr Zeichen. Ich weise nochmals darauf hin, daß ich in diesem Buch nicht davon ausgehe, daß Gott die Unwahrheit sagt - Gott lügt nicht, das liegt nicht in seiner Natur! Was befremdlich klingt, sind manche von Menschenhand aufgeschriebene Textpassagen. Ich schließe auch keinesfalls aus, mich an manchen Stellen geirrt zu haben, denn auch ich bin nur ein Mensch mit Fehlern. Erschwerend ist vor allem, daß die gesamte Bibel nicht immer leicht zu verstehen ist. Gerade dieses Buch müßte doch in einem Text verfaßt sein, den selbst der einfachste »Hinterwäldler« mühelos verstehen kann. Warum ist das Gegenteil der Fall? Warum macht es uns die Bibel so schwer?

Was soll man also dem Leser im letzten Kapitel dieses Buches raten? Wer schon in einem gefestigten Glauben steht, der hat keine Ratschläge nötig, außer vielleicht den Hinweis, sich etwas offener mit den Texten der Bibel zu beschäftigen und »bestimmte Stellen« nicht bewußt zu übergehen oder zu verdrängen. Wer noch auf der Suche ist und sich nicht entscheiden kann, dem kann man, wie bereits gesagt, nur die Worte Jesu ans Herz legen, um ihm eine hilfreiche Lebensorientierung und eine Zuversicht auf ein besseres Leben nach dem Tod zu vermitteln - ein Schritt, der sich lohnt. Wer nicht glaubt, sollte sich trotzdem endlich mal die Zeit nehmen, sich intensiv mit den Lehren des Neuen Tesaments auseinanderzusetzen. Trotz der Widersprüche ergeben die Evangelien als Ganzes doch ein recht klares Bild von den damaligen Geschehnissen ab. Es gibt in Ihrem Leben Dinge, die haben einen größeren Stellenwert, als Karriere, Geld und oberflächliches Vergnügen. Hier geht es um Sie und wie Sie ethisch sauber durch ein Leben gehen, das nun einen Sinn erhält, für den es sich auch zu leben und zu sterben lohnt. Wen der »göttliche Funke« erreicht, dem wird ein Licht aufgehen, und er wird einen neuen Weg einschlagen, wie ihn keine andere Lehre dieser Welt vermitteln kann - auch keine fernöstliche Philosophie.

Trotzdem bleibt am Ende dieses Buches für viele Leser die Frage: Was soll man denn nun glauben? Die Frage ist völlig berechtigt. Mein primäres Anliegen habe ich schon in der Einleitung beschrieben. Es soll »reiner Tisch« gemacht werden. Schluß mit den vielen Lügen der Kirche und der Scheinheiligkeit. Die Bibel ist ein großartiges, wegweisendes Werk, aber es gibt eine Vielzahl von Ungereimtheiten, die etliche Menschen leugnen, oder verdrängen. Darum dieses Buch. All diese unbequemen Dinge mußten endlich mal in einem Buch in allgemeinverständlicher Form zusammengefaßt werden, damit es jeder, der kritische Fragen zur Bibel hat, nachschlagen kann und klare Informationen erhält. Diese Dinge gehören nicht verdrängt oder uminterpretiert, sondern sind Bestandteil der Bibel! Da sie jedoch nur einen verhältnismäßig kleinen Teil einnehmen, kann man den Aussagen Jesu trotzdem bedenkenlos folgen. Auch hier verweise ich nochmals auf die umwälzenden Worte der Weltgeschichte - die Bergpredigt. Wir sind Sünder, das wissen wir, aber machen Sie mal einen Test - versuchen Sie nur eine Woche nach den Worten der Bergpredigt zu leben. Sie werden sich vermutlich schwer wundern.

Hinzu kommt, daß viele Widersprüche und Fehler durch die frühen Übersetzungen entstanden, die ohne Computer, mühselig mit der Hand geschrieben wurden. Da die frühen Texte aus dem hebräischen Schriftgut auch noch zunächst in die griechische Sprache übersetzt wurden, entstanden weitere Fehler. So wurden manche Wörter und Formulierungen der Urtexte in den Übersetzungen und Abschriften aus Unkenntnis falsch interpretiert. Bibelforscher wissen das schon lange. Dann kommen noch die Sünden der frühen Kirche hinzu, und wir haben eine Bibel, die nicht immer dem Original entsprechen kann. Am besten eignet sich das vorliegende Buch für festgefahrene Christen, welche die gesamte Bibel als völlig »fehlerloses Werk« betrachten.

Jesus von Nazareth ist der Mann, dem Sie folgen können, ohne enttäuscht zu werden. Er war kein Geisteskranker, wie manche meinen, sonst hätte er die ständige Behauptung der göttlichen Herkunft nicht durch Wunder unter Beweis stellen können. Und nur, weil er Wunder vollbracht hat, sind die Jünger und andere Menschen ihm gefolgt. Er war für sie der ersehnte Messias. Wäre Jesus ein Verrückter gewesen, wäre ihm also niemand gefolgt, und er hätte nicht eine Weltanschauung und Ethik ins Leben rufen können, an die noch heute nach zweitausend Jahren rund ein Drittel der Menschheit glaubt. Wäre er nicht wirklich göttlichen Ursprungs gewesen, wäre er in der Versenkung verschwunden, und die Weltgeschichte hätte nie von ihm erfahren. Soviel ist sicher. Wie Sie mit den Fehlern und Widersprüchen der Bibel umgehen ist Ihre Sache, da kann ich Ihnen höchstens einen guten Rat geben - machen Sie es einfach wie ich. Ich habe Ihnen meinen Weg erklärt, ich nehme die Dinge schlicht zur Kenntnis und glaube erst recht an die Botschaft von der Liebe.

Da von dem Gott der Liebe die Rede war, möchte ich Ihnen am Ende dieses Buches gerne ein Wort mit auf den nicht immer leichten Lebensweg geben. Mit der Zuversicht, daß es auch stimmt, scheint es mir als Schlußwort bestens geeignet:

Gott liebt uns nicht deshalb, weil wir so wertvoll sind.
Aber wir sind so wertvoll, weil Gott uns liebt.

Danksagung

Ich bedanke mich herzlich bei Professoren
und Doktoren verschiedener Fakultäten,
Exegeten bzw. Theologen, sowie bei all den anderen
Gesprächspartnern für ihre aufschlußreichen
Ansichten, Meinungen und ihre
konstruktive Kritik und ich danke meiner
Frau Elke für ihre Geduld.

Ich danke Frau Schmelzer, deren Korrekturen
dem Buch den letzten Schliff gaben, und die mich mit
ihrem freundlichen Wesen motiviere. Weiterhin gilt
mein Dank meinem Lektor, Herrn Lindwurm, der mir
noch so manchen guten Rat gegeben hat, sowie
Frau Schlotterbeck und Herrn Schlotterbeck für ihr
Engagement und den Mut, diese »heißen Eisen«
zu veröffentlichen. Möge dieses Buch möglichst
viele Menschen auf neue Gesichtspunkte bringen.

Quellenhinweis

Grundlage: Die »Elberfelder Bibelübersetzung«

Erich Weidinger »Die Apokryphen«

Pinchas Lapide »Ist die Bibel richtig übersetzt?«

Josh McDowell »Die Bibel im Test«

Zecharia Sitchin »Am Anfang war der Fortschritt«

Werner Gitt »So steht's geschrieben«

Werner Papke »Das Zeichen des Messias«

WDR-TV »Die großen Rätsel. Das Turiner Grabtuch«

Holger Kersten »Jesus lebte in Indien«

Charles Berlitz & William Moore »Der Roswell-Zwischenfall«

Pro 7-TV »Roswell - das Geheimnis der Aliens«

Hellmuth Hoffmann »Die Wahrheit über die Botschaft von Fatima«

Johannes und Peter Fiebag »Himmelszeichen«

Wolfgang Borchert »Draußen vor der Tür«

Herbert Gruhl »Die Menschheit ist am Ende«

Bildnachweis

Hubble-Aufnahme (Titelbild): NASA

Hubble-Aufnahme »EGGs«: NASA

Die Steinplatte von Palenque: Archiv Erich von Däniken

Strichzeichnung der Platte von Palenque:

Archiv Erich von Däniken

Rembrandt-Bilder: Siedler Verlag, Berlin

Der Holzschnitt aus dem 16. Jahrhundert: Motovun Book

Das Grabtuch von Turin: Museo Della Sindone

Fresko, 14. Jahrhundert: M. Heseman:

»Geheimsache UFO«

Kornpiktogramm: Argo-Verlag

Fresko einer gregoianischen Klosterkirche:

M. Hesemann: »Geheimsache UFO«

Flugblatt Nürnberg: Zentralbibliothek Zürich

Mars-, Mond & Kornkreiskalender

Der Mondkalender 2002 hilft Ihnen als täglicher Begleiter bei allen wichtigen Entscheidungen und beweist sich immer wieder als nützlicher Ratgeber in vielen Lebenslagen. Erfahren Sie viele Einzelheiten über Ernährung, Hausarbeiten, Körperpflege oder Gesundheit und planen Sie so Ihren persönlichen optimalen Tagesablauf!

Format DIN A4 quer,
ca. 180 Seiten farbig, Preis: 25,– EUR

In diesem großformatigen Kalender finden Sie faszinierende Aufnahmen des roten Planeten sowie Illustrationen zahlreicher Künstler zum Thema Mars. Nehmen Sie schon jetzt bei der Betrachtung dieses Kalenders an der Eroberung des Mars teil!
Format DIN A3 hoch, 4fbg., 13 Blätter
Preis: 20,00 EUR

Die Kornkreise haben wahrscheinlich einen viel tiefgründigeren Hintergrund als bisher angenommen wurde. Zweifellos stellen die Piktogramme im Korn nicht nur eine Augenweide an Harmonie und Präzision sondergleichen dar, sie entspringen sicher auch einer uns noch unbekannten Intelligenz. Es ist an der Zeit, daß wir dies würdigen, denn der Kosmos ist groß und von geheimnisvollem Leben.
Format DIN A3 hoch, 4fbg., 13 Blätter, Preis: 20,00 EUR

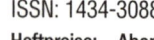

Johannes von Buttlar

Das Alpha Fragment

Argo, EUR 15,00

Im heißen Sand der Wüste nimmt der Journalist Terence Landsbourgh die Suche auf nach einem Fragment, das Aufschluß über eine noch ungekannte Energiequelle geben könnte - ein unbekanntes Flugobjekt ist nach vertraulichen Angaben über dem Golf von Bahrein explodiert. Doch auch die Geheimdienste aus Ost und West setzen ihre besten Männer auf das Alpha Fragment an, das vielleicht das Energieproblem und die Abhängigkeit der Erde vom Öl der Scheichtümer lösen könnte. So beginnt ein packender Wettlauf auf Leben und Tod ...

Thomas H. Fuss

Gen Ethik Genesis

Die Realität der Schöpfung

Argo, EUR 22,00

Jahrtausende nach den Pharaonen existiert das ägyptische Lebenssymbol „Ankh" noch immer. Ob als christliches Kreuz oder als Symbol der Weiblichkeit - In den verschiedensten Formen dieses Zeichens für Leben hat sich eine Erinnerung bewahrt, die eine deutliche Verbindung zur vielfach überlieferten „Schöpfung" aufzeigt. Eine Schöpfug, die offenbar weniger Mythos als vielmehr gentechnische Realität war, und die viele Parallelen zur modernen Schöpfung, der zunehmend umstrittenen „angewandten Genetik", aufweist. Was verbirgt sich wirklich unter dem Lebenssymbol und anderem alten Wissen?

Johannes von Buttlar
Prof. Dr. Konstantin Meyl

Neutrinopower

Argo, EUR 22,00

Dem Verlag ist es gelungen, zwei bedeutende Buchautoren und Visionäre zu einem Gespräch zusammenzubringen, die ganz unterschiedlichen Leserkreisen bekannt sind. In dem Spannungsfeld zwischen Sachbuch und Fachbuch, zwischen Lehrbuchkritik und neuen physikalischen Ansätzen, zwischen Sackgassen und neuen Wegen, eröffnen sie dem Leser den Blick in eine neue physikalische und zugleich vereinheitlichte Sicht der Welt. Die angesprochenen Probleme werden analysiert, wobei sich das aus den Lösungen abzeichnende Weltbild als ausgesprochen einfach und überzeugend verweist.

Michael George

Die Himmlischen

Argo, EUR 22,00

Das Buch beschreibt das Wirken der Himmlischen vom Planeten Nibiru, von ihrer Landung in Mesopotamien vor über 487 000 Jahren bis zur Ablösung des Weltkönigs Marduk durch seinen Konkurrenten Sin im Jahre 539. Seit der „Erschaffung" der Menschen vor rund 340 000 Jahren spielte sich die Geschichte der Zivilisation im Lande der Wächter (Sumer) vor dem Hintergrund des „Kampfes zweier Linien", den Familiengruppen um Enlil und Enki ab. Mit ausführlicher, genau datierter Zeittafel, einem umfangreichen Anhang mit Stammbäumen, Übersichten und Tabellen sowie zahlreichen Abbildungen und Illustrationen.

Guido Moosbrugger,
Flugreisen durch Zeit und Raum
Reale Zeitreisen
EUR 22,00

Dieses Buch befaßt sich mit wichtigen Grundbegriffen, die zum Verständnis der Raumfahrt notwendig sind. Ferner kommen interessante Themen wie „exotische Flugobjekte irdischer Herkunft", „außerirdische Flugobjekte und Warnungen", „Bermudarätsel", „der wahre Untergang von Atlantis" und „Gürtelaufbau unseres Universums" zur Sprache.

Leicht verständlich geschrieben und eine Fülle von Informationen und Fakten enthaltend, bietet Moosbruggers Buch eine unterhaltsam-spannende Lektüre auch für Leser, die seine Theorien und Ansichten nicht teilen, aber offen für unkonventionelle Betrachtungen von Raum- und Zeitreisen sind.

Siegfried Lindwurm
Vorsicht Licht
Argo, EUR 22,00

Dem Autor ist es gelungen, ein verständliches Weltbild der Schöpfung und dem Entwicklungsweg des Menschen zu zeichnen, das ohne Widersprüche auskommt und baut somit Brücken zwischen Überlieferung und Geschichtsforschung, Offenbarung und Religion sowie Vision und Wissenschaft. Ein sensationeller Lösungsansatz zur Energiegewinnung aus Gravitations-Resonanz wird ebenso präsentiert wie das „Wasser-Auto", das mit normalem Leitungswasser betrieben werden kann. Einen großen Raum nimmt auch die „seriöse" Endzeitprophetie ein, deren Voraussagen sich bisher treffend ereignet haben, und deren weiteren Verlauf wir auf keinen Fall ignorieren sollten.

Dr. Carlos Calvet
Hyperraum
Argo, EUR 22,00

Das Quantenvakuum ist ein aktueller Begriff und entspringt direkt aus früheren Artikeln vom Anfang dieses Jahrhunderts, als die größten Physiker der Neuzeit die Grundlagen für die moderne Quantenmechanik schufen. Aber es war schon Max Planck, der zuvor die maximalen bzw. minimalen Werte festlegte, welche die spätere Einstein´sche Raumzeit eingrenzten. Demnach hat die Raumzeit gewisse Grenzwerte, die sie vom Hyperraum abgrenzen, und die hatte Planck offenbar gefunden.

Axel Klitzke
Die Kosmische 6
GOTT ist die NULL
Argo, EUR 22,00

Dieses Ergebnis mag vielleicht provozierend erscheinen, doch in unserem logischen Denkvermögen erweist es sich als Schlüssel zum tieferen Verständnis unseres Universums.

Der Autor Axel Klitzke entwickelt die „Urschöpfungsformel" anhand des ZAHLENRAUMES. Behutsam läßt er den Leser Schritt für Schritt mit entwickeln und setzt dabei auch keine besonderen mathematischen Vorkenntnisse voraus. So entstand ein „Mathematik- und Geometrie-Krimi" der uns bis in die Welt von noch verborgenen Dimensionen führt, ohne jemals die wissenschaftliche Basis zu verlassen.

„DIE KOSMISCHE 6" stellt mit diesem mathematischen Lösungsansatz einen wichtigen Baustein zum Verständnis einer holographischen „Gesamtschöpfung" dar. Daher ist es dem Autor zu wünschen, daß seine Arbeit auch die entsprechende wissenschaftliche Anerkennung finden wird und nicht nur dem Zuspruch eines elitären Leserkreises vorbehalten bleibt.

Richard M. Duke

Bambus gegen Mobbing

Argo, EUR 15,00

Um das Mobbing an seinem Arbeitsplatz besser verarbeiten zu können, hat Richard M. Duke Tagebuchaufzeichnungen eines Jahres in diesem Buch zusammengefaßt. Da sich Mobbing in unserer Ellbogengesellschaft immer mehr ausbreitet und um auch anderen Betroffenen Hilfestellung zu geben, zeigt der Autor seinen qualvollen Weg bis hin zur psychischen Erkrankung und wie er durch eine kunsthandwerkliche Arbeit mit Bambus neue Lebenkraft gewann.

Hartwig Hausdorf

Geheime Geschichte

Was unsere Historiker verschweigen

Argo, EUR 22,00

Gagarin war nicht der erste Mensch im All. Mitschnitte verzweifelter Funksprüche von früheren Kosmonauten beweisen, daß schon vor dem 12. April 1961 Weltraumversuche durchgeführt wurden. Diese namenlosen Helden jener verunglückten Unternehmen wurden bis zum heutigen Tage verschwiegen. Im Frankreich des 13. Jahrhunderts nutzte ein Rabbiner bereits die Elektrizität und bediente sich eines Wissens aus vorchristlicher Zeit.

Diese und viele andere brisante Fakten verschweigen uns die Historiker. Sind sie sich doch der dramatischen Konsequenzen bewußt: Alle Geschichtsbücher müssen neu geschrieben werden.

Reinhard Fischer

Reise ins Licht

Der Weg zur Erleuchtung

Argo, EUR 15,00

Dieses Buch öffnet ein Tor zur Freiheit: Der Leser hinterfragt die Vergänglichkeit der äußeren Gegebenheiten im Gefängnis der Kohäsion von Molekülen und Atomen, er transzendiert Raum und Zeit, „Leben und Tod", indem er der Multidimensionalität seiner Seele bewußt wird.

Das Buch spannt Brücken zwischen wissenschaftlicher Betrachtung und Inspiration, zwischen Außerkörperlichkeit und Meditation, zwischen zeitkritischen Sentenzen und tiefer Hingabe in der Erleuchtung, zwischen Vision und Ratio, zwischen Samadhi und Welt.

Josef Otto Schedel

UFO Zeitchronik

Argo, EUR 20,00

Diese akribisch von J. Schedel erstellte Nachrichtensammlung über UFO-Sichtungen der letzten Jahrzehnte (ab 1944) wurde bereits vor ca. 2 Jahren im Magazin 2000plus als Buch vorgestellt. Dieses Standardwerk ist ein Muß für die ernsthafte UFO-Forschung. Es sind alle zugänglichen UFO-Meldungen weltweit erfaßt und jetzt in einem Werk gesammelt. Es wird schon jetzt als Klassiker eingestuft.